手工是一种情怀.

name
Liu Xing

Name 書系總序

　　每一天、每一個人，不論有意識，還是無意識，從起床開始，就不斷處於為各種有形無形事物命名的過程裡：

　　睜開惺忪的雙眼，我們要先為時間命名，弄清楚自己要不要離開舒服的被窩；出門前，我們要為當天的天氣命名，是晴天？還是雨天？溫度高？溫度低？搞清楚這些，才知道自己怎樣的穿著才算合理；進了辦公室，面對堆積如山的工作，我們又得開始命名的程序，緊急還是不緊急？重要或是不重要？決定了優先次序，一整天的行程才不會混亂失序。

　　由此可知，人是命名的動物，透過命名，我們標定出自身的位置；透過命名，我們得以把未知轉換成已知。

　　比較可惜的是，人的命名，往往偏向為外在的事物命名；我們對於自己的內心、情感、思慮，卻不太有命名的能力。結果，不好的感受、錯誤的念頭就這樣被留在了你我心中，生根發芽、雜草叢生。

　　Name 書系的目的，便是希望讓我們的命名能力，從外面轉向裡面，從環境轉到內心。

　　我們將提供許許多多有智慧、經考驗的命名系統，協助讀者命名自己的內心世界，透過命名或是重新的命名，得以在混亂的時代中找出真正的問題，在虛幻的後現代世界裡，找到真正的自己。

　　請拿起你的筆，現在是時候，該為自己好好命名！

　　「那人就給一切牲畜、天空的飛鳥和野地各樣的走獸都起了名。」——聖經創世記二章 20 節

應仁祥

校園書房出版社主編

讚　譽

這本書眞的太令我興奮了！九型人格徹底改變我對「要如何愛身邊人」的看法，使我的婚姻關係更加深刻，並且讓我看見「神創造我」時的藍圖與心意。這本書以形象具體的故事，幽默、溫暖且清晰的筆調，將九型人格解釋得簡單易懂。我要買一箱──至少！

蕭娜・尼克斯特（Shauna Niequist）

Bread & Wine 作者

你要如何破解這世上最大的謎題──你自己？爲什麼我們會如此行動、思考、感覺和相信？九型人格是解答這個疑難的最好工具。而且，我的朋友庫恩和史塔比是最好的導師。不管是面對工作或個人生活，九型人格是我時刻的幫助。《九型人格的成長練習》這本書能打開你的眼睛，讓你看見你心深處！

麥可・海亞特（Michael Hyatt）

《把想要的人生找回來》作者

我認爲世上每個人都該擁有的書並不多，而《九型人格的成長練習》是其中一本。你再也找不到比這本書更好的九型人格導論了，而作者庫恩和史塔比是最棒的嚮導！如果目前你正需要更加認識自己，好找到生命的方向，讓這本書提供你一幅簡單的地圖。

娜蒂亞・博爾茲・韋伯（Nadia Bolz-Weber）

Accidental Saints 作者

帶著歡愉輕快又鞭辟入裡的機智，庫恩和史塔比說明九型人格的奧祕，幫助我們探索我們的內在。假如你想更了解自己以及這世上在你周圍的人，這本充滿洞見及機智的書絕對是個完美的開始！

威廉・保羅・楊（Wm. Paul Young）
《小屋》作者

在我個人認識自我的旅程中，九型人格是非常重要的工具。這本《九型人格的成長練習》最棒之處在於，它把這古老的智慧轉化爲現代基督徒的好用工具。

邁克爾・岡戈（Michael Gungor）
詞曲創作者

這本書是良朋益友，可以使你的一生產生更多美好能量，人人都該一讀。這是智慧、明辨又幽默的一本書，指出回到眞實自我的道路，能夠帶你情緒平和並且喜樂地歸家。

藤村眞（Makoto Fujimura）
藝術家、*Silence and Beauty* 作者

庫恩和史塔比共同創作，寫成了又一本切中時代需求、充滿智慧的書。我們確實需要一本文風新穎、根植於靈性的書，幫助大家更認識自我，更富有同情心。令人喜愛、設想周到的入門書！

馬克・貝特森（Mark Batterson）
National Community Church 主任牧師
紐時暢銷書《勇敢告訴神，讓祂成就你的夢想》作者

作爲九型人格的初學者，《九型人格的成長練習》提供一個令人喜悅且易於吸收的方式，可以誠實地檢驗我們的動機，並且找到得以成長和結實的路徑。如果你不只想了解自己，也想更多理解你親近的人，一定要讀這本書！

珍娜・李・納爾代拉（Jena Lee Nardella）
作家、非營利機構Blood：Water 共同創始人
One Thousand Wells 作者

在我心裡有個書櫃，珍藏著使我能夠成爲更好自己的幾本書。庫恩和史塔比的書就是其中一本，他們確實完成了他們的承諾，提供我們尋找自我的地圖。《九型人格的成長練習》這本書確實可以幫助你找到你自己——不論你是第一次或是想要再次找到自己。

克萊爾・迪亞茲─歐提茲（Claire Diaz-Ortiz）
作家、新創企業家

在我過往的生命中，九型人格一直是我靈命轉化的重要工具，而如今我是一個拿到證照的訓練師了。這個主題的書，我儘可能地都讀了。這是一本超棒的書，無論你是九型人格初學者，或是你已深諳此道，都可以從這本書中得到新的啓發。

阿妮塔・拉斯特（Anita Lustrea）
Faith Conversations Podcast 主持人、作家、講師

九型人格的成長練習

成為自己，從看見上帝眼中的你開始

The Road Back to You

An Enneagram Journey to Self-Discovery

庫恩（Ian Morgan Cron）、史塔比（Suzanne Stabile）／著

羅吉希、汪瑩瑩／譯

九型人格的成長練習
：成為自己，從看見上帝眼中的你開始

作　　者／庫恩（Ian Morgan Cron）、史塔比（Suzanne Stabile）
譯　　者／羅吉希、汪瑩瑩
責任編輯／張孟軒
美術設計／林鳳英

社　　長／王文衍
總 編 輯／黃旭榮
總 經 理／鄭漢光
出 版 者／校園書房出版社
發 行 所／23141台灣新北市新店區民權路50號6樓
電　　話／886-2-2918-2460
傳　　眞／886-2-2918-2462
網　　址／http://www.campus.org.tw
郵政信箱／10699台北公館郵局第144號信箱
劃撥帳號／19922014，校園書房出版社
網路書房／https://shop.campus.org.tw
訂購電話／886-2-2918-2460分機241、240
訂購傳眞／886-2-2918-2248

2021年9月初版

The Road Back to You
: An Enneagram Journey to Self-Discovery
Originally published by InterVarsity Press as The Road Back to You by Ian Morgan
Cron and Suzanne Stabile. ©2016 by Ian Morgan Cron.
Translated and printed by permission of InterVarsity Press, P.O. Box 1400, Downers
Grove, IL 60515, USA. www.ivpress.com.
Traditional Chinese edition published by permission
© 2021 by Campus Evangelical Fellowship Press
PO Box 144 Taipei Gongguan, Taipei City 10699, Taiwan
All Rights Reserved.
First Edition: Sep., 2021
Printed in Taiwan

ISBN：978-986-198-871-9（平裝）

21 22 23 24 25 26 27 28 年度│刷次 8 7 6 5 4 3 2 1

主啊，容我認識自己，以致我能更認識祢。

奧古斯丁

以愛獻給安、凱莉、亞丁、梅狄和保羅
以及我摯愛的夥伴溫黛爾和依拉
——庫恩

獻給蓋斯平，我的愛
以及喬依、珍妮、喬爾和BJ，我們的盼望
——史塔比

目 錄 CONTENTS

推薦序一

靈性歸向萃取九型奧妙

張慧嫈
（香港德慧心靈輔導室負責人）

　　作為九型人格的「用家」並會留意相關書籍出版的讀者，在我眼中，有些關於九型人格的書是必要但不充分；有些則是不必要又不充分，而至今我尚未遇上這範疇唯一必要又全然充分的著作。沒有唯一，就是因為這是一門鑑於起源因素，無法做出排他性的至尊定準[1]，而不能申請獨門專利的學問；沒有全然充分，是因為這門人學的開放性。九型人格學關乎人自身及與他者（包括創造主、世界及他人）關係互動的洞察與了解，它適合助人深入探索內在生命，引發切身感悟的轉化實踐——每一位受用者都將啟動自我人生經驗及生命資源的整合，帶著熱忱與關懷去愛人如己，繼續展露（unfold）這門學說的內涵與精深。

　　閱畢《九型人格的成長練習》這本我視為必要但不全然充分的入門著作，我心欣喜、振奮，甚至幻想有朝一日能夠跟作者面對面，交換多年如何在教會牧養、心理輔導及靈修陪伴等服事上，得益於九型人格學說洞見的心得。在本書的第一章，作者扼要精闢地分享了自身接觸九型人格進而研寫的歷程。我的起點跟他很不相同，但他承傳用

以觀察九型人格的基督徒靈性濾鏡，的確就是我以為善用這門人格分類系統不可或缺的「必要」（第21頁）。回想二○○三年下半，準備放安息年的我把九型人格學說列入進修項目。當時我在機構主要負責同工發展與培育（staff development），思索如何幫助同工們能更清楚自身所是所長，在團隊中發揮自己，也能夠與人配搭協作，體現愉快得力的事奉，我帶著以上思索來期待九型人格的學習效益。

像作者那樣，我在入門的學習就體會這個「工具」帶來自我發掘的驚嘆，能更深入察覺自身脆弱死穴被踩中後的自我防衛機制，及後續（若無適當愛的容納與支持）產生的自我瓦解。我對自己在生活、工作及人際互動中的情緒及行為反應理解更多，也因知曉另外八類人的心理機制及習性，而能更寬容接納每個人內心卡關的糾結。進入九型的殿堂，作者的出發點是「迷失了自己」，我的則是「想要幫助人」。我們不像坊間吹捧藉九型人格學追求自我完善，或定準合適人生伴侶及工作職業的「命運掌控者」，反倒把注意力放在內在生命的真實面相，冀望解鎖心靈偏執，成為神原本創造的自己——這是對生命受造的認信及人格養成的靈性歸向。

認識、體驗，然後展開九型人格的成長練習，最重要的就是能遇上好的導師及同行者，這正是本書作者所蒙受從眾光之父而來的寵愛與恩惠，依我看來也是上主成全他、為他鋪排的召命實現。和作者一樣，我不是九型人格學狂熱信徒，也不像我的一些好朋友能寫作出版應用此學

說的相關書籍[2]。過往二十年我只是繼續深化這門實踐學問的整合與使用——藉閱讀沉想、觀照自身、靈性指導／被指導的心靈對談，以及實實在在地活。此番，很榮幸獲邀為這書寫推薦序。說真的，作者寫出了一本我無能為力、卻渴望也覺得很有必要寫的實踐神學傑作。我喜愛他活潑、幽默也很會說故事的敘述，更認同他引導讀者進入洞悉自我防衛、容納真情流露、經歷心靈轉化，最後達致真我呈現的自我成長進程。本書讀來趣味盎然，譯筆也不失作者生花妙筆的神韻，唯一的美中不足是，作者提供每一型的典型代表人物範例，讀者可能因地域文化的隔閡，未必能領略一步到位的傳神。

推薦序二

對了！就是這本！

林凱沁
（「認識九型」課程老師）

　　筆者從三十多年前，便開始學習九型至今，並且教導「走訪童年」、「認識九型」、「九型整合」，以及九型與人際關係、戀愛婚姻等課程。上課時，學員屢屢請我推薦一本九型人格的書籍，儘管台灣關於九型人格的書籍，從原本的寥寥可數到如今的汗牛充棟，甚至有夥伴上完我的課後也出書了，幾經思量後，我總是無言以對，想不到應該推薦哪一本。

　　遲遲未敢推薦的原因，是因九型人格的理論，針對自我的成長提供了極為深刻的神學和觀念，這需要一定程度的牧養智慧，方能提供辨識人際問題的指引。筆者深怕少了足夠的說明，容易讓讀者在讚嘆九型如此精準的同時，卻標籤化了自己和他人，甚或拿來當作自我無法成長的藉口，或是用於論斷別人的軟弱。在諸多顧慮之下，我堅持以團體課程的方式進行九型的學習，透過完整的說明，讓學員可以充分經歷自我察覺心理動機，以及訪問自己性格形塑的種種過程。我渴望幫助大家的是，不至於把九型變得過於功能化，因而失去九型理論獨有的自我性格靈修面

向──這是一般性格理論所缺乏的。

然而，當我看完這本庫恩和史塔比所寫《九型人格的成長練習》，從心裡蹦跳出來的一句話就是：「對了！就是這本！」

願意推薦這本書，主要是我個人十分信任校園書房出版社在選擇編譯書籍上，對於神學立場和內容品質的考核與把關；再者，也是因為本書兩位作者，能中肯看待這個精準描繪人格、有趣好用，可惜至今仍被許多人所誤解的九型人格理論。他們的諸多觀念，和我對信仰的理解，以及對九型的認識，皆有許多疊合之處，這讓筆者能安心且願意予以推薦。

早在神學院即將畢業的那一年，筆者即從聖經書院的退修會裡接觸到九型人格；畢業後，在一間每主日都會領聖餐的教會當傳道，同時在天主教華明輔導中心學習心理輔導，接受任兆璋修女講授的九型人格理論。甫從神學院畢業的我，在謹慎檢視九型與信仰的關係後，決定將之運用在所牧養的團契中。這套理論，一方面能幫助個人認識自己的背景，檢視成長歷程中，上帝創造的美之真我性格，如何因著和世界的互動遭到扭曲；除此之外，這套理論又能幫助每一個人，藉由基督信仰，歷經相信、悔改、罪得赦免的過程，逐漸恢復與神的關係，修善自我和人際的關係。

牧會十年左右，主呼召我聚焦在教牧輔導的服事，甚至開始了一系列與九型有關的課程，許多教會的牧者，

在我詳細說明九型的限制與使用後，逐漸將九型人格的理論，活用成為教牧同工在個人靈修與服事時的一套有效方法。

《九型人格的成長練習》這本書，與我個人的理念相近，正如書中所述「對想要掙脫自己的存在方式，成為神原本創造的人來說，九型（這裡）充滿了智慧」。透過九型人格，我們得以更深刻地認知到現實自我的無奈，進而在依靠救恩，以及伴隨而來的悔改中，回到神創造美之真我的美好。

透過風趣的文筆、扎實的理論，以及深厚的信仰根基，《九型人格的成長練習》真實地解決了加爾文所說，「不認識自我，就不認識神」的困境。我樂於推薦這本書，盼望藉由本書，讀者們可以更有智慧地運用九型人格理論，開啟基督徒的靈修之旅。

推薦序三

教你學習去愛的好工具

林瑋玲

（靈糧神學院專任教師）

　　愛，如同上帝的任何一種屬性，是一種「行動」，而不只是一種感受或理念。這本書或可說是教導你如何「愛自己」，「愛可見的他人」，然後我們才能說去「愛上帝」。我們也常說，愛是照他人需要且期待的，而不是照自己以為且喜歡的方式去善待他人。然而，我們常卡在不知道他人「愛的語言」，弄得自己既疲憊又沮喪。

　　作者生活化的語氣、美式幽默輕鬆的格調，將心理學可能的嚴肅轉化成人人能懂的生命經驗，讓你在一一檢視九型人格的特質時，能從具體的人格行為與表現例證中，不斷地看見自己與他人，讓你不禁拍案「這不就是我的感受」、「這不就是某人的情形嗎」！原來我們不如自己以為的了解自己，也不如自己以為的了解他人，尤其是那些我們生命中的重要關係人。這造成我們家庭、服事、自我成長許多的困境。

　　如同作者所說，九型人格是一種工具，是許多種理解人的工具之一。工具是幫助人省力、有效能地完成目的，不能無限上綱地成為指導或控制人的戒律。因此，不需要

「聖化」它成完全獨一的,更不需要像有些人獵巫似地戒慎恐懼這是異教玩意兒。市面分析人格特質的工具真的是不少,各有其優點特色,如果能至少熟悉一種,對於自我的調整與成長,帶領團隊與關係的牧養,絕對是有很大的益處。

作者經驗九型人格的學習開始,是從一位屬靈導師的帶領,運用在個人生命的省察與成長,這是可誇讚的使用角度。人格理論本來就不應像算命般的,為了好奇與自戀地窺探自己,更不是為了要求、掌控他人來配合與改變,這是錯用工具。當利器不是傷人,而是刺入剖開靈魂的結,就會產生疏通的愉悅與舒爽的喟讚。靈性指導確實除了聖經、神的話以外,也需要一些幫助受助者自我了解的工具,這是何以靈修指導常與心理諮商結合的緣故。對許多沒能修習心理諮商的人,難道就不能更多一點深入自己的特質去理解自我,然後來與上帝對談嗎?

本書確實提供了一條簡易可行的路徑,在我們找到一位睿智通達的屬靈導師之前,這本牆垣不高的書帶我們翻過長期看不清的自我與他人的藩籬,在上帝的笑臉面前,明白我們生來就已經領受的恩賜,獨特但不奇怪,珍貴但非唯一。我們越認識自我,越能讓神準確地引導至祂原來美好的設定,這是稱義後的成聖所需要的改變,在基督裡應許的錫安大道。因此,建議本書在至交好友、家庭親人,或成長小組中來一起使用,讓彼此真正踏上作者提醒的成長之路,並小心遠避陰暗險境。

　　最後，附筆一句，讀完本書後竟然發現，自己不是曾上過九型後認定的那一型，這真是一個意外收穫，足見本書的解釋與重點的陳列，較其他容易見到的九型書更清楚、深刻，特別是從基督徒重視的靈性與內在生命的動向來看。我們永遠可以在學習中，不斷地調整認識自己，也因此可以期待不斷調整認識他人、認識上帝的視域與眼光。學習，讓生命永遠可以充滿驚喜與亮光！

1

起源不明的特殊理論

某個星期六的清晨七點，我的手機響了。世界上只有一個人會在這種時間打電話給我。

「哈囉，請問是我的小兒子庫恩嗎？」電話那頭傳來我媽假惺惺的聲音，彷彿不確定這電話號碼對不對似的。

「是喔，是我，沒錯。」我學她演了起來。

「你在做什麼？」我媽問。

這種時候能做什麼？我穿著四角褲，站在廚房的雀巢咖啡機前，懷疑它怎麼會發出那種瀕死前的嗚嗚聲，想著怎樣可以掛斷我媽這通「清晨奪命叩」的同時，我也擔心萬一咖啡機壞了怎麼辦——我多麼渴望能喝到今天的第一杯咖啡！

「我正在想，要寫一本九型人格（Enneagram）的入門書。」看著凝聚了我對咖啡之愛的黑色液體逐漸注滿馬克杯，真是感恩。

「如何讀懂超音波圖（sonogram）？」我媽在電話那頭大聲問我。

「不是啦，我說的是……」

「教人猜字謎（anagram）？」在我能回答之前，她又丟出第二個猜測。

「九型人格啦，我是說九型人格！」我重複說了兩遍。

「那到底是什麼東西？」

我媽已經八十二歲了。她抽了六十七年的寶馬香菸，成功地閃躲了必須運動的流行熱潮，培根愛吃多少就吃多少，從不需要眼鏡或是助聽器的她耳聰目明、心思敏捷，讓人不禁懷疑尼古丁和輕鬆度日才是長壽和幸福的關鍵。這是她生平第一次聽到「九型人格」這個詞。

我覺得有點兒好玩，繼續向我媽進行「三分鐘讓你瞭」的簡報：「這是一種古老的人格分類系統，能幫助我們人了解自己是什麼樣的人，在意哪些事。」

電話那頭一陣久久的、令人窒息的沉默，久到我覺得自己好像被甩進了遙遠銀河系的某個黑洞裡。

「嘿，忘了那個什麼九型的東東吧，你不如寫本去過天堂又活過來的書，」我媽說：「這種作家才能賺錢。」

「那得先死掉才行。」我退縮了一下。

「細節最重要。」我媽得意地說。我們一起笑了出來。

我媽對我想寫九型人格的書反應這麼冷淡，確實讓我的寫作計畫暫停了一下，但我自己對此也確實還有所保留。

我奶奶每次聽到她搞不大清楚的事，就說那是一種「時髦的說法」。我猜她也會這樣形容九型人格。沒人知道這種人類性格地圖的想法最初是始於何時、何地，或是誰想到的，但我們可以確定的是，它經過了一段長時間的演變發展。沿著某些線索回溯，我們找到一個名喚伊瓦格魯斯（Evagrius）的基督徒修士，他的教導後來成了七宗罪的

基礎。第四世紀時的沙漠教父及教母，用這套說法作為靈性諮商的工具。有人說九型人格的元素，在世界各大宗教中都看得到，包括蘇菲教徒（伊斯蘭教中較為神祕的一支）和猶太教。在一九○○年代早期，有位極為怪異的教師葛吉夫（George Gurdjieff），運用古時候九個端點的幾何圖形（九型圖），教導與人格無關的深奧主題。（我知道，我知道，我的描述進展到這裡，如果加進哈里遜·福特和一隻猴子，就可以給印第安那瓊斯電影拍個背景故事了——不過，我一定要說，電影情節可比九型人格單純多了。）

在一九七○年代，智利人伊察佐（Oscar Ichazo）偶然間發現九型人格理論，並且做出了重大的貢獻，他的學生納蘭霍（Claudio Naranjo）是接受美式訓練的精神科醫師，他把從現代心理學得來的洞見放入這套系統中，使九型人格得到進一步的發展，並且將之傳到美國，介紹給一個小小的加州學生團體。一位天主教耶穌會修士、同時在芝加哥羅耀拉大學神學院任教的歐克思（Robert Ochs）神父，剛好到此地享受他的安息年，並加入這個團體。

帶著九型人格理論留下的深刻印象，歐克思回到羅耀拉大學，向神學生及牧者講授九型人格。九型人格被當成塑造基督徒靈性的輔助工具，在教牧人員、靈性輔導、退修會帶領者，甚至圈外人士之間流傳開來。

以上關於九型人格發展的簡明描述，或許還缺乏說服力；就算有上百萬人認為它真的「說得很準」，那又怎樣？紀錄片《灰熊人》（Grizzly Man）還不是認為人類可以和熊

交朋友，但——我們都知道結果可不是如此。

　　那麼，到底是為什麼，我會認為寫一本書，介紹關於這古老的、長久以來被質疑的、缺乏科學證據的人格分類系統是個好點子呢？

　　為了回答這個問題，我要向你介紹一位戴眼鏡、有著明瞭人心的雙眼及溫暖笑容的高個子修士——戴夫修士。

　　我是康乃狄克一間教會的創堂牧師，我在那服事了十年。我很愛我的會眾，但到了第七年的時候，主日聚會平均人數已達到五百人，而我則完完全全筋疲力竭。很明顯地，教會需要一位恩賜和我不同的牧師，他要能夠穩定負責，而不是像我這種拓荒性格。大約有三年的時間，我試著對我所有的短處開刀，希望能夠轉變成我認為教會需要、教會也希望我成為的那種牧師，但這個計畫打從一開始就行不通。我愈努力嘗試，狀況就變得愈糟。我誤觸的地雷，比穿著小丑鞋闖進地雷區引起的爆炸還要多。我離開前，迷惘、受傷和誤會，一樣不少。那樣的結束，讓人心碎。

　　離開後，我感覺既幻滅又混亂。最後，一位關心我的朋友，鼓勵我去找戴夫修士，一位年約七十歲的本篤會修士，也是一位靈性導師。

　　我看到戴夫修士的第一眼，是他身著黑色修士袍，腳

跟涼鞋，站在修道院車道圓環後的草坪上等我。從他用雙手握著我的手，到他微笑著對我說「歡迎，這位旅人，我可以請你喝杯咖啡嗎？」在在都讓我覺得，我來對地方了。

有許多修士的日常，是在修道院紀念品店販賣香氛蠟燭或大如車輪的手工起司，但戴夫修士完全不是那樣。他是一個知道何時你需要撫慰、何時又該挑戰你的靈性導師。

在開始的第一期會談，戴夫修士只是耐心地傾聽我連珠砲地傾吐我深藏在內心中，傳道生涯種種痛苦的錯誤和失策的疑惑。為什麼我會做了或說了那麼傷人又傷己的事，那些事當時看來都非常正確，回頭看卻又明顯可以察覺我的渾然無知？怎麼可能有人盲區那麼大，大家還容他開車上路？我覺得自己簡直像個陌生人。

到了第四期，我開始覺得自己聽來像個在山難中急於在森林中尋找出路的登山客，幾近半瘋地和自己爭辯，到底剛開始時是哪一段走錯了。

「庫恩，」戴夫修士出聲，打斷我的喃喃囈語：「你為什麼在這裡？」

「抱歉，你說什麼？」我說，感覺就像在白日夢中，被人拍肩膀給叫醒了。

他微笑，身體從座椅中向前傾。「你為什麼在這裡？」

戴夫修士提出的問題，在你嘗試回答之前，常會覺得簡單到幾乎有點侮辱人。提出問題，是他獨到的看家本領。我望向他身後那片大窗，透過那片窗玻璃，可以看到一株巨大的榆樹，樹枝末端因無法承受風的重量而被壓得

朝下彎曲。我努力想找到能夠解釋「我為何在這」的話語，卻始終沒有辦法。接下來，浮現在我腦海中的文字，並不是我自己的話，卻精確地表達了我想說的意思。

「我所做的，我自己不明白。我所願意的，我並不做；我所恨惡的，我倒去做。」我說話的同時，暗自驚奇，我這個平時連手機號碼都記不得的傢伙，現在居然像個憑空從帽子中變出戲法的魔術師，僅憑記憶，從腦中拉出羅馬書第七章中保羅說的話。

「故此，我所願意的善，我反不做；我所不願意的惡，我倒去做。」戴夫修士引述同一章聖經經節回應我。

我們在沉默中，對坐了好一會兒；保羅的言語，就像是在光束中浮沉的微粒，在我們中間旋轉來回。

「戴夫修士，我不知道我是誰，又為什麼會陷入這團混亂中，」終於，我停下空轉的思緒，向他承認我的需要：「如果你能幫助我理清楚我的問題，我會非常感激。」

戴夫修士微笑，再度靠向椅背，恢復原先的坐姿。「很好，」他說：「現在我們可以開始了。」

在這之後的第一次會面，戴夫修士問我：「你聽過九型人格嗎？」

「一點點，」我承認的同時，身體不安地扭動了一下：「但那種說法，好像有點瘋狂？」

我和戴夫修士分享我第一次聽到九型人格時的經驗，他聽了又是皺眉又是大笑。在一九九〇年代早期，我還是一個立場保守神學院的研究生。在一個週末的退修會上，無意中翻到理查・羅爾（Richard Rohr）神父寫的書《探索九型人格：新奇靈魂之旅的古老工具》（*Discovering the Enneagram: An Ancient Tool for a New Spiritual Journey*，暫譯）。在羅爾的書中，描述了九型人格每一型的特徵及驅動行為的內在動機，相較於我過去的生活經驗，以及成為諮商師的訓練過程中所獲得的知識，羅爾對類型的描述都不可思議地精確。我滿確定我發現了對基督徒有用的神奇資源。

週一早上，我立馬請教一位教授是否聽過九型人格。如果只看他臉上的表情，你會以為我問的是五角芒星（pentagram）。他說，聖經譴責咒語、巫術、星座運勢和巫師，我應該立刻把這書給扔了（但我不記得羅爾這本書有提過上述任何一項）。

當時我還是個年輕、容易被影響的福音派基督徒，雖然直覺告訴我，他的反應是一種偏執的局限，我還是聽從了他的勸告——只是不包括「把書扔到垃圾桶」，對愛書成癮的人來說，這是讓聖靈憂傷的、不可原諒的罪行。我一直都知道羅爾那本書在我書架上何處，那本書還留有我閱讀時的摺頁記號。

「那位教授打消了你對九型人格的興趣，真是太糟了！」戴夫修士告訴我：「對想要掙脫自己的存在方式，成

為神原本創造的人來說,這裡面充滿了智慧。」

我問戴夫修士:「掙脫自己的存在方式?這是什麼意思?」我心裡知道,這是我一直想做,但不知道如何才能做到的事。

「這是關於自我的知識。大部分的人都以為很了解自己,但其實不。」戴夫修士解釋給我聽:「他們沒有問過,自己是透過什麼樣的濾鏡觀看這個世界,這濾鏡是打哪來的,又是怎樣讓他們的生命被定型,他們甚至沒有懷疑過,這濾鏡所反映的現實,是真實還是扭曲的?更麻煩的是,大部分的人都沒有察覺到,童年時幫了大忙的求生辦法,在成年後反倒會阻礙你前進。大家都在一種沉睡的狀態。」

「沉睡?」我跟著複誦,露出困惑的表情。

戴夫修士只是皺著眉頭,望著天花板。現在,他才是那個搜索枯腸,試圖找到合適語言,希望能將簡單問題好好回答清楚的人。

「我們對於自己的不了解,可能會傷害我們,更不要說會傷害別人,」他用手指指我,再指指他自己。「只要我們不了解自己看待世界的方式,對形塑自我認知的信念和傷害渾然無知,那我們就是過往經歷的囚犯。我們會在無人駕駛的自動狀態下,懵懵懂懂地,繼續做出使自己和周遭人困惑、受傷的事。最終,我們會一而再、再而三地,不斷犯下相同的錯誤,變成習慣,甚至麻痺到沒有知覺,就像睡著了一樣。我們需要醒過來。」

醒過來——沒有其他的事，比這事更吸引我了。

「認識九型人格，可以幫助你發展自我知識，包括自己是誰，為何如此看待世界，以及自己與世界相連的方式。」戴夫修士繼續說：「當你了解這些後，就可以逐漸擺脫你自己的方式，而變得更像神所創造、也希望你能成為的那個人。」

知道下午的約取消後，戴夫修士花了額外的時間和我聊到自我認識對靈性操練的重要影響。無論如何，就像加爾文說的：「不認識自己，就不認識神。」

「好幾個世紀以來，偉大的基督徒教師都說認識你自己和認識神一樣重要。有些人認為這種說法只是讓人自我感覺良好的心理學，但它其實是很好的神學。」戴夫修士說道。

有那麼一刻，我想起我所認識的，那些毀了自己人生或事奉的聖經教師及牧師，他們之所以犯下史詩悲劇般的錯誤，大部分是因為他們不認識自己，也不了解人類自欺的本領是何等高強。他們把聖經知識裡裡外外都研究通透了，卻不認識自己。我也想到，我認識的許多基督徒之所以婚姻失敗，是因為他們未曾覺察配偶內在的璀璨，以及自己靈魂的破碎。

然後，我想到我自己。我總是相信我的自我覺察能力比一般人好；但是，過去這三年，我唯一學到的教訓，就是我對自我的認識，還有很大的成長空間。

戴夫修士看了看錶，慢慢站起來，對我說：「下個月

我要去帶退修會，所以不會在這，」他說話的同時，一面伸展手腳，好讓因為談話、維持不動姿勢將近兩小時的身體，能恢復血液循環。「在這段時間，把羅爾那本塵封的書再拿出來重讀吧。他觀察九型人格時，主要是透過基督徒的靈性濾鏡，而不只是心理學的觀點，這會讓你非常欣賞的。我再寄電子郵件告訴你其他也值得一讀的書。」

「真不知道該怎樣才能表達我的感謝。」我說，從椅子上站起來，並把後背包掛上肩膀。

「下次見面時，我們會有很多事可以討論。」對我做出允諾後，戴夫修士打開辦公室的門。在我離開之前，他還擁抱了我一下。「願神賜你平安！」步出辦公室後，走在迴廊上，我還聽見他對我的祝禱。

既然當時正逢我期盼已久的三個月安息假期，而且也不知該做什麼才好，我就依照戴夫修士的勸告，投入九型人格的學習中。連續好幾週，我都到家附近十字路口的咖啡店，把戴夫修士推薦我讀的書擺滿在桌上，然後打開日記，寫下我的讀書筆記。到了晚上，我就向我太太安述說我在九型人格學到的新東西。被我說出興趣後，安也開始讀這些書。在那一段時間裡，我們有了結婚以來最豐富的深度溝通。

我們**真的**認識我們自己嗎？有多少時候，我們受到

過去經驗的干擾？我們是用自己的眼睛注視周遭，還是仍以我們童年時的眼光觀看世界？有哪些隱藏的傷害及被誤導的信念，從童年就跟著我們，直到現在仍暗中操控我們的生活？和這些問題角力，真的能夠幫助我們更認識上帝嗎？

當戴夫修士回來時，我熱切地和他討論這些問題。坐在他的辦公室裡，我告訴他，我在研究九型人格時，忍不住發出過許多次「啊哈！」的讚嘆。

「當你發現自己是第幾型人時，感覺如何？」戴夫修士問我。

「喔，不是全部都那麼令人得意啦，」我說：「我發現了很多讓自己有點痛苦的事。」

戴夫修士轉過身，從他桌上拿起一本書，翻開貼有紅色貼紙的書頁，「了解自己最重要的一點，就是要了解自己的缺乏。那是用真理來衡量自己，而不是繞路避開它。謙卑，是認識自我的第一個結果。」他說。

「這是個很好的總結。」我一面說，一面微微笑。

「這是作家芙蘭納莉・歐康納（Flannery O'Connor）說的。」戴夫修士說，一面把書闔上放回桌上：「她總是能把事情歸納得很好。」

接著他問起我太太：「安呢？她對九型人格有何看法？」

「有天晚上，她在床上唸了一段她那型人的描述給我聽，然後就哭了，」我說：「她一直想找到能描述她心理狀

態的話語，對她來說，九型人格就像是一件禮物。」

「聽起來，你們兩位都有了好的開始。」

「的確很神奇，目前我們從九型人格學到的種種，已經開始改變我們對婚姻、友情和親職教養的想法了。」我說。

「那很好，不過請記住，這只是一種幫助你更愛上帝和他人的工具。」戴夫修士說：「除了九型人格，還有很多種工具。重要的是，你和安愈認識自我，就愈能察覺到自己是多麼需要上帝的恩典。而且，你會對自己和別人都有更多的憐憫和同情。」

「我想唸一句牟敦（Thomas Merton）的名言給你聽，」我翻開日記找到那句話。

戴夫修士搓搓雙手，向我點頭：「哇，牟敦？你現在可是深入其中了！」

「他是這樣說的，」我把日記本攤開到那一頁，清清喉嚨：「遲早我們得辨別我們是誰、不是誰；還得接受我們並非我們想成為的那種人的這個事實；我們得像丟掉廉價、浮誇的飾品那樣的，揚棄我們虛假、外顯的自我……」我放慢朗誦的速度，有點意外自己竟然有點兒哽咽。

「然後？」戴夫修士沉靜地接話。

我深深吸一口氣後，繼續唸：「我們必須發現真正的自我，包括一切的貧乏、一切的豐富，以及那簡單明瞭的命定：受造成為神的孩子，並且能夠以祂賜下的信實與無私去愛。」

我合上筆記本往上看，因為自己的情緒這麼激動而覺

得差澀不安。

戴夫修士把頭側向一邊，注視著我：「為什麼牟敦的話這麼觸動你？」

我靜靜坐著，不大知道怎麼回答。外頭修道院的鐘聲敲響了，召喚修士去祈禱。

「我覺得自己沉睡了好一陣子，但現在好像逐漸醒過來了，」我說：「至少，我是這樣希望的。」

每當戴夫修士覺得我說了什麼很重要的話時，他就會停下來，閉上眼睛，好好地沉思一番。現在，就是這種時刻。

戴夫修士睜開眼睛後，問我：「在你離開前，我可以為你禱告祝福嗎？」

「當然！」我把自己坐的椅子挪近戴夫修士，好讓自己的手被他的雙手環握：

> 願你在生活中體認到神的臨在、能力，以及你靈魂中的光亮。
>
> 願你了解你不孤單，願你的靈魂在光與歸屬感中與宇宙的韻律親密相連；
>
> 願你尊重你自己，以及與別人的不同。
>
> 願你了解你的靈魂有自己獨特的樣貌，你在此處有特殊的命定，在你的生命表象下，有美麗及永

恆正在醞釀。

願你每時每刻都能學習以上帝對你投注的喜悅、
自豪、滿是期待的眼光看待你自己。[1]

「阿們！」戴夫修士結束祝禱時，用力握了握我的手。
「誠心所願！」我低聲應和，用力回握他的手。

　　戴夫修士的祝禱讓我的生活不再一樣了。過去這些年
間，我對九型人格的學習，幫助我每時每刻都能以上帝那
般喜悅、自豪、充滿期待的眼光，看待我自己。過去的學
習及現在教導九型人格的經歷，讓我認識自己和他人心中
的「彎曲悖謬」；我所獲得的自我認識，讓我某些方面不再
那麼孩子氣，而能成為靈性更成熟的大人。我不是說自己
已經夠成熟了，但我現在確實可以直接體會到神的恩典，
而且可以即時意識到神創造我的心意。對我們屬靈的生命
而言，沒有任何事是微不足道的。
　　在我和戴夫修士相遇多年之後，我接受史塔比女士的
邀請，參加她在德州基督教大學布萊特神學院主持的一場
研討會。我們很快就發現彼此很合得來，而且，如果我們
變成朋友，一定是那種只要沒有嚴肅大人在旁監督，就會
惹出所有淘氣麻煩的朋友。

所以，我們就變成了朋友。

史塔比告訴我，我們共同的朋友理查‧羅爾曾經作過她好幾年的屬靈導師，羅爾還以九型人格為內容，對她進行了好幾年的個人訓練。止不住好奇的我，就去參加了她主持的工作坊。聽了她一個小時的演講後，我就知道她不只是個九型人格教師——她簡直是個忍者級的九型人格大師，就像電影《小子難纏》（*The Karate Kid*）中的宮本先生那樣。繼戴夫修士對我的教導之後，史塔比幫助我延續多年前開始的、了解和運用九型人格智慧的基督徒靈性之旅，我覺得自己很幸運。

這本書中有許多的洞見和奇事，是從史塔比的演講、我多年參加的工作坊，以及為數眾多，不斷推陳出新的九型人格書籍中記下來的。例如，拉斯‧赫德森（Russ Hudson）、理查‧羅爾、海倫‧帕爾默（Helen Palmer）、碧翠思‧切斯納特（Beatrice Chestnut）、羅珊‧豪威－墨菲（Roxanne Howe-Murphy）、麗奈‧夏波德（Lynette Sheppard）的作品。更重要的，是史塔比和我對彼此的尊重和友情催生了這本書。我們將我們的經驗和知識如同「兩個小錢」般的奉獻出來，希望能夠創造更友善、更具同情心的世界。我們希望這個方法能奏效；如果不成功，那也沒關係，至少我們從中得到很大的樂趣。

我要聲明，我不是終日口沫橫飛講述九型人格的狂熱信徒。我也不是那種在雞尾酒會時，隨意湊近他人，告訴他們，我可以從他們挑選的鞋子看出他們是哪一型人的怪

咖。這種事應該被嚴格制止。

　　但就算我不是狂粉，我仍然是個樂在其中的學生。借用英格蘭數學家喬治・博克斯（George Box）的名言：「所有模型都是錯的，但其中有些是有用的。」這就是我看待九型人格的方式：我不會說它無懈可擊或完全無誤，它不是基督徒靈性一切的解釋，也不會是所有的結論；最多只能說，它是個人格分類的方法，不算太精確，但**非常有用**。

　　所以，我的建議是這樣的，如果你覺得這本書能對你的靈性之路有幫助，那很好；如果你覺得沒有用，也別急著丟掉它。把它放在你的書架上，也許有一天它會派上用場。對我們來說，生活就是一系列的學習挑戰，我們需要一切可能派上用場的幫助。

2

找到你的類型

神經科學已經證實，大腦的背外側前額葉皮質是做決定和衡量損益關係的重要區域。假如用核磁共振掃描我和我朋友們十五歲時，某個夏季夜晚的大腦，一定會發現我們那一區呈現完全靜止狀態。

在那個特別的週六夜晚，我們那群狐朋狗黨靈光一閃，覺得在我們長大的康乃狄克州格林威治（Greenwich）那個小鎮上來場裸奔是個聰明的好主意。地點就挑在鎮上鄉村俱樂部高檔的高爾夫球宴會廳。除了可能因為妨害風化而被逮捕外，唯一還要擔心的，就是格林威治鎮是個小地方，很有可能會有熟人認出我們。經過幾分鐘的審慎考慮後，我們決定派其中一個叫作麥可的傢伙奔回家去，替我們每個人都拿個滑雪頭套來。

於是，在溫暖的八月晚間，差不多九點左右，六個戴著滑雪頭套（有幾頂上面還帶有絨毛球）的裸露男孩，像一群受驚的羚羊奔過坐滿銀行家和他們女眷的美麗橡木大廳。當那群珠光寶氣的女士因為驚嚇而僵坐在那兒時，男士都為我們拍手喝采——和我們期待的反應正好倒過來，但我們根本沒有足夠的時間可以停下來，對觀眾表達我們的失望。

如果不是因為我媽，這件事就到此為止了。「你們那群朋友昨天晚上幹嘛去了？」第二天早上我走進廚房、在冰箱翻找食物時，媽媽冷不防地問我。

「沒什麼啦，我們就在麥可家瞎混，一直鬧到半夜。」

我媽平常總是喋喋不休，所以，我有點疑惑，她為什麼沒有追問我的朋友們最近好不好，或是我當天接下來計畫要做什麼之類的。然後，忽然有一種異樣的感覺穿過我。

「你和爸昨天晚上在做什麼？」

「杜夫曼家請我和你爸去高爾夫球場的宴會廳吃飯。」我媽回答我的語調，聽來像是笑裡藏刀。

大部分的人都不曾預料到，有朝一日會在自己的家裡經歷到空難時機艙壓力改變，讓你渴望頭上能有氧氣罩落下，提供新鮮空氣，好讓你置換卡在肺中的那股窒悶驚恐……

「滑雪頭套？」我媽揚起聲音逼近我，就像愛爾蘭警察拿著警棍敲擊另一手掌心，威嚇嫌犯一樣。「滑雪頭套？」我媽的鼻尖離我不到一吋：「就算是晚上不開燈，我也可以在一排人中間認出你那顆瘦屁股！」她憤怒地壓低聲音對我說。

我渾身緊張，不知道接下來會發生什麼事。還好暴風雨來得急去得也快。我媽的表情忽然變成狡猾的微笑，她轉身離開，走出廚房：「還好你爸覺得滿好笑的，不然你就完了。」

　　這可不是我第一次為了保護自己而戴上面具——我戴
過的面具可多了。

　　人類對生存問題高度關切。當我們還是孩子時，我們
本能地會戴上被稱為「人格」的面具，遮掩部分的真我，
為的是保護真正的自我能不受傷害，並且在這個世界找到
生存之道。在假裝我們具有某種天生素質、策略運作、條
件反射、防衛機制，以及其他許多事情上，人格可以幫助
我們了解並且執行如何取悅父母、適應環境、融入朋友、
達到社會文化的要求，和滿足自身的基本需求。隨著時間
的累積，我們的調適策略會變得愈來愈複雜。你可以預知
它們何時會被觸發，其頻繁和自動化的程度，會讓我們
分不清這到底是某種策略的結果，還是自己的本性被啟
動。諷刺的是，人格（personality）這個專有名詞源自希臘
文「面具」（persona）一詞，反映了就算早期童年的威脅
已經過去，我們仍分不清真我和所戴面具的傾向。如今我
們不再擁有人格，反倒是人格擁有了我們！與其說我們的
人格會保護我們抵禦能力不足的心，好對抗童年時期不可
避免的傷害和損失，不如說我們的人格是我們的限制和牢
籠——包含我們自己和他人，用以可預測地思考、感受、
行動、反應、處理資訊，和看待世界的方式。

　　最糟的是，以人格過度認定自己是誰，我們會忘記或
失去真正的自我——那些關於我們是誰的美麗本質。就像

畢克納（Frederick Buechner）令人感傷的描述：「那原初的、閃閃發光的自我，被埋藏地如此之深，以致大部分的人都沒有活出自我。那些被我們表現出的部分，反而比較像是為了適應天氣變化，而不斷穿穿脫脫的外套和帽子。」[1]

就算我是個受過訓練的諮商師，我並不確知這種狀況是何時、如何，或為何會發生。但是，「失去了與真實自我的連繫」這個概念，是我非常真實的經驗。當我看著我的孩子在玩鬧，或在個人獨處偶然抬頭看見月亮時，為何經常會有種想起好久以前曾接觸過某人或某物的奇特傷感？我可以感覺到，在我心底深處，還埋藏著一個更為真實、兀自發光的自我。只要我與那一部分關係疏離，我就永不可能覺得自己活得充分和完整。也許，你也會有這種感覺。

好消息是，我們的神不管在任何光景中，都認得出我們的瘦屁股。祂記得我們的本質，那是當我們還在母親子宮時，祂所織成的。祂樂意幫助我們修復真實的自我。

這是種偽神學式的療癒語言嗎？不。從奧古斯丁到牟敦，這些了不起的基督教思想家都會同意，這是最重要的靈性之旅，少了這段經歷，沒有基督徒能夠享受出生時就被賦予的整全圓滿。就像牟敦說的：「在我們能夠成為真正的自己之前，我們必須開始體認到一個事實：此時此地，我們所認為的那個自己，充其量不過是個陌生人或冒牌貨。」[2] 九型人格就是讓你意識到這件事的起點。

認識你是九型人格中的哪一種「類型」或「數字」（在這本書中，這兩個專有名詞會輪流使用），並不是為了要去

除或代替你舊有的個性，這既不可能，也不是個好主意。你還是得要有自己的個性，否則沒有人會邀你去參加舞會。認識九型人格，是為了發展對自己的認識，學習如何辨認出限制自己的那部分人格，以致能不再以此定義你是誰，這樣我們才能把最真實及最好的自我整合起來，也就是牟敦所謂的「閃耀著天堂不可見光芒的純粹鑽石」[3]。增進對自我的了解，超越我們人格中習於打擊自我的部分，以及增進與人的關係，更能同理他人，是學習九型人格的重點。

九型人格的類型

九型人格談的是世界上有九種人格類型，我們在童年時都會傾向使用其中某一種來適應環境，處理問題，並且獲得安全感。每個類型的人，都有看待世界的不同方式及隱藏的動機，這些會對人的思考、感覺和行為造成強烈影響。

你可能和過去的我一樣，一聽以上的說法就不能同意，在這個星球上有超過七十億人口，卻總共只有九種人格類型？只要走一趟家得寶（Home Depot）家飾建材賣場的油漆貨架前，幫忙正舉棋不定的苦惱配偶為浴室牆壁挑選最適合的「完美」紅色，也許就能平息你的反對。就像我最近才知道的，紅色這種顏色確確實實有無限多種變化，你絕對可以從其中選出一種既能使你的浴室亮起來也能同時毀了你婚姻的紅色。同樣的，雖然我們所有人在童

年時都選了九型人格中的其中一種（而且只一種）作為我們的調適方式，但是同一種方式卻可能呈現出無數種表達，和你同型的某些人可能和你的表達方式沒什麼不同，但也有可能外表看來完全不同，但你們還是可以被歸為同一種主調色彩。所以別擔心，媽媽沒騙你，你依然是她「獨一無二的小雪花」。

（圖1）九型人格圖

「九型人格」（Ennea-gram）這個英文字，源於希臘文的「九」（*ennea*）以及「圖形」（*gram*）的字根，它以九個端點的幾何圖形描繪九種不同、但彼此相聯的人格類型。圓周上的每個點，都會和箭頭相連的另外兩點有連動關係。

如果你還沒有因為急於知道自己的人格，而跳過這章、往後翻找的話，圖1能夠幫助你很快地掌握每種人格類型之間的連動關係。接下來，我要列舉九型人格中每一型人的名稱，以及每一型人格的主要特色。我要特別強調，九型人格中，沒有哪一型比較好或比較差，每一型都有其特別的強項及弱項，並且這與性別無關。

第一型：完美型。在意道德，樂於委身，值得信賴。他們渴望按照正確的方式過日子，想改進這個世界，同時避免錯誤和被責備。

第二型：**幫助型**。個性溫暖，關心他人，樂於給予。他們的動機是希望能被他人所愛，被他人需要，但他們逃避覺察自己的需要。

第三型：**表現型**。以成功為導向，對形象十分敏感，在意產能。他們最主要的動機是追求（或是外表看來）成功，避免失敗。

第四型：**浪漫型**。富創造性、敏感、情緒化。他們渴望被了解，經驗到強烈的感受，懼怕碌碌平庸。

第五型：**觀察型**。善於分析，情感抽離，注重隱私。他們的動機是獲得知識，保存能量，避免對他人的依賴。

第六型：**忠誠型**。重承諾，個性實際，富機智。他們總是設想最糟的情況，他們的動機主要是恐懼和追求安全感。

第七型：**享樂型**。有趣，不按牌理出牌，勇於冒險。需要快樂的感覺是他們最主要的動機，會特意追求刺激的經驗，希望能避免任何痛苦。

第八型：**挑戰型**。喜歡領導他人，熱切積極，勇於對抗。他們的動機是作強而有力的人，逃避脆弱或無力的感覺。

第九型：**和平型**。親切和氣，悠閒放鬆，兼容並蓄，他們的主要動機是維持和平、融入團體，及避免紛爭。

也許你現在已經逐漸發現自己是第幾型的人了（或是哪一型最能解釋你七十歲的叔叔打扮成尤達去參加星際大戰粉絲聚會），但九型人格不只是機智地列出一連串典型人

物的特有名稱而已，這只是剛開始。我們不只是要依序認識每一種人格類型的特徵，還要了解它們是如何相互關聯的。別讓這些術語、複雜的箭頭或使人混淆的圖表鬧得你意興闌珊。我保證你很快就能掌握大概。

> 「就認識神來說，謙卑的認識自我比深入的鑽研更加必要。」
>
> 金碧士（Thomas à Kempis，宗教作家）

三大類組

九型人格可以被分為三大組，分別是「心中心」（或說「情感組」）、「頭中心」（或說「懼怕組」），以及「腹中心」（或說「憤怒組」），每一組包含三種人格。每一組中的三種人格，各以不同方式受到那一身體部位相關的情緒所驅動，這些情緒動機，就是頭中心、心中心、腹中心的命名緣由。基本上，這些類組可視為對人如何習慣性地觀看世界、處理資訊、對生活做出反應的一種描述方式。

腹中心或憤怒組（八型、九型、一型）

憤怒是這三種人格類型的行動驅力，八型人將他的憤怒表現於外，九型人遺忘它，一型人內化它。他們以直覺理解生活，看重實踐層面。他們傾向誠實、直接地表達自我。

心中心或情感組（二型、三型、四型）

這三類型的人主要是被情感所驅動，二型人的焦點向外落在別人的感受上，三型人無法清楚辨認自己和別人的感受，四型人的注意力則集中於自己的感受。這三類型的人都是以「心」理解生活，與外在相連繫，他們比其他類型更在意自我形象。

頭中心或懼怕組（五型、六型、七型）

這組人格的驅策動力是恐懼。五型人向外在世界投射自己的懼怕，六型人內化它，七型人試圖遺忘它。他們透過自己的頭腦去理解世界，並與之產生關聯。他們傾向在行動前會先仔細地思考、計畫。

章節順序

說到人格的三大類組，如果你看目錄，可以發現本書不是依照人格類型的數字排列，從一型依序介紹到九型；而是依三大類組的特徵作為脈絡。八型、九型和一型人格連在一起，然後二型、三型、四型為一類，最後才是五型、六型和七型。這樣安排，是希望可以幫助讀者看出一個重點：每一型人格都可以與自己同類別的「室友」做比較。總括來說，這不但能讓你更了解九型人格，還能幫助你確定自己的類型。

側翼人格、壓力人格與安全人格

我很愛九型人格理論的原因之一，就是它觀察到並解釋了人格會變動的特質。人格確實會持續地隨著環境而變動。我們的環境，有時充滿壓力，有時差強人意，有時則是糟透了。而隨著所在的場所或發生的事情，我們的人格也會在健康、一般狀態，或不健康的光譜中上上下下地移動。所以，在每一章的開頭，我都會大概描述一下該類型的人格在健康、一般、不健康的三種狀態中所產生的不同想法、感覺和行動。

從九型人格圖中，你可以看出每一型人格和其他四種人格的動態關係。每種人格的左側及右側各有一種側翼人格，並且又與箭頭相連的兩種人格連動。我總是說，其他的這四種人格，也可以看成是你這一型「口味」、「調調」的成分來源。僅管你的動機和人格類型是固定的，你的行為還是可能受到其他四種人格類型的影響；有時影響之深，可能讓你一直都被當成那種人格類型。你可以在之後閱讀每一章的時候，跟著九型人格圖上的數字移動，可當作額外的輔助。

側翼人格

在你所屬人格類型兩側的號碼，就是你的側翼人格。在這兩種側翼人格中間的你，可能會比較傾向其中一種人格，並且表現出那一型明顯的特徵或能量。以我的朋友多倫為例，他是個四型（浪漫型），側翼偏三型（表現型）。

他很外向，比較常被認作是表現型，而比較不會被認為是五型（觀察型），後者通常會比較退縮、內向。

壓力人格與安全人格

當你被超收稅金而怒火中燒時，或是等待舉棋不定的朋友或配偶，站在一整排類似的油漆前要選出那唯一的完美顏色時，就容易表現出你的壓力人格。也就是在圖2中，從你的人格類型數字射出的箭頭指向的那個類型。

舉例來說，大多時候總是快樂無憂的七型人遇到壓力時，很容易表現出一型人完美主義者的負面特質。他們可能變得不那麼隨和，堅持非黑即白。知道自己遇到壓力時容易顯露的人格類型特徵是很重要的，這樣你才能在面對壓力時，照顧好自己，並且做出比較好的選擇。

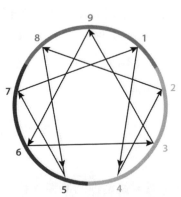

（圖2）壓力人格和安全人格的箭頭指向

你的安全人格類型，指的是在你感覺安全時會表現出的傾向，以及你會從其汲取力量和資源的人格類型。圖2中，指向你類型的箭頭數字，就是你的安全人格類型。例如，七型人在感到安全時，容易汲取五型人的正向特質，這代表他們可以超越他們通常想要「更多再更多」的需求，並能擁抱「少即是多」的想法。

　　從屬靈層面來說，知道你的人格會如何變化，以及身處壓力時會如何表現，十分有益處；知道當你感到安全時，能表現出哪一種人格的正向特質，也同樣有價值。一旦你熟悉這些，在面臨沮喪或感到支離破碎時，就比較能夠察覺或掌握自己的方向，做出比過去更為智慧的選擇。關於安全人格及壓力人格還有很多可談的，但這本書主要是九型人格的初階介紹，所以我們只會談論較為基本的部分。但仍希望你知道，這個區塊還有許多可以擴展的學習空間。

發現你的致命罪性

　　這聽來可能像中世紀的道德劇，但每種人格都有其特別致命的罪性。在每一章中，史塔比和我會比較深入地來談罪性可能出現的模樣。對某些人來說，「罪」這個字眼會激起可怕的回憶和感受。罪這個神學術語，好像已被當成武器，用來對付許多人。讓我們這麼說吧，你要知道這個詞很可能誤傷那些不小心站錯位置，尤其是那些「剛好站在傳道人槍管前」的人，不然很難談論這個主題。而作為一個千瘡百孔的罪人，以及已經清醒了二十八年、但仍在復原過程中的重度酒精上癮者，我知道不去面對我們暗黑的現實光景和其根源，真的、真的不是一個好主意。相信我，如果你不面對的話，它最終會和你算總帳的！

　　因為我一直很在意這件事，請容我為「罪」下定義，這個定義對我很有幫助，也很符合我們接下來的討論。理

查‧羅爾曾經寫道:「罪是一種固著,使生命能量和神的愛無法自由流動。(它們)是我們自己樹立起的銅牆鐵壁,不但使我們無法靠近神,也使我們無法活出自己真正的潛能。」[4]對一週要去教會地下室參加好幾次支持者聚會,好逃避自己眾多固著行為之一的人來說,這個定義也是說得通的。

我們每個人都有自己習慣的方式,可以用來規避神,得著自己所欲;如果我們不正面處理這些,它們總有一天會讓我們的生活陷入令人惱怒的麻煩中。

> 「我始終認為,沒有人真正意識到自己是多麼狡猾地從認清自我的殘酷陰影中溜掉了。」
>
> 約瑟夫‧康拉德(Joseph Conrad,英國小說家)

九型人格中每一類型人的行為,都受到獨特的「激情」或是致命之罪的影響。發展九型人格的導師們,看出每一型都有其特別的軟弱,或特別容易被九種罪中的某一種誘惑。九種罪中的其中七種,是由第六世紀天主教教宗大貴格利(Pope Gregory)所列出的「七宗罪」而來,再加上恐懼和欺騙(這下好極了,加了這兩項,就不會有哪一型人被遺漏了)。每一種人格特有的致命罪性,都像是某種癮頭,是不由自主的重複行為,只有發現我們是多麼頻繁地任其主宰我們的人格,我們才能脫離這些罪的控制。我再說一次,不要以為「致命罪性」這個詞太過中世紀,和現代的我們沒有任何關聯。認識自己的罪性,是歷久彌新而

且無比重要的智慧！如果我們沒有察覺我們致命的罪，以及它是如何潛伏在我們周遭不被對付，我們就仍落在罪的轄制中。學習管理我們致命的罪，而不是放任、容讓致命的罪轄管我們，是九型人格的目標之一。

　　九型人格之外，還有許多人格分類系統或人格類型清單，例如邁爾斯－布里格斯（Myers-Briggs）性格分類指標或人格五因素模型（Five Factor Test），這些也都很棒，但它們都只表現了心理學的取向。也有一些人格理論宣稱並且鼓勵你接納擁抱自己，但如果你本身就是個無賴，這些理論用處就不大了。無論如何，這些理論中，只有九型人格承認我們是靈性有缺陷的受造物。如果九型人格理論能夠被正確地闡釋和教導，你就會發現，它的內容不只是心理學，也不僅僅是讓人感覺良好的自助式心靈雞湯。（順道一提，如果我們靠自己就能改善自我，你不覺得我們的自我應該早就被改善了嗎？）九型人格的真正目標，是要讓你知道你的陰暗面，並提供屬靈諮商，幫助你開啟和轉化那黑暗的部分，使其接受恩典的光照。與自己致死的罪面對面不只困難，甚至是痛苦的，因為我們會意識到自己的醜陋──那是我們寧可不去想的部分。加拿大心理學家大衛・班納（David Benner）警告我們：「一個人如果希望自己被讚美，那就絕對不該碰九型人格；但如果是想更深刻地認識你自己，九型人格肯定有用。」⁵來吧，讓我們勇敢以對！

　　以下列出七項致命的罪性（再加兩樣）及其相關的人

格類型，以及簡短的說明（見圖3），這些說明是從唐·里索（Don Riso）和拉斯·赫德森合著的《九型人格全書》（*The Wisdom of the Enneagram*）中摘錄出來的。

（圖3）九型人格相關罪性

　　一型：憤怒（anger）。一型人無法接受不完美的世界。由於強烈地意識到自己和其他人都無法達到他們的高標準要求，他們經常會感受到滿腔的憤恨之情。

　　二型：驕傲（pride）。二型人會把所有的注意力和能量都用來滿足別人的需要，卻完全否認自己的需要。他們暗自相信只有他們最知道別人需要什麼，以及自己是不可缺少的重要人物，這種心態凸顯的是他們的驕傲。

　　三型：欺騙（deceit）。三型人看重外在表現甚於實質。為了表現出能夠取悅大眾的虛假形象，他們會丟棄真正的自己；他們相信自己所表演出來的樣子，勸誘自己相

信所戴的面具就是真實的自我。

四型：羨慕（envy）。四型人相信自己少了某種重要的東西，且因此永遠不可能完滿幸福。他們羨慕那些看來總是幸福且十全十美的人。

五型：貪婪（avarice）。五型人不斷囤積事物，好讓自己能過著獨立自主、不假外求的生活。這種攫住事物、緊緊不放的態度，至終會導致無法對別人付出愛與情感。

六型：恐懼（fear）。六型人總是想像最糟的情況，並且懷疑自己沒有控制生活的能力，這使他們會轉向權威人物和信仰體系，尋求他們所渴望得到的支持和安全感，而非倚靠神。

七型：暴食（gluttony）。為了逃避痛苦的感覺，七型人總是想用正向的體驗、計畫、期待新的冒險、富娛樂性的有趣點子，把自己塞得飽飽的。永遠無法滿足的七型人瘋狂地追求能讓他們從眼前痛苦中分心的事，這會讓他們逐漸走到極端放縱的地步。

八型：逞欲（lust）。八型人渴求力量。他們在生活的各層面中都容易走極端，控制欲強且喜歡對抗。八型人經常以強硬、嚇人的外在面具，遮掩他們脆弱的內心。

九型：怠惰（sloth）。九型人的怠惰並非意指身體上，而是靈性上的懶惰。他們經常放任自己漠視應該埋首努力的優先事務、自我發展，以及自我實現的責任。

九型人格與童年發展

　　想想童年時期，我們在毫無判斷力的情況下，吸收了多少訊息，內化成我們的認知和情感，之後又花費了多少時間和金錢接受心理諮商，希望像修剪牧羊犬打結毛球般，把這些訊息從我們心裡、腦袋裡過濾剔除掉？這真是令人訝異！孩提時代不經意吸收的訊息和信念，有些是生命中必要的養分，但也有些是傷害。大部分的人都在不知不覺的情況下，誤信了那些破壞美麗自我形象的訊息。我們應該更常提醒自己這件事，如此也能讓我們更有恩慈地彼此相待。

　　在接下來的幾章裡，我們也會看看九型人格在童年時期是如何運作的，例如二型的孩子在學校午餐時，發現如果把奶酪餅乾分享給同伴可以「買」到友誼，而五型的孩子會先在場邊觀察小朋友玩耍的情況，之後才小心翼翼地決定是否加入。這些表現，既是天生的傾向，也是在無意識的狀態下戴上面具、保護自我的結果；這兩個因素，共同影響了我們的人格發展。

　　好消息是，九型人格的理論具有療癒的效果，可以幫助我們改變想法、信念和行為。學習針對不同人格類型的醫治信息，可以修補我們所受的傷害，幫助我們踏上認識自己的歷程，恢復我們所渴望的整全、真實自我。它可以幫助我們對自己懷抱熱情，不再以童年時為了保護自我而發展出的虛假模式應對生活，而是活出真實的自我。

關係模式和工作風格

我曾經有個同事,對自己的覺察能力低落到根本無法衡量。因為他對自我認識的缺乏,以及無法自我約束,造成對許多同事的傷害,照他對職場健康和安全所構成的威脅,真該依照《職業安全衛生法則》(OSHA)將他移送法辦。

事實是,對自我缺乏認識,不但靈性受損,也會對工作造成傷害。我最近讀《哈佛商業評論》中的一篇文章,企業家安東尼・提健(Anthony Tjan)寫道:「在每個了不起的企業家、經理人和領導者身上,都可以看到自我覺察的明顯特質,這是最重要的王牌。增進領導效能的最有效方式,就是更敏銳地了解自己,省察自己做決策時的主要動機。」[6]除了許多書籍,從《富比士》到《快公司》(*Fast Company*)等商業雜誌也有許多討論自我覺察的文章,重點都是「認識你自己」。

本書會勾勒出不同人格的行為,如何對工作執行或職場人際造成阻礙或提供助益,這也可以幫助我們辨識值得追求的職涯路徑,查驗目前正在進行的方向是否適合,或目前的工作環境和我們人格特質中的強項弱項是否適配。

上帝希望你能享受工作,並且發揮自我效能(除非,你和我太太一樣,志願是選擇教導中二學生,那你就是求仁得仁,沒話好講)。隨著自我知識及自我覺察能力的提升,九型人格理論可以幫助你在工作中獲得更多滿足,並且更好地完成你的工作,這就是為什麼包括摩托羅拉電訊

公司、奧克蘭職業棒球隊、中情局、梵蒂岡教廷在內的許多企業組織，都運用這套理論，希望讓員工在工作中得著更多喜樂，此外還有史丹佛大學和喬治城大學也把九型理論納入商學院課程中。7

> 「我愛著許多人，但我卻不了解他們任何一個。」
> 芙蘭納莉・歐康納（Flannery O'Connor，美國作家）

對於和伴侶、朋友的人際關係，以及人際互動時最需要和最該避免的部分，九型人格理論也提供許多洞見。確實，我們每個人都帶著一定程度的不完全，在這個世界上與他人互動。但是你應該要知道，九型人格中的每種人格類型都會展現出健康、一般和不健康的狀態，而每一種人格也都可以擁有健康且滋潤的人際關係。如果自我覺察的能力較佳，就比較能幫助自己更多處於健康狀態，也能減少損害你與所愛之人的關係。

靈性轉化之道

「接納自己，不代表排除使自己變得更好的嘗試。」這是作家歐康納的觀察，她是對的。你的人格類型不該像由你媽媽署名的紙條，在任何你表現得很爛的時候，就被拿出來詔告天下：「敬啟者，請您一定要原諒我的兒子約翰，他是一個九型人（或是其他任何一型），所以您今天看到的，已經是他這一生以來最好的表現了。」關於九型理論，

有件你一定要知道的事：你一旦發現自己所屬的人格類型之後，就再也沒有任何藉口可用來拒絕改變了。一旦你對自己的人格類型有了更多了解，你就不能再以「我就是這樣」為藉口求饒、混淆重點了。

最近在一個「十二步驟助你戒除酒癮」的聚會中，我聽到有人說「洞見不值錢」。可不是？這真是說得太對了。就像羅爾的警世之言：「獲得資訊，不等於開始轉變。」一旦你發現自己的人格類型，你就得為你自己和這個世界上你所愛的人（或是你不愛的人，假如有的話）展現更多同情心。假如有任何人讀完這本書後，只是覺得「九型人格還算有趣」，若無其事地拿來當作晚餐派對、茶餘飯後的聊天話題，希望那個人長滿痘痘！學習九型人格的目的，是為了讓我們了解我們自我欺騙的習性，那根深柢固的程度，就像為關節炎所苦的雙手，就算已經緊張用力到癱瘓，仍不願也無法放鬆。讓我們敞開自我，經歷更多內在的自由，成為更好的自己。

在每一章的最後，你都能讀到靈性轉化的段落，提供每一型建議，幫助你了解如何好好運用所學到的人格知識。這些都會是有幫助的知識，只要你別把時間浪費在嘗試靠著自己的力量改變，而不是靠著上帝恩典所帶來的轉化力量。如果有任何人說自己正在「試著」作個好基督徒，就恰好顯示他完全不了解成為基督徒的真正意義。基督信仰並不是你做了多少，就得到多少回報。一旦你知道了自己人格中的黑暗面，就同意讓上帝為你完成你沒法完

成的事吧,讓祂為你的生命帶來有意義並且持久的改變。

如何閱讀每一章,並找出你的人格類型

當你開始讀之後的每一章,要拒絕只看表面行為就認定自己人格類型的誘惑。在每章的一開始,會列出許多以第一人稱「我」作為開頭的句子,這些句子是為了能讓你知道這一型人可能會如何描述他們的內心感受。當你讀這些感受清單時,要記得,無論如何,判斷人格類型的依據,**不是「做了什麼」,而是「為什麼這樣做」**。換句話說,不要太倚賴行為特徵來判斷你的人格類型,反而要特別注意,驅動不同人格特徵和行為的潛在**動機**,看看哪一型的描述,對你而言特別真實。舉例來說,可能好幾種人格都會在職場努力追求晉升,但他們的動機可能非常不一樣:一型人可能是聽命自己內在必須改變世界的強烈需求,他們想要獲得晉升,是因為他們曾經聽說,公司運作中每天都會出現無數不完美的狀況,只有高階管理者有權柄能夠加以修正;三型人努力往上爬,可能是因為得到走道盡頭那間獨立辦公室,對他們來說非常重要;而八型人努力攀爬晉升階梯,可能純粹是想看看有誰笨到不知死活、敢擋他的路。動機才是真正的關鍵!問問你自己,你做出那些行為的動機是什麼,才能發現你的類型。

在閱讀這本書的時候,不妨回想過去,例如在二十歲時,你是怎樣的人。那會比你目前的狀況,更準確符合你的類型描述。雖然你的人格類型可能從過去到如今都沒有

改變，但最清晰或最顯著的呈現仍是在成年的早期階段，就像心理學家詹姆斯·賀利斯（James Hollis）所說的，你活得還不夠久，所以還無法理解「在你如同長篇連續劇的一生中，只有你這個角色在每一幕都會出現」[8]。換句話說，你大部分的問題，肇因都是你。所以，多多回想你在家時的行動、思考和感覺的模式，也是非常重要的。

看看哪一類型人格的描述最貼合你的情況，而不是尋找「你情願你是」或「你一直想成為」的那一類型。如果讓我選的話，我希望自己像是政論節目主持人史蒂芬·荷伯（Stephen Colbert）那般散發魅力、快活無憂的七型，但我其實是巴布·狄倫（Bob Dylan）那般常見的四型，而且還要減去他的才華。（在這本書裡我會舉一些知名人物作為人格類型的典型例子，但他們的人格類型都是我自己的猜測，而不是他們自己歸納的結果。）就像作家安妮·拉莫特（Anne Lamott）說的：「每個人都搞砸了，大家都感覺破碎，身陷泥沼，而且驚慌失措。」[9]所以，何必去渴想能過上另一種和你目前處境不同的麻煩人生？當你試圖揣摩你的人格類型時，如果能請你的密友、配偶或靈性導師讀讀這些敘述，說說他們認為哪一型最符合你的狀況，是非常棒的事——不過別殺了他們，他們不過是傳話的信差！

如果你讀到一些敘述讓你心情翻攪，因為精確說出了你的內在世界，而那是只有駭入你的人格備份後，才能知曉的心靈祕密，那你就有可能正進入你的人格特區。當我第一次讀到我的人格類型的描述時，我甚至覺得很羞恥。

就像在廚房黑暗角落，正專心要攫取餅乾碎屑的老鼠，沒有察覺屋主正躡手躡腳地靠近，冷不防燈光大開，在來不及遮掩的瞬間，滿嘴塞著貝果，被逮個正著。但另一方面我也覺得被安慰了。我以前不知道還有其他像我一樣的鼠輩。如果你也碰上了這種情況，別沮喪。記得，每一型人格都有其強處和弱點，有特別的祝福，也有特別容易被感染的疫症。困窘的感覺會過去的，就像作家大衛・福斯特・華萊士（David Foster Wallace）說的：「真理使人得自由，但你得先和它搏鬥一陣子。」[10]

不要期待你完全符合某一種人格類型的所有描述——那是不可能的事。只要看看哪一種人格類型的概述和你最相近就可以了。要知道，有些人為了判斷自己的人格類型，花了好幾個月的時間了解各種人格、請教蒐集別人對自己的看法，才敢確定自己是哪一型，不知這能否給你一些安慰。

我常聽到九型人格的初學者談論他們剛學到的各種人格類型的種種，並且把它當作擊退或嘲笑別人的武器。每逢我聽到有人對別人說類似「噢，你真的就是標準的六型！」或是「不要再這麼三型了！」時，我都會火冒三丈，特別是當說這些話的人對九型人格根本毫無概念時！**九型人格只能被用來建造他人，幫助他們踏上朝整全自我發展、更靠近上帝的旅程，就是這樣。**我們希望你能將這一點牢記於心。

有些類型人格的敘述，可能會讓你聯想到自己的家

人、同事或朋友。也許有哪一型的敘述，會讓你很想打電話和你姊姊說，你終於明白是她的人格類型讓你的童年生活像活在地獄一樣悲慘，而不是如你之前認為的被魔鬼附身——別這麼做！別讓每個人因此恨透你。

「我不想要被歸類，不想因此被限制在某個類型的刻板印象中！」人們總是對我和史塔比表達這樣的疑慮。不要怕！九型人格不會把你困在某個類型框架中，但它會讓你看到自己已經身陷其中的框架，並要幫助你脫離它。這是件好事，對吧？

還有件事非常重要：有時候，你可能會覺得我們太偏重每個人格類型的負面弱點，而不是其正面強項。我們確實故意如此，這麼做的目的，是為了幫助你能夠更容易認出你的人格類型。在我們的經驗中，行不通的地方遠比行得通的地方更能讓我們指認自己的人格類型。就像史塔比經常說的：「我們不會藉由自己做對、做好的事而認出自己；我們做錯的事，反倒更能讓我們知道自己是怎樣的人。」試著別讓自己一無所獲。

最後要叮嚀你的，是要有幽默感，以及不管對自己還是對別人，都要懷抱更多的同情心。

這個宇宙並不民主。並不會有穿著實驗白袍的科學家拿著寫字板站在你面前，讓你選擇要擁有教宗方濟各，還是前阿拉斯加州長莎拉・裴琳的基因；你沒法選擇要或不要你的父母、神經兮兮的手足，或是你在家中的排行；你無法挑選你的出生地是在鐵路左邊或右邊的村莊；我們也

不是要為我們和上帝之間長久以來就存在的問題做諮商。
但是隨著時間的累積，我也發現，罪是源於我們的自我，
希望這世界的其他人以我們為中心地去安排生活；除此之
外，我們還面臨許多並非我們自己造成，但我們有責任採
取行動做些什麼去回應的挑戰。不管是哪一種，永遠要對
你自己抱持同理、同情的態度，就像上帝對你一樣。自卑
無法為我們的生命創造持久、療癒的改變，唯有愛能。這
就是屬靈宇宙的物理法則，對此，我們只能充滿讚嘆地
說：「阿們！」

　　然後，就像戴夫修士會說的：「現在，我們可以開始探
討九型人格了。」

八型：挑戰型人格

3

八型：挑戰型人格

領導我或者跟隨我，不然就別擋路！

巴頓將軍（General George S. Patton Jr.）

作為八型人是什麼感覺？

（你不知道為何要從八型人開始？倒回去重讀第38頁，第二章的「章節順序」）

1. 有人說我太大剌剌，而且具侵略性。
2. 做事半途而廢不是我的風格。
3. 我還滿喜歡偶爾擦槍走火的激烈討論，那能讓我掂掂別人的斤兩。
4. 人際關係中，我最在乎的，是在爭論時堅持誠實以告，並且在問題解決前堅持戰鬥。
5. 相信別人，對我而言並不容易。
6. 正義值得為之奮戰！
7. 與人第一次見面，我就能嗅出他們的弱點。
8. 說「不」對我從來不是為難的事。
9. 我歡迎不同立場的挑戰，放馬過來！
10. 我能本於直覺地很快做出決定。
11. 我不喜歡別人說話時拐彎抹角。
12. 特別友善的人會讓我不由自主地提高警覺。
13. 進入新環境時，我能夠馬上知道誰是這裡的老大。
14. 我無法尊敬不知道自己立場為何的人。
15. 「攻擊勝於防守」是我的座右銘之一。
16. 別招惹我所愛的人！
17. 我知道大家都很尊敬我，但有時候，我也希望有人能愛我。
18. 面對霸凌者，我絕不會後退！
19. 如果上帝希望人們隨時表露出明顯的情感，祂就不會在創造時，把人心藏於胸腔之間了。
20. 在我的冷酷外表之下，藏著一顆柔軟、充滿愛意的心。

健康的八型人是了不起的朋友、卓越的夥伴，以及弱勢者的捍衛者。他們具備智慧、勇氣和耐力，能夠完成別人認為不可能做到的事。他們已經學會在正確的時間，拿捏適宜的力道，使用手中的力量。他們有能力與人合作，也能正確理解別人貢獻的價值。他們能夠接受脆弱，甚至有時能夠擁抱脆弱。

一般的八型人比較像獨裁者而不是外交官。他們是二元思考者，在他們眼中，不是好人就是壞人，意見不是對就是錯，未來不是光明在望，就是黯淡淒慘。他們喜歡當領袖，比較不喜歡聽命於人；為了保護自己，有時會情緒化地攻擊別人。許多八型人都是領導者，通常人們也會毫不遲疑地跟隨他們，不會有太多意見。對於無法下定決心或是無法完成分內工作的人，他們經常很不耐煩。

不健康的八型人心中總有被背叛的疑慮揮之不去，他們多疑並且很難相信任何人，如果被錯待，就會採取報復手段。他們相信自己能夠改變現實，經常自訂規則，也希望別人能遵守。不健康的八型人造成的破壞和建設數量相當，他們會認為在這個世界上，每個人都只是可利用的物品而已，別人的貢獻只有一丁點或根本不具長遠的價值。

話說我們剛搬到納許維爾（Nashville）時，新鄰居邀我們到他們家參加晚餐派對。吃晚餐時，我當時十三歲的兒子亞丁，說起他在從學校回家的路上，聽到全國公共廣播電台（NPR）節目《萬事皆曉》（*All Things Considered*）裡播的一個故事，他覺得很有趣。亞丁對這個故事的前情提要還說不到三句，就被一個中年男士隔著桌子打斷了，他中氣十足，聲如洪鐘：「只有那些喝拿鐵咖啡、穿緊身牛仔褲、抽印尼香料菸的嬉皮才聽全國公共廣播電台。」

亞丁馬上瞪大了眼睛，臉也漲紅了。那時的亞丁還不明白，我們搬來的這個社區大部分居民都是政治立場保守的人，他們大多認為全國公共廣播電台，不過是常春藤大學那幫傢伙的宣傳機器。這位鄰居接著就發表了長篇大論，說明溫室效應不過是左派分子為了摧毀資本主義而發明的說法、最高法院打算強行推動伊斯蘭教義法的陰謀，以及他當然有權利帶槍去狗公園遛比特犬。

接著是一屋子難堪的沉默。正當我打算為亞丁說些話時，忽然聽到從我女兒凱莉坐的那頭傳來一陣不容錯認的清喉嚨聲，我將之翻譯為「飛行員轟炸機就位，導彈匣開啟」的信號，她已經對準目標，就要展開她的語言攻勢了，我幾乎想要對那位男士示警：「快逃啊！斑比，快逃！」但實在沒時間了，我只能將這人的靈魂交在上帝手中。

當時，二十二歲的凱莉是明德大學（Middlebury College）四年級的學生，該學院在美國排名還不錯。她聰

明尖銳，如果可以不必忍受愚蠢的言行，她會更開心，特別是那些針對她所愛之人的找碴行為。

凱莉把在她膝上的餐巾拿起來，擦擦她的嘴角，再折好放在盤子旁，然後將臉朝向那位用話語鎮壓她弟弟的男士：「您剛剛是在開玩笑，對嗎？」她說這話的眼神，就像是一頭美洲豹在確認牠的獵物。

那位男士蹙起眉頭：「妳說什麼？」他回答凱莉時，完全還沒意識到地獄之門正向著他敞開。

凱莉轉向在桌子旁邊的其他人，就像馬戲團主人介紹躲在大砲中即將被射上天空、出場表演的小丑一般，以手勢引導大家對這位男士行注目禮：「各位，請容我介紹這位人物，他從來不懷疑地相信廣播中所有保守派的說法。」

這位男士開始呼吸不大順暢，不安地扭動他在椅子上的身軀，試著說：「小妹妹，我——」

凱莉向著他，像警察指揮交通一樣地以手勢制止他發言，繼續說明他論點中的破綻，並一一加以分析反駁，那些批評、指正真是毫無間斷，火力齊發，過了幾分鐘，我感覺到我該善盡插手並制止凱莉的道德責任了。

「謝謝了，凱莉。」

「先生，請您幫大家一個忙，下次發表高見時，請把重點說清楚。」凱莉就以這麼一串令人刺痛的話修理了這位男士。然後，她打開餐巾，重新攤放在膝蓋上：「可以麻煩您把鹽罐遞給我嗎？」說話同時，她舔了舔自己的爪子，收起凌厲攻勢。

凱莉是九型人格中的第八型。

> ✡ **八型的典型人物**
>
> 馬丁路德・金恩（Martin Luther King Jr.，美國民運領袖）
> 穆罕默德・阿里（Muhammad Ali，職業拳擊手）
> 安格拉・梅克爾（Angela Merkel，德國總理）

八型人的致命罪性

八型人被稱為挑戰者，是因為他們富攻擊性、勇於抗爭、精力充沛；他們對待生活的方式，就像西哥德的統帥阿拉里克（Alaric）和他的士兵入侵羅馬時那般地搜刮所有一切。

逞欲是八型人的致命罪性，但這裡指的並不是性方面的渴望，八型人追求一種強烈的力道——他們是精力充沛的人力發電機，只要有人氣匯聚和舉行活動的地方，就有他們，而如果什麼都沒有，他們就自己把場子搞大。在九型人格中，八型比其他類型的人都更有活力，他們熱情如火，感情豐沛，粗率直接，油門全開，他們把生命之杯一飲而盡後，便重重放下酒杯，為酒吧裡的每一個人再點一杯。

八型人出場時，就算沒有美國海軍陸戰隊的軍樂團在旁演奏〈向統帥致敬〉（Hail to the Chief），你也能夠很輕易地認出八型人。當他們走進來時，就算你還沒看到他們現身，也能感受到他們已經大駕光臨。他們為所在的場子提供引人注目的活潑能量？不，他們根本就左右整個場子。

想像在一個男性更衣室裡，有一群男生正站著哀嘆恢復式瑜珈課程是多麼具「挑戰性」而難以克服。而這時，披掛著毛巾的職業摔角選手巨石強森忽然進來了，掃視著他們。現場籠罩在一片詭異的沉默中，人人都低著頭看地板，喃喃對問：「你有看到我的隱形眼鏡嗎？」

八型人和大家相處時，情況大概就像這樣。

並不是所有八型人在講話時都很大聲，或是會像空手道劈磚式地直接介入對話，要求大家開門見山地講重點。他們的體型也並非都高大嚇人。這些都只是刻板印象，而不是人格特質。八型人格最主要的特徵，是他們無論在哪裡，都散發出無窮的豐沛能量。無論內向或外向，高大或瘦小，男人或女人，立場自由或保守，我所知道的每個八型人都散發著自信、無所畏懼和力量。就像卡山札基（Kazantzakis）描寫的希臘左巴，他們精力十足，不論生活對他們投以什麼樣的挑戰，他們都大膽回應。

靈性健康、能機敏覺察自我的八型人，熱愛完成別人認為做不到的事情。當他們能夠精準控制力道，對準目標時，就能夠改變歷史，馬丁路德・金恩就是代表。

另一方面，如果八型人的靈性還未發展成熟，自我認識能力非常低落的時候，你絕對不會想讓任何孩童靠近他，例如史達林。

八型人的挑戰者特質

八型人在生活中，最常出現的情緒是憤怒。他們非常

激烈地堅持自我獨立，而他們反抗的能量，會具體表現在
對於變強的需要，或是對於權威的反抗。八型人認為人人
都是不可信任的，除非人們證明他們可以被信任。憤怒是
八型人最主要的情緒，並不令人意外。他們的憤怒是如此
洶湧，有時幾乎就像是身體裡內建一台暖氣機一樣，不斷
向外傳送熱氣。由於他們是如此容易感到生氣，一般的八
型人會在沒有考慮後果的情況下，就太快向周遭的人發出
開戰信號。這些八型人時不時會閃現的憤怒烈火，無論如
何，大都是不自覺的防衛機制，希望能夠避免意識到或揭
露自己的不足和脆弱。八型人會以憤怒當成柵欄，並藏身
其後，好防禦他們天真童年時向世界赤忱敞開的柔軟心懷
和溫柔情感。這部分，他們並不喜歡讓別人看見。

　　八型人身上缺少可以調節的開關。他們不是開就是
關，不是全開就是全關。他們要不是把場子搞大就是回家
洗洗睡；他們希望能夠自由奔放地表達原始的本能欲望，
不受任何限制地滿足對生活的渴望。這種衝動的，全有或
全無的生活取向，讓八型人很容易過度放縱或是走向極
端。他們可能變成工作狂、派對狂、飲食狂、運動狂、消
費狂，或是對任何東西需索無度，無法停止。對八型人來
說，往往東西要太多時，他們才會覺得夠了。就像我的八
型朋友傑克經常掛在嘴上的：「假如這事值得做，就值得全
力以赴。」（你不會想要和傑克在玩投杯球〔beer pong〕時
拚輸贏的，結果通常可不大好玩。）

　　所有這些熱血沸騰、激情澎湃、生猛好鬥的力道，對

非八型的人來說，都會造成被淹沒或是被威脅的感受。大部分的人參加派對時，都是希望能遇到有趣的人，輕鬆一下，而不是忽然發現自己正陷入與哈佛辯論社的天才小隊長口沫橫飛的論戰中。請不要以為我在影射誰。僅管這聽來不可置信，你可能覺得是被八型人恫嚇了，但八型人可能會認為那是一種親密；對他們來說，衝突是一種連結的方式。

我所遇過的八型人，大都不認為自己是充滿怒氣的人。事實上，發現別人認為他們很嚇人、不敏感，又蠻橫時，他們都非常意外。「我每年的工作考評都得到一樣的回饋，」之前在唱片業擔任主管的八型人吉米跟我說：「我老闆總是說銷售這一塊我棒透了，但我的下屬老是向他抱怨我過度干涉、粗暴，不夠尊重他們的想法。我真心不懂周遭的人為什麼對我會有這些感覺？」八型人認為自己只是誠實、有話直說，不怕面對面爭論解決生活中的難題，而且就事論事，事過即忘。

對其他人來說，很幸運的，八型人非常在意正義和公平。他們會為了孤兒、寡婦、窮人和邊緣人驍勇作戰。他們不畏懼向當權者說實話，而且他們可能是九型人格中，唯一能夠勇於對抗並扳倒這世界的壓迫者與獨裁者的類型。如果你到我女兒凱莉的臉書上，我保證你會看到她最近參加的要求終結警察暴力、提高最低工資的抗議遊行照片，或是呼籲某某大學趕快和化石燃料公司脫離關係。此外，還有很多可愛貓咪的迷因哏圖。

　　雖然八型人對正義、公平和弱勢權益的捍衛非常眞誠，但他們心裡還有另一場內心戲也在上演。由於曾經目睹或經歷過如孩童般弱勢的受害際遇，八型人意識到容易被視作獵物的危險，急切地想要獲得救援。

　　八型人非常在意正義，所以他們會穿上緊身衣，套上斗篷，扮演為弱勢者懲罰壞人的超級英雄，試圖平衡導正天平的兩端。這種角色對思考兩極的八型人來說，尤其具有誘惑力。他們看事情非黑即白，看人非惡即善，世道公平或不公平，看人只分是友是敵、是軟弱是強壯、混得開還是常吃癟；在八型人眼中，你我的腦袋中或許有的是觀念，但他們有的是事實。他們相信自己採取的觀點或立場是正確無誤的。他們拒絕接受任何事物有微妙不同的可能性，因為若不全然清楚或確定你的觀點，代表的就是軟弱，或是，喔，絕對不該被原諒的膽怯！如果你想勸他們接受事物存在著別種可能性，我建議你要帶上睡衣，因為那說服的過程可能需要花上漫漫長夜。

　　就算是空無一人、沒有對手的情況下，八型人也有辦法找到題目吵起架來，他們是典型的大砲型人物，只要逮到機會就會滔滔不絕地大發議論，打破所有人可能曾經有過「八型人也有虛弱一面」的錯覺。八型人尊崇眞相，並且認為面對面的爭論是顯明眞相的最佳辦法。他們深信只有近身肉搏，才能探知對方底細。而在激烈的衝突中，眞正的事態才會被凸顯出來，迫使人們心中眞正的意圖或是隱藏的議題浮上檯面，澄清個人是否立場堅定，值得信賴。

每一種類型都有其特別的溝通風格，了解每種類型的談話風格，不但有助你對那一型的了解，也能讓你更了解自己這一型。八型人的主要對話風格是**下達命令**，他們經常使用祈使句，並以驚嘆號收尾。

> 「有明確的理由為之而戰時，你一無所失；在我看來，找不到理由為之而戰的人，才是失敗者。」
>
> 穆罕默德·阿里（Muhammad Ali，拳擊手）

大部分的人都不會認為衝突會使人精神振奮，但八型人確實能從衝突中得到源源不絕的活力。如果當節日親友相聚的場合變得愈來愈無聊時，八型人就會開始掏出手機，暗自檢查傳進來的訊息。如果實在無聊到無法忍受，八型人就會開始丟出些聳動的話題，比如「我寧可被公車輾過，也不想在接下來的四年繼續忍受現任的總統」，然後在一旁蹺腳休息看好戲。

八型人的孩童時期

八型人這樣的天賦異稟到底是打哪來的？我和史塔比經常聽到八型人述說他們小時候人格正在發展的那些年間，發生了一些事，讓他們過早地放棄了童年的純真，好為自己的生活、甚至是別人的生活負起責任。好些八型人在不穩定的環境或家庭中被扶養長大，只要夠強悍就會被讚美。（這描述對我女兒完全不適用，她可是在伊甸園中長大的。）也有人在學校被霸凌，漸漸發現除了自己，再沒

有別人可依靠。你的童年經驗可能有，也可能沒有這種特殊經驗。不要只因為童年有或沒有發生特殊事件，就認定或拒絕你是八型人的可能。

無論主要原因是什麼，八型孩童可能會接收到這類具傷害性的訊息：「這個世界充滿敵意，只有強者才能生存。軟弱或天真的人一定會被狠狠修理或被背叛。所以要戴上盔甲，不要讓人家看到你柔軟的那一面。」八型人最擔心的事，就是被背叛。這就是為什麼許多八型人只能信任人生中某階段結交的一小群密友。

等到他們長大一些時，八型孩童環視遊戲場的沙坑周圍或家裡，觀察到「力量即正義」的世界，在那樣的世界裡，只有兩種人：不是控制別人，就是投降臣服。他們發現那些較軟弱的孩子只能乖乖聽別人的，所以他們立志：「我才不會那樣呢，各位！」也許從外型看不出來，但八型人並不一定覺得自己應該是安排全局的控制者，**他們只是不想被控制**。（這句話非常非常地重要。我甚至願意拿一整年每天早上都將加拿大五分錢合唱團的歌〈搖滾明星〉（Rock Star）設為鬧鈴當作代價，以換得你重讀一遍並記在心裡。如果你沒有掌握這個大方向，你不可能認識八型人。）

史塔比的女兒喬依，她的孩提往事是我最喜歡的八型兒童故事之一。當喬依五歲時，史塔比接到喬依幼兒園打來的電話留言。如果你曾經養過孩子，你就知道這種留言代表的意義，不是你的孩子把胃裡的東西全吐在積木籃裡，就是某樣特別重要的東西，被你這位超級悲催的父母

給忘記了，沒有連同孩子一起送到學校去。也有可能你家的孩子是個連續咬人犯，在那天早上對「現場進行的正面引導」沒有做出適當反應，需要戴上他們的套嘴。總之，這代表你得去面對幼兒園園長了。

但是史塔比很欣慰，她女兒的情況並不符合上述任何一種典型場景。反倒是她女兒喬依在那個星期剛開始，就表達了她要和幼兒園園長湯瑪遜女士預約時間，進行正式談話的意願。這件事令史塔比又驚又喜。

「史塔比，妳可以想像，我們之前**從來沒有**遇過一個五歲的小孩要求預約正式的談話時間。」湯瑪遜女士解釋：「我的祕書也不知道該怎麼辦，所以她就照喬依說的，安排了我們談話的時間。」

「喬依想和您談什麼呢？」史塔比問園長。

「喔，喬依進了辦公室，直直地走到我面前，然後建議我們都坐下來好好談談，我照她說的坐下來，但她還是站著，好讓我們可以平視彼此的眼睛。她把夾在手臂下的檔案夾遞給我，對我說：『謝謝您撥出時間和我說話。湯瑪遜女士，我遇到了一個麻煩，我也跟老師說了，但她沒辦法幫我的忙。我了解大部分的小孩都需要睡午覺，但是我不需要。我不想睡午覺的時候一直躺著，那樣很無聊，所以我想了一個辦法。』」

湯瑪遜女士遞給史塔比喬依給她的檔案夾，裡面夾著喬依的學習單，每一張上面都貼有金色的星星。為了向她展示自己全是Ａ，無可挑剔的完美紀錄，喬依把這個檔案

交給湯瑪遜女士,證明她計畫的可行性:既然她不需要睡午覺,而她自己的學習表現又是這樣完美無瑕,她應該有資格被允許在午睡時間幫助老師檢查大家的學習單。

「我這樣可以幫你忙,而且一小時只要美金1.47元。」喬依這樣說的時候,還抬頭挺胸,好讓自己顯得儘可能地高。

「史塔比,我不能付她錢!這是違法的!」說完這個故事後,園長向史塔比這樣嚴正聲明。

「所以,妳跟她說不行了嗎?」史塔比問。

湯瑪遜園長皺起眉頭,同時露出不可置信的表情,她從沒想過她可以拒絕喬依,喬依並沒有讓她覺得還有拒絕的選項可選擇。

這個故事的重點,不是要說明八型人都是霸凌者,或喬依是箇中高手。(事實上,除非處在非常不健康的狀態,八型人很少會霸凌他人。霸凌者的行為動機主要是為了彌補自己內心的不滿足並且遮掩自己心裡的害怕,但八型人並不害怕。由於他們真心在意公平,而且出於本能地想要保護、捍衛弱勢者,八型人經常挺身對抗惡霸。)八型人的動力發條是如何運作的,才是這個故事的意義所在。就算才五歲的喬依,也充分反映了她的八型人格。

就像喬依一樣,八型的孩子經常表現地出類拔萃,並因此希望成人能允許他們可以獨立、不必聽話。這些孩子相信他們自己甚於相信任何成人,而且他們有無窮的精力可以達成目標,把事情完全做好。

　　當環境中有許多限制時，八型孩童會乖乖依照順序，把事情逐步完成。但他們的動機比較不是為了取悅他人，而是希望他們的好行為能夠換來更多的自由與獨立。他們心裡並沒有要順從規範的驅力，但他們知道順從這些規矩，對他們只有好處。當沒有負責人在現場時，這些孩子會名副其實地負起責任來，而且他們通常確實做得挺不錯的。當人們向我們讚美女兒凱莉把工作做得盡善盡美時，總是順帶表示，認為我們一定是負責的完美父母，我們總是反問：「是什麼讓您認為我們對凱莉有任何影響呢？」

　　很不幸的，他們獨立和自信的負面影響，就是他們太早就忘記他們孩提時的純真，這在往後是很難重新恢復的。他們需要恢復被一般人定義為童真的開放心態。他們需要回想起過去還不需為現況負責或控制別人才能感到安全的記憶，並且還相信別人能保護他們的那種感受。他們需要學到錯誤和脆弱才能教會我們的功課：道歉的價值、原諒的經驗，以及只有追隨領袖才能學到的心得。如果他的勇氣沒有經過模塑並接受向善的引導而隨之發展，之後可能會發展成反對世界的抗爭力量。

八型人的關係模式

　　我很愛在我生命中出現的八型人，任何珍寶都換不來我與八型人的關係。這並不代表八型人很容易相處，但你在八型人身上投注的關心和力氣都是非常值得的，不管他們是你的伴侶或是朋友。

八型人希望別人回應挑戰

八型人崇尚力量。如果你不願意和他們正面對戰,他們是不會把你放在眼裡的。他們希望能夠以平等的方式堅持各自的信念。當八型人向著你敲擊他自己的胸膛,要求你表態時,你最不該做的事,就是豎起白旗。

我們家的老朋友艾德有天來我們家吃晚餐。我小時候就住在艾德隔壁,他從我還是個嬰兒時,就看著我長大。我對他的感情就像我愛自己的父親,但他可不是個容易相處的人。吃完點心後,我說到自己好喜歡《鳥人》(*Birdman*)這部電影。

「那部電影爛透了,」他說:「片長太長,背景設定很蠢,米高‧基頓的表現完全沒有他原本的水準。怎麼會有人認為《鳥人》是部好電影?我真的不懂。」他一面說,一面像劍擊般的,揮舞著他的甜點叉在空中又戳又刺。

就像大部分的八型人一樣,艾德的生活遵循著「發射、瞄準、預備」的原則。艾德不是胡說八道的人,但他總是在還沒想清楚前,就讓話先說出口了。這麼多年來,我已經學會當艾德發動他的推土機時,我就離開他向我直直衝來的那條路。但是作為一個九型人格理論的教師及學生,我決定在戰場上與他正面交鋒,看看會發生什麼事。

「你以為你是誰?怪咖影評家羅傑‧埃伯特嗎?」我裝出小男孩般的聲音,而且用我的手指做出要越過桌子射擊他的手勢:「這個劇本非常棒,導演毫無破綻,而且我跟你賭五十美元,米高‧基頓會被提名奧斯卡金像獎,怎麼會

有人認為《鳥人》是部爛電影？我真的不懂。」

桌子旁的每個人都呆住了。我的孩子一動也不動地假裝他們是和我沒有任何關係的孤兒。艾德坐在座位上，向後靠著椅背，以好奇的眼神盯著我看了一會兒。

「說得好！」他笑著說，然後開始進攻他的提拉米蘇。

到此為止，結束。

我們這一小群人又回到日常對話的模式裡，剛剛發生的小爭執不過像個插播的商業廣告快閃而過。這就是與八型人相處的方法。如果你堅持你的立場，就能獲得八型人的尊重，當衝突結束後，真的就像沒事發生過一樣。

八型人想知道赤裸裸的真相

除非你喜歡刻意保持距離，否則不要對八型人說謊或傳達任何混淆不明的訊息。你必須告訴他們實話，完整的實話，不摻雜任何並非實話的言語。八型人認為資訊就是力量，所以他們想知道所有的事實。為了舉例說明這一點，我們讓史塔比和喬依的故事快轉十五年。有次喬依從學校回家時，在路上遇到一場嚴重的車禍，她肩骨碎裂，臀骨錯位，身上還多了好多塊青青紫紫的瘀血。在喬依要被推進手術室前，史塔比看著她真是嚇壞了，沒有想到女兒看起來這麼慘。她臉上每一寸皮膚都有被飛起的小石頭刮傷的痕跡。

強忍著不讓淚水掉下來，喬依問：「媽，我看來很嚇人嗎？」

　　「是，甜心，」史塔比說：「很嚇人。」附近的護士傳來一陣抽氣聲；史塔比告訴我，宇宙中所有女人都能認得出那種抽氣聲，不管在任何一種文化中，它都代表相同的意義，那就是對你的不贊同。抽氣聲愈大，代表不贊同的程度愈大。但史塔比知道，八型人**總是要聽實話**，所以她沒有遮掩不說。八型人不喜歡你為了保護他們而掩蓋事實，也不想要無視不愉快細節的安撫方式。在八型人的觀念裡，這世界原就充滿了許多風險。如果不知道真相，代表不知道究竟發生了什麼事，如果知道究竟發生了什麼事，就代表事情不在控制中，而他們**從不**樂意失去對事情的控制。如果你隱瞞任何相關資訊，八型人會認為你是置他們於險地，任憑他們在風中飄搖。你不會想失去八型人對你的信任的，一旦失去了要花很長時間才能重新建立，對他們，**要永遠貫徹以誠實為上策**。

八型人希望一切在控制中

　　八型人最怕事物失去控制。這也是他們很少說「對不起」的原因。如果你告訴他們，他們說的某些話或是做的某些事傷了你，他們也許會反過來指控你太過敏感，而讓你更加受傷。當事情出錯時，缺乏自我覺察的八型人會非常快地就怪罪別人，而不是自我檢討或為自己的錯誤負起責任。對於靈性不成熟的八型人來說，表達後悔或承認對於出錯的事自己也有責任，就代表軟弱。八型人擔心承認錯誤或是為自己的言行道歉，將來舊事重提，會被當成攻

擊他的話柄。唯一令人安慰的是，某些八型人在安靜面對自己時，一旦意識到傷害了自己所愛的人，會非常凌厲地鞭笞自己（如果能讓他們信服犯下錯誤的是他們）。

　　要記得八型的特徵是不由自主的命令型人格，他們需要當老大，控管所有的財產、家庭活動計畫、電視遙控器和支票簿——除非你能為他們踩煞車。由於自我膨脹和無限越界，他們可能不請自來地跨進你的房間，不到幾分鐘，就扯開喉嚨，以誇張的大動作，極盡所能地強調他的看法，試圖控制這個環境，就像這裡本來就是他的地盤一樣。

　　八型人是「不抱怨、不解釋」的人種。他們不會為自己找藉口，所以他們希望你也一樣。和八型人發展浪漫關係，必須牢記自己是誰，以及盡可能地保持獨立。他們不希望自己的活力被你消磨掉，他們期望你也能貢獻你的力量。他們喜愛爭辯、大膽冒險，為大家上緊發條。

　　八型人這種絕不接受任何限制的極端個性，代表他們需要朋友或伴侶幫助他們進行檢查和評估。你會逐漸發現，「自我遺忘」是憤怒組（八型、九型、一型）的主要特徵。除了忘卻他們童年時的天真狀態，他們也會忘記自己並非永遠不敗的超級人類。許多八型人自恃體型高大或自以為強壯有力，所以他們會對自己的體能有許多過高的不合理要求，而讓自己的健康或幸福承擔風險。聽到別人如此勸告時，八型人可能會勃然大怒，但八型人真的需要被提醒，節制是種美德，而不是一種禁令。

> 「以捍衛公義作為目標的
> 戰鬥，是這個世界所能
> 找到最高貴的運動。」

羅斯福（Theodore Roosevelt，
美國總統）

八型人有溫柔的一面

如果你很幸運地，能夠和八型人一起生活，你就會發現在蠻橫強力和憤怒情緒之外，他們還有一顆以愛和溫柔鑲邊的心。

為了他小圈圈中的摯友，他會不惜擋在疾駛的火車前，或讓自己的胸膛挨子彈。

如果八型人向你展示他們的柔軟心腸或是和你分享他們脆弱的情感或想法，請你要覺得很榮幸。八型人的大問題，就是把脆弱和軟弱混為一談，所以他們很少解除防備地讓別人看見他們的脆弱或是被了解、被愛的心底渴望。這就是八型人會常被九型人格中的情感組（二型、三型、四型）吸引的原因，他們需要別人幫助他們接觸自己的情感，並將之表現出來。

八型人熱切支持別人發揮潛能；他們知道如何使別人的能力更為增強、幫助你展現你最出色的部分。他們會擋住困難，努力協調，幫助你達到你想達到的生命境地。他們一切所求的，就是你能撐住，並且付出百分之一百五十的努力達成目標。如果你不願意挺下去，這些一度支持你的八型人會轉而尋找其他願意努力的人，繼續他們的付出。

當八型人健康的時候，他們是令人愉快的。他們很容易開心，慷慨地款待人，他們說的笑話能讓你笑到岔氣。但他們也是不折不扣的競爭者，不管是在溫布頓網球場上

的最終賽局，或只是在自家前院草坪上進行一場宜人的槌球賽，你都會發現，八型人雖然喜歡獲勝，但他們更痛恨失敗。

八型人的抗爭性會摧毀關係

九型人格理論會讓我們看到，我們想用來解決問題的方式，通常會比我們的問題，造成更糟糕的效果。質疑權威的慣性、過於遲鈍和大咧咧的行徑、對抗的方式、總是堅持自己的觀念才正確，或是不由自主的衝動行事——八型人的這些行為，不但沒能保護自己不受攻擊、掌握對事物的控制權、免於經驗到情緒的傷害及被背叛，相反的，他們替自己製造更多這些經驗。

當人們受夠了靈性不成熟的八型人吆來喝去的威嚇後，不是脫離與他們的關係，就是聯合起來推翻他們，或是在社交上孤立他們。悲哀的是，這些事會讓八型人更加證實他們最深的害怕：這世上每個人都不值得信賴，而且總是會背叛他人。

「我能夠放心地把**自己**交給你嗎？」是八型人一直在尋找的答案。他們希望每一天長日將盡時，能有個讓他們覺得安全的人，讓他卸下防備，真實以對。

八型人的工作風格

各行各業，都可以發現有八型人在其中。他們是很棒的檢察官、辯護律師、教練、宣教士、生意人或機構創辦

人。他們喜歡掌控一切，不願意接受任何人加諸其身的限制，所以他們經常成為自雇人士。

作為雇員的八型人，則多半非常能幹或是能承擔大量工作，大部分時候他們兩者兼備。如果你很幸運地有個八型同事，你也希望他／她能表現出色的話，就要保持溝通管道暢通，不要隨意改變規則或是忽然改變計畫。八型人完全是靠直覺在接收資訊，他們打從一哩外就可以嗅到欺騙或感受到盟約不再。如果他們信任你，事情就十拿九穩；如果他們不信任你，那你就得謹慎度日了。

八型人總是想知道誰才是老大，[1]所以他們持續地挑戰權威或試探底線。所以你必須定下限制，提供準則和誠實的回饋，並且設下清楚及合理的界線。如果領袖的方向感夠清楚，八型人是願意跟隨的，但對於缺乏投入的決心或是決策膽識的主管，他們就沒什麼耐性了。由於八型人期待領導人要夠強，你如果不能強硬起來，就得指派一個更有進取心的人擔任管理職。

你也得想辦法讓八型人保持幹勁。感覺到無聊沉悶的八型人，就像一整天都被關在家裡的狗兒一樣沒勁。一定要讓牠們有事可做，不然牠們就會把家裡所有東西啃咬成碎片。身陷險境時，你會希望有八型人在你的團隊中。能開出新局、聰明又大無畏的八型人，不但擅長解決麻煩，在任務解決前，他們絕不輕言撤退。

美國企業崇尚八型人。（美國企業也尊榮三型人，這等稍後再說。）就像奇異公司前任總裁傑克‧威爾許（Jack

Welch），他的駭人傳聞和強硬領導風格，雖然讓公司規模大幅增長，卻也讓他落得「中子傑克」（Neutron Jack）的綽號（不知這是否會讓他腳步暫時停歇）。無論如何，八型人發號施令的姿態及無窮無盡的活力會使周圍的人受到鼓舞，起而追隨他們。

如果，這個八型人是個男人的話。

八型的女性

對八型人的生涯而言，性別是重要的影響因素。在一九六〇年代中期，我爸失業，我們家破產了——就如同「雨天時把報紙塞進鞋子裡」那種程度的慘。為了糊口，我那八型的媽媽去了一家在格林威治的小出版社作祕書。在那個出版社還是清一色男老闆的時代，女人要升職不只要打破玻璃天花板，還要穿過銅牆鐵壁。這些都阻擋不了我媽，她從抄寫速記、泡咖啡開始，十五年後，她成為那家出版社的副總裁。

八型人就是這樣：積極進取、意志堅定、決斷明快、大膽創新、足智多謀，成就他人眼中不可能的任務。他們就是能把事情做成。

回想她在商業界的那些年，我媽可能會說九型人格中，八型女性是遭受最多誤解，也最被虧待的一型。在我們的文化中，八型男性會被尊敬，人們會津津樂道他那些「壓倒性控制全局」的本事；但悲哀的是，我們都知道，在職場或在團體中，那些捍衛信念、抗拒周遭汙蔑、堅持完

> 「當男人做出裁員的決定時，他們被認為是有決斷力的；當女人這麼做時，她們被認為在報復。」
>
> 卡莉・費奧莉娜（Carly Fiorina，惠普公司董事長）

成任務的女性負責人會被冠以什麼樣的形容詞。

不用我說你也知道，對吧？

許多八型女性生活得並不平順，她們抓破頭也想不通「為何人們如此對待我？」拜託那些容易感覺被威脅或是缺乏安全感的人閉嘴，停止對她們狂吠好嗎？就讓這些有才幹的女人脫離刻板印象的枷鎖，不受打擾地繼續眼前的人生吧！

側翼人格

請記得，每一種人格類型都會受到九型人格圖上左側或右側至少一種人格的影響。如果你是個八型人，而且很清楚你受到哪一型的影響，也許你會說「我是個偏九型的八型」或「我是偏七型的八型」，或是像我的蘇格蘭朋友說的：「我是個流著一點兒七型血的八型人」。

我們還沒說到七型享樂者或九型和平者的顯著特徵，但這應該不至於讓你看不出來這兩種人格對八型人造成的細微差異或影響。

偏七型的八型人（八偏七）

這是種狂野的組合。偏七型的八型人不但活潑，精力充沛，而且非常歡樂，充分展現七型人陽光的一面。他們

野心勃勃且容易衝動，有時甚至十分魯莽。偏七型的八型人會把生活過到極致。他們是九型人格中最精力充沛，最富創業幹勁的一種。七型的歡樂能量稍稍掩飾了八型的警戒心，使得這一類的八型人相較其他八型人，來得更懂社交和更看重社群。

偏九型的八型人（八偏九）

這型的人對待生活的態度較有分寸。除了比較謹慎，也因為受到九型和平協調者傾向的影響，他們也比較願意以合作代替競爭。加上九型協調者的恩賜，使他們得以脫離八型的典型表現，而能撫慰人心、支持周圍人、態度謙遜，他們較少暴戾之氣，別人也樂於接受他們的領導。如果八型人能像九型人在面對每件事情時，都能考慮到相反的面向，就能成為成功的協調者，不拘大事或小事。

壓力表現與安全表現

壓力表現

當八型人感覺壓力破表時，他們會向不健康的五型靠攏（稍後就會介紹五型觀察者的不健康表現）。他們會開始撤退，更少與自己的情緒連結。有些人會開始失眠，不再照顧自己，隨便亂吃，懶得運動。在這種光景中，八型人會變得遮遮掩掩，處處提防被別人背叛。除了固執己見，他們可能比以往更不顧慮自己的形象或聲望。這樣的情況

可不妙。

安全表現

安全感十足時，八型人會趨向健康的二型。他們會關愛別人，並且不那麼特意隱藏自己柔軟、溫和的天性。這個狀態的八型人並不堅持自己的信念或想法才是百分百正確，他們也會學習傾聽和看重別人的意見。他們會開始信任比自己更大的存在（是的，在這個宇宙中總有比八型人更了不起的人事物），接受別人的照顧，使每個人都感到快樂，就算只是稍縱即逝的瞬間。二型的積極面會讓八型人理解到，在他們無法掌控的真實世界中，仍有公義存在，而且復仇這種事，還是交給上帝執行比較好，起碼當下來看是這樣。

靈性轉化之道

天主教作家神父榮・羅海瑟（Ronald Rolheiser）在他寫的《聖潔的渴望》（*The Holy Longing*，暫譯）中，把愛欲（eros）描述成「堅不可摧的火焰，一波心思起伏，一種渴望，一種不安靜的躁動，是種飢餓，是種寂寞，是啃嚙人心的懷舊之情，是無法被馴服的狂野，是盤據在人類經驗最核心、與生俱來、包納一切的疼痛，以及驅動萬事萬物的終極力量」[2]。史塔比和我有種感覺，八型人可能比我們其他人都更了解，甚至具備更多這種神聖的愛欲，他們是有限的受造物，卻得試著去管理滿滿溢出、無邊無際的欲望

油箱。那可是很大的工作量！控制得宜時，他們的火熱能夠安全地歡迎、溫暖周遭的人，但如果沒有被圈在自我克制的火爐中，可能會把房子燒光！

當八型人靈性方向正確且能自我省察時，他們是能量充沛的強人：無所畏懼、大方慷慨、善於鼓勵、活力十足、支持他人、忠實誠懇、自信篤定、直覺敏銳、全心投入，並且憐憫寬容比他們弱小的人。

但如果八型人的靈性沉睡、任憑他們的天生本能掌控人生一切時，他們會變得貪婪無感、需索無度、粗魯蠻橫、目中無人，任性固執地堅持己見，有時甚至冷酷無情。

我很樂意幫助八型人，重拾太早放棄的童真無邪，再度相信人性美好。我希望能說服他們相信此生絕不會被背叛……但我不能。畢竟，我們所有人都活在相同的風險中。

但八型人特別需要知道、試著相信並感受的療癒信息是：這世界上有許多人值得相信，雖然被背叛的風險永遠不會消失，但只要你能夠重拾昔日不那麼過度戒備的童真心懷，愛以及與人的連結一定可以讓你忘記被背叛的痛苦。是的，被背叛的確極度痛苦，但它發生的機率不會像八型人所畏懼的那般高。況且，就算發生了，八型人也絕對夠強，鐵定能夠存活下來。

既然八型人喜歡直接坦白地對話，我就直言不諱地說了：躲在虛張聲勢和強硬的假面下，好讓自己看來並不畏懼情感的傷害，這是懦夫的行徑，並不勇敢。冒著變脆弱的危險仍然去愛，才是真正的勇氣。你是否足夠堅強，能

夠放下誇張和粗勇的保護殼？這才是問題的關鍵。

我喜歡布芮妮．布朗（Brené Brown）的書《脆弱的力量》（*The Power of Vulnerability*）和《不完美的禮物》（*The Gifts of Imperfection*），是的，我建議每個八型人都應該要讀這兩本書，並且讀兩次。在《不完美的禮物》書中，布朗寫到：「擁抱脆弱雖然有風險，卻不像放棄愛、渴望和喜樂那麼危險 —— 是的，這些經驗的確讓我們變得最為脆弱。但只有當我們勇敢到能夠潛入黑暗中探險，才能在光中發現我們的無限力量。」[3] 布朗在這裡說的是：脆弱是愛和關係的基本材料。八型人如果想要去愛和被愛，就必須冒著對信任的人敞開心懷、揭露內在情感的危險。這是開始一段關係時，必須要付出的代價。

「因我什麼時候軟弱，就什麼時候剛強了。」這是使徒保羅說的，我認為他說的沒錯。八型人應該把這句經文當成座右銘，抄在3×5吋的備忘卡上，再貼在浴室的鏡子旁，好提醒自己，這句話可比「不聽我的就滾蛋」要好多了。

10個改變的起點

❶ 強大的力量和欲望經常成為你生活中的主宰。找一個朋友，容許他在你太超過或表現極端時提醒你，記得「適度、適度、適度」。

❷ 重拾你童年的純真片段，友善地靠近你心中那個小孩。我知道，你沒那麼多時間做這些無稽的荒唐事，但這樣做真的對你有益處。

❸ 留心且避免非黑即白的思考方式。灰色也是一種真實存在的顏色。

❹ 拓寬你對力量及勇氣的定義，讓它們也能包含脆弱的部分。在你的生活環境中找一個人，跟他分享你心中比較深沉的部分。

❺ 要記得，你有衝動行事的傾向。正確的指令是「預備、瞄準、發射！」而非「發射、瞄準、預備！」。

❻ 在探求真理時，你未必總是站得住腳的那一方。在爭論白熱化時，停下來問問自己「萬一是我錯了呢？」每天都問自己一百遍！

❼ 你的人格作用比你自己以為的還要加倍強烈，你認為的熱情，對別人來說可能是恫嚇。當人們告訴你，你踩到他們的底線時，要盡力給出你能給的最誠懇道歉。

❽ 不要老是扮演反抗軍的角色。試著不要讓自己落入對抗權威人物的坑洞中，他們並非全是壞人。

❾ 當你感到你的電力上升且滿腔怒火時，停下來，問問自

己是否正在逃避或否認脆弱的感受。那是什麼樣的感受？你的「攻擊」是否是對抗或隱藏如此感受的抵禦方式？

❿ 別把你自己或別人分享柔軟情感的行為，和軟弱畫上等號。敢於卸下防備，讓內心的孩子得以顯露出來，是勇敢的表現。（好啦，你還是很受不了這種說法，我了解。）

4

九型：和平型人格

逃避生活，是不可能獲得和平的。

維吉尼亞·吳爾芙（Virginia Woolf）

作為九型人是什麼感覺？

1. 我會竭盡所能地避免衝突。
2. 我不是很主動。
3. 有時我會忙於瑣事，以致正事被拖延。
4. 我很樂於配合別人做他們想做的。
5. 我容易拖延。
6. 人們似乎希望我更果斷一點。
7. 分心、偏離軌道的時候，我會把注意力放在任何眼前發生的事物上。
8. 我通常會選擇最少阻礙的路徑。
9. 工作或家中的例行事務讓我安心，如果這些事被打亂我會焦躁不安。
10. 真正的我不如別人眼中的那麼平靜安寧。
11. 我很難讓自己啟動，不過一旦開始，我能確實把事情完成。
12. 我是那種「表裡一致、心口如一」的人。
13. 我不會把自己想成是非常重要的人。
14. 別人認為我是很好的傾聽者，雖說如果交談時間很長我其實很難專注。
15. 我不喜歡帶工作回家。
16. 有時我會抽離當下，思想過去發生的事。
17. 比起大型社交聚會，我更喜歡和我愛的人靜靜窩在家。
18. 戶外能使我寬心，得著慰藉。
19. 有人對我提出要求時，我常會暗自頑固起來。
20. 花一整天做我自己想做的事感覺很自私。

健康的九型人是天生的調解者。他們能看見且重視其他人的看法，並且可以調和看似勢不兩立的觀點。他們不自私、有彈性，並且兼容並蓄。這些九型人很少固著於自己的見解和行事方式，他們學會按照適當的優先順序來做決定。他們是一群充分發揮自己潛力，能鼓舞人心的人。

一般的九型人雖說看起來貼心隨和，但事實上卻很固執且與自己的憤怒脫節。這些九型人習慣忽略自身。他們通常不覺得自己重要，但偶爾會醒過來，意識到他們必須開始投入時間精力在自己身上。他們會願意為他人挺身而出爭取公義，但如果是為了自己就不會冒如此大的風險。他們要求不多，但會對別人為他們做的事心存感激。

不健康的九型人有做決定障礙且會變得過度依賴。為了減緩悲傷和憤怒的情緒，他們會做麻痺自我的事。這些九型人為了維持「一切都好」的假象，有可能會擺盪於默從和明顯的敵意之間。

我二十出頭的時候和患有睡眠障礙的人親身相處過。有天晚上，我被聽起來像是小孩隱隱約約在唱歌的聲音喚醒，那聲音從樓下廚房傳來。這真的很不妙，因為我才剛看完衛斯·克萊文導的電影《半夜鬼上床》（*Nightmare*

on Elm Street），每當裡面的殺人魔弗萊迪要對他的下一個受害者動手，一群令人毛骨悚然的小孩便會開始吟唱：「一、二，弗萊迪來找你了。」就像約伯，我深深感受到「幽暗的驚駭」。

我悄悄走下樓，手上拿著檯燈作武器，卻只見我夢遊中的室友穿著四角褲在客廳一邊無意識地跳著舞，一邊唱著瑪丹娜的名曲〈宛如處女〉（Like a Virgin）。如果當時有智慧型手機，我就能拍下那一幕然後上傳YouTube，這支影片應該會像〈江南Style〉一樣爆紅。

想到這件事還是會讓我發笑，但醫學上的夢遊症其實相當危險。有些人在夢遊時爬上一百四十呎高的起重機、開車出門、從三層樓高的窗戶「走」出去，甚至還有謀殺岳父母的例子。哎呀，我認為這世界上有整個國家都是由夢遊人來操持管理的。離題了。

基督教傳統中，以夢遊作為隱喻來描述人的靈性狀態已是由來已久。當我們的人格處於自動駕駛模式，我們就會被哄入一種半睡眠狀態，接著會發現自己受困於自孩童時期起就已落入的那種習慣性的、不斷重複、無意識的反應模式，這時我們的行為可預期到根本像是被催眠的程度。九型人比起其他型人患有更為嚴峻的夢遊症，如果不當心，他們很有可能會以夢遊的狀態度過一生。

約翰・華特斯（John Waters）和羅娜・菲佛里奇（Ronna Phifer-Ritchie）說九型人是「九型人格中的甜心」[1]真是說得太對了。我太太安和我的女兒梅狄都是第九型，

我真心喜歡她們。靈性成熟的九型人冷靜、隨和，並且知道如何放鬆和順應生活。他們的適應力強，性情也平和，更不會像我們多數人一樣會為了小事心煩意亂。他們是透氣性極佳的Gore-Tex，不是容易沾黏的魔鬼氈。第九型是九型人格中控制欲最低的一型，他們容讓自己的人生自然開展，也給予他人自由和空間，依各自所需的時間和方式來成長。他們愛得快，評斷得慢，也很少要求別人認可自己照料他人付出的心力。他們自由自在，接地氣又務實，是一群極度討喜的人。老實說，對那些已經做了許多功課，或是正在努力為了使自己愈趨健康成熟的九型人，我有說不盡的好話。然而九型人對惰性也絕不陌生。他們從經驗中曉得自己的身體是動則恆動，靜則恆靜。當感覺到難以承受，因為有太多的事要做、要抉擇，或是即將迎來令人苦惱的變動時，九型人會減速至爬行的速度。他們知道，如若完全停了下來，自己會需要大量的精力才能再次前進。就像史塔比常說的：「九型人起步緩慢……然後慢到就停下來了。」下面對這些九型人特有的毛病會有更多介紹。

✡ **九型的典型人物**

歐巴馬（Barack Obama，美國總統）
比爾・莫瑞（Bill Murray，美國演員）
芮妮・齊薇格（Renée Zellweger，美國演員）

九型人的致命罪性

九型人最致命的罪性是**怠惰**，看到這個詞我們通常會聯想到身體上的懶惰，然而九型人的怠惰在本質上卻是靈性上的。健康程度一般的九型人無法輕易起身活出「僅此一次非凡寶貴的人生」[2]，是因為他們和這行動所需的熱情和動力是分離的。發育尚未完全的九型人沒能充分與腹中那把火連結，以此追求神所賜予的人生，也因此沒能成為應當成為的自己。然而挖掘出那些熱烈的激情和出自本能的欲望，會攪亂九型人所珍視勝過一切的，即他們內在的平靜和均衡感。如今我們離真相愈來愈近了。對九型人來說，怠惰和他們渴望不要被生活過度打擾有關。他們真心不希望生活來煩他們。別忘了，第九型是憤怒或腹中心的三型之一。除非你有肚腹，除非你能存取肚腹之中那使人有生命的本能之火，否則你無法聲稱擁有人生。然而當涉及以下層面九型人便很是怠惰：全心關注自己的生命、弄清自己的人生目標、追求自己的夢想、滿足自己的需求、發揮自己的天賦，以及行出呼召。他們緊緊抓住並捍衛他們「Hakuna Matata」（譯註：非洲諺語，指無憂無慮）的內心和諧。他們對生活少有要求，因而希望生活也能同等回報。如果說八型人與他們的本能反應連繫過深，以致過分表達了憤怒，那麼九型人就是與他們的本能失去連繫，以至於憤怒表達不足。九型人不曉得憤怒美好的那一面，就是能鼓舞激勵、推動變革、使得事情有所進展，還有給予他們勇氣為自己挺身而出。當拔去憤怒這一面的插頭，你

將會如斷電般變得了無生氣和容易出神恍惚。

　　九型人無法冒險全力投入生活，部分原因源於他們需要**不惜一切代價**避免衝突。

　　九型人擔心表達他們的喜好或堅守他們認為重要的事，會危及重要的人際關係，還會攪動他們內心平靜無波的湖面。如果他們的優先順序和需要，與他們在乎的人相互競爭，而且這種差異還會導致衝突和關係破裂，要如何是好？如果說出自己的看法、需求和渴望，會在他們和所愛之人中間造成分歧，該怎麼辦？九型人非常看重感覺舒適和寧靜、保持現狀，還有維繫與他人的關係，他們因而會選擇放棄自己的觀點和志向以與他人融合。對和平型來說，這好像沒什麼大不了，因為成長過程中他們經常感覺自己的存在和價值觀對他人來說沒有多重要。九型人會想，「沒必要興風作浪，反正無論我說什麼或做什麼，好像從沒給這個世界帶來多大影響。不去堅持我認為重要的事並且選擇最省力的那一條路，不是更輕鬆更舒服？」你可以想像，九型人經常會散發出一點兒莫可奈何的氣息。令人惋惜的是，他們為「委曲求全」的生活理念付出了代價，沒有活出配得他們天賦和心靈的人生。他們的人生睡著了。

　　為了應付不計其數到甚至不知該從哪裡開始的待辦事項，為了迴避迫切需要關注積壓已久的問題和決策，為了使他們的怒氣不在視線之內，還有為了提振自卑感，九型人會發展出不健康的因應策略。他們通常會求助於食物、

性、飲酒、運動和購物,或是從事令他們安心的日常活動,做不需要大腦的工作來裝忙,還有在沙發上耍廢看電視,這些都是為了麻痺和不去理會他們的感覺、需求和渴望。九型人未能意識到的是,麻木是一種假性放鬆,是劣質的仿製品,真平安才是他們心之所向。

話雖如此,九型人可別氣餒,他們比自己所知的更加勇敢和足智多謀。別忘了,九型人格之中任何一型的疫病,不過是他們恩賜的變形。我們每個人都有功課要做。所以,如同獅王亞斯藍在《納尼亞傳奇》書末的號召:「更深一層,更進一步往前走吧!」[3]

九型人的和平者特質

九型人具有幾項他們這一型的共同特徵,像是忽略自我、有抉擇障礙,和容易分心。雖說並非所有九型人都有全部的特徵,但相信許多九型人會在接下來的描述中認出自己。(或者至少,他們的家人朋友會在他們心愛的九型人身上一眼診斷出這些特徵,而九型人會認同他們的話,因為藉由贊同別人來維持關係融洽本就是九型人的運作方式。)

忽略自我,融入他人

九型人習於忘卻、忽略自我。憤怒三人組面對自我都是健忘的。八型人常忘了要休息和照顧自我,一型人常忽略要放鬆和更常玩樂、享受其中,至於九型人則常忽略自

己的看法、喜好，和優先順序。他們會融入他人的感覺、觀點和追求，並且抹去自我。為了避免招惹到任何人，尚未開化的九型人忽視他們靈魂的召喚，拒絕指出、命名和主張他們的人生志願，然後奮力爭取。事實上，他們可以做到徹底融入另一人的人格和人生，最終將對方的感受、意見、成就和抱負誤認為是自己的。

棲身於九型人格圖的最高處，世界的景色對九型人來說一覽無遺。從這個有利的位置出發，他們不僅有優勢以其他任一型人的眼光來看世界，而且他們更自然而然將每一型最具代表性的長處，一定程度地含納到自身之中。正如唐‧里索和拉斯‧赫德森所觀察到的那樣，九型人的身上可以有一型人的理想主義、二型人的友好、三型人的魅力、四型人的創意、五型人的思考力、六型人的忠誠、七型人的樂觀和冒險精神，以及八型人的力量。[4] 不幸的是，從這個備受尊榮的位置往外看，九型人唯一無法做的就是透過自己的視角看世界。或者用里索和赫德森的說法：「九型人獨獨和第九型沒有相似之處。」[5]

他們可以從別型人的眼光看事物，因而反倒看不清自己是誰以及自己想要什麼，也因此九型人會拋下自身的界線，設法與身邊更加堅定自信的人融合在一起。九型人通常會將融入的對象理想化，希望能夠從他們那裡獲得一點身分和意義感。然而一段時間過去，他們將會分不清自己和他人的差別。人們有時會感到或形容九型人為：朦朧不清、被動、有「柔焦」感，或沒有鮮明的自我。由於感

覺自己不甚重要，好像沒有獨特到足以占有一席之地或是為任何事帶來改變，九型人時常非常明顯地不引人注目。他們身上發散的能量，會給人一種他們老是在又老是不在的印象。他們可以隨意進出房間，而幾乎不太有人會注意到。如同九型人格講師麗奈·夏波德所寫：「和九型人在一起，感覺就像墜入一個寬敞舒適的空間。」6

相較其他類型，健康程度一般的九型人擁有較少的精力和耐力。他們初投入一份工作可以像火箭一樣全速起飛，但在飛行途中就會因為抵擋不住惰性而「使命漂移」（mission drift），然後墜落回地球。九型人行經之處經常會留下不少事尾，像是防滲漏做一半的浴缸、修剪到一半的草坪，還有差一點點就整理好的車庫。他們很有可能常感到筋疲力竭，這是情有可原的，因為九型人位在腹中心或憤怒這一組的正中間。前面介紹過，第九型的鄰居八型人會明示他們的憤怒，而另一邊的鄰居一型人（抱歉劇透！）則會將憤怒藏在心底。為了迴避外在衝突和內心紛亂，九型人會讓他們的憤怒進入睡眠狀態。這不代表怒氣就這樣蒸發，而是他們必須努力

> 「有太多事要做，所以我要先去睡了。」
> 薩伏依諺語

遏制，使它不出現在眼前。這可是既花費力氣又消耗心神的艱苦大業。

　　和八型人、一型人不同的是，九型人需要興建及保衛的邊界不只一處，而是**兩處**。第一道防線是為了捍衛自己平靜的中心，不受任何來自外界的負面影響。第二道則是用來保護自己安詳的內心，免於被出自內部使人心神不寧的想法和感受攪擾。又要無視怒氣，又要堅守兩道防線，真的是很花費力氣。這也分散了九型人的精力，使得他們無法全心投入生活和自我成長當中。難怪在很多時候他們都感到無來由的疲倦。累到一個地步，當他們沒在做事，只是坐下稍作歇息時，竟會不時就這樣打起瞌睡來。

　　有時你會看到九型人超然地凝視不遠處，彷彿他們已然靈魂出竅，陷入做夢般出神的狀態。確實，當九型人感到不知所措、快要被吞沒時，好比衝突場面呼之欲出，或是有人正在吩咐他們該做的事，又或者有時完全看不出來由，他們會關掉感官然後撤退至腦海中的一處，這個地方九型專家稱之為九型人的「內在聖所」。在這些時刻，九型人會和自身的憤怒及生命力脫鉤，無視那些呼籲他們採取行動的聲音。九型人告訴史塔比和我，他們會在內在聖所中重播過去的事件或對話，然後思想他們的所言所行可以有何不同。如果焦慮感是導致他們退縮至內在聖所的原因，那麼他們會想，「我在苦惱什麼？這是我的錯還是別人的錯？」而有的時候他們的退隱，僅僅是為了重新連結和重新尋回那雖然虛幻卻安慰人心的內在平靜。這層霧濛濛的恍惚之境，假若陷得過深，九型人將會變得愈來愈心不在焉，生產力低落，而這只會給他們的人際關係帶來更多

問題。

因為缺乏動力和和專注力，健康程度一般的九型人通常會成為樣樣通但也樣樣鬆，博而不精的人。他們是什麼事都懂一點的通才，所以和每個人都有話題可聊。和九型人談話很愉快，只要他們不切換至漫遊模式。當你問他們今天過得如何，得到的答案是一個很長很久的故事，而且其中的細節和彎路多到你無法想像的地步，這時你便會知道他已然開啟漫遊功能。正是這種口語上蜿蜒曲折的傾向，使得有些九型理論老師會用**史詩傳奇**（*epic saga*）來形容九型人的說話風格。[7]

矛盾心理和猶豫不決

還記得九型人格圖上的每一型是如何透過帶有箭頭的直線連接到另外兩型，以呈現這些型之間的交互運作嗎？位於圖的頂端，九型人有一腳連向第三型，另一腳連向第六型。我們還沒有談到這兩型，不過三型是所有型當中最為容易符合和依從標準的人格類型，而六型則是所有型當中最為懷疑不從或者說反權威的類型。對九型人而言，這意味著十足的矛盾心理。九型人經常在想要討好和想要違抗他人之間左右為難。面對需要採取立場或是做出決定時，九型人會微笑並看似鎮定，但他們的內心其實已被接下來該怎麼做壓得喘不過氣：「我覺不覺得這是個好主意？我想或不想這麼做？我要答應這個人的請求，還是冒著會失去他的風險拒絕他？」為了避免破壞關係，他們依從的

那一面會想要時時說「好」，讓大家都開心，然而他們不服的那一面卻會想要對眾人抓狂一次，為的是不讓順應成性的自己占了上風。

由於細查任一問題的角度如此之多，裡面有太多的因素需要考慮，太多的利弊需要逐一釐清，九型人往往走不到決斷這一步。他們一邊觀望，為了該怎麼做而痛苦不堪，一邊等別人做決定，或者等看難題是否會自然而然自行解開。所有這些舉棋不定都會導向拖延，把他們以外的人逼瘋。一開始你可能不會注意到，但你給九型人愈多壓力，要他們做決定或完成某件事，他們就愈是暗自堅持抵抗到底。九型人可以、也會做決定，但鑑於他們矛盾的本性，這會花上他們非常多時間。另外，他們腦袋裡還儲存了一堆待解的問題和待定的決策，已經占去很多記憶體，這對加速他們決策的步伐更是一點幫助也沒有。

假設某個週五下午我傳簡訊問安：「妳今晚想去哪吃飯？」她會回：「我不知道，你想去哪？」這則回訊總是來得如此之快，我很肯定她一定是把它設成自動回覆。還記得嗎，作為九型人，安不會想要說出自己的喜好，因為她會擔心這麼做會在我們之間形成衝突或是引起不愉快的感受。她想知道我想要什麼，她才能去適應和融入我的期望，從而避免潛在的意見不合。這就是九型人典型的回覆方式。

這個例子同時也顯示，要九型人在無限的選項之中做出選擇是非常困難的。對九型人來說，知道自己不想要什

麼比知道自己想要什麼容易得多，所以想要助他們一臂之力的人還是提供有限的選項給他們選擇會比較好。如果我傳給安的簡訊改為這樣：「妳今晚會想吃泰式、印式，或中式料理嗎？」三分鐘的停頓後，我會收到「泰式」兩字，外加一個豎起拇指比讚的表情符號。

想要幫助九型人的人應當意識到，不要奪去他們確實做出的任何決定，這件事有多麼重要。我不像安一樣那麼喜歡泰式料理，所以去餐廳的路上我可能會想：「安大概不會在意我們晚餐吃什麼，若問我的話，我真心想吃中式餐點。如果我告訴她我想去吃快活熊貓（Jolly Panda），她必定會開心同意的。」

我沒想錯，她不會反對。但因為我愛安，我知道她正在努力對付身為九型人的種種難處，所以我希望能幫她堅持自己的決定，然後讓她領路。九型人已然覺得自己的喜好和存在不比其他人重要，因而他們最不需要的，就是看見你我證實他們這不實的信念。

讓我們來看九型人矛盾心理的最後一個特點。也許是因為他們位於九型人格圖的頂端，能夠瞥見每個人的視角，因而九型人擁有理解各樣觀點的能力，而且每個觀點看似都同樣站得住腳。他們這種能夠看見萬事萬物正反兩面的能力使得他們天生就是調解好手，而且所有人都假定他們和自己是同一陣線。史塔比的丈夫喬是衛理公會牧師，他經常為夫妻做婚姻輔導。有時，有姐妹會在主日聚會後的閒談時間悄悄來到史塔比跟前，輕聲跟她說：「我真

的很高興我們夫婦倆能和喬會談。他理解我的想法，也明白我們婚姻中有問題的是誰。」

十五分鐘後，這位姐妹的丈夫會將史塔比拉到一旁對她說：「喬願意輔導我們，我真的很感激。終於有人懂得我一直以來在說的是什麼，他知道我沒瘋。」

看出規律了嗎？九型人實在非常善於理解和認同各樣觀點，以至於談話後人們經常感覺九型人不僅僅是懂他們，而且也贊同他們所說的話，儘管九型人從未確切如此表明。也因為他們的善解人意，能看出不同觀點的長處，健康的九型人通常可以調和看似互不相容的觀點。但這種足以看見「凡事總有兩面」的能力也是會產生問題的。史塔比和我時不時會交流經驗，笑談和九型人伴侶共同教養孩子會有的挑戰。當你看到孩子做錯事，會不會叫他們回房間，然後附帶說：「等你的（自行填入另一位家長稱呼）回家你就知道了」？成長過程中，每當史塔比或我對我們各自的孩子這樣說，他們就只是點頭，然後露出詭詐的笑容。他們很清楚等那位家長回家後事態會如何發展。首先，九型人安或喬會聽我們這一方怎麼說，接著上樓去和那個惹了麻煩的孩子談。十五分鐘後安或喬會下樓來，身後還藏著剛闖禍的孩子，然後他們會說：「說實在的，這孩子說得有道理。」要明白，同時認可正反兩種觀點是健康程度一般的九型人迴避採取立場，以免經歷衝突或破壞關係的一種方式。

成長中的九型人有一個任務，就是要去辨明和聲明

（表態）就**他們**的角度來看哪個觀點是正確的。

很可惜，九型人時常會捨棄自己的意見，選擇聽從他人，不是因為他們對那件事沒把握，而是單純因為他們想要融入，和他人保持好關係。無論在當下為了安撫他人會讓他們感到多大的壓力，九型人都必須學習如何確認、說出，還有堅持住自己的觀點。

> 「和平是唯一值得發起的戰役。」
>
> 卡繆（Albert Camus，法國小說家）

另一個類似的挑戰和難題是為工作排列優先處理順序。由於對九型人來說，所有的任務看起來都同等重要，決定要先處理哪一樣是困難的。每個星期一早晨，史塔比的丈夫喬一進辦公室，他的祕書就會給他一份清單，上面會以重要性排列出他當週需要完成的工作。喬是非常聰明的人，他還牧養著達拉斯年代最古老的禮拜堂。然而如若沒有清單，他就只會做下一件出現在他眼前的事。如果你堅決要求他們開始使用待辦清單，一部分九型人會心生不滿然後暗自執拗，但如果不用，他們對廣大平民是會構成威脅的。

雖說九型人好似總是搖擺不定，但有時他們會確切知道自己該做什麼，然後就去做，不管這麼做會引起什麼爭議或衝突，或是他們個人要付出多少代價。在這些時刻，九型人是本於他們的信念而行。而這在九型人格理論中則

被稱為「正確行動」（right action）。

我們有可能推測錯誤，但史塔比和我認為比爾・柯林頓是九型人。從一九九五年十一月到一九九六年一月這三個月期間，柯林頓總統和當時眾議院議長紐特・金瑞契（Newt Gingrich）為了聯邦預算削減案爭得難解難分，這場史詩般的角力還導致政府史無前例地停擺了兩次。在白宮和國會議員（當時是共和黨的天下）激烈又高風險的談判中，柯林頓的幕僚擔心總統不是會默許金瑞契提出的要求，就是可能大量妥協，造成自己政治生涯無可挽回的傷害。柯林頓非常不喜歡衝突。他不時會在制定和堅守決策方面遇到困難，而且在他的政治生涯中，為了解決紛爭他不只一次選擇向對手屈服。然而有天晚上，就在金瑞契退回一眾提案中的最後一項之後，柯林頓看著他，對他說：「你知道的紐特，我不能做你希望我做的事。我不認為這對我們國家是正確的決定。這可能會讓我失掉選舉，但我就是不能這麼做。」[8] 在政府停擺一事上，金瑞契和柯林頓展開了誰先眨眼誰就輸的瞪眼比賽，結果是金瑞契先眨了眼。幾天之後，共和黨人同意在沒有預算協議的情況下重啟政府。柯林頓還贏得了下一屆選舉。許多歷史學家指出，做出並堅持那個決定是柯林頓勝選連任的關鍵。

目睹此次談話的白宮幕僚人員說，他們知道自己見證了柯林頓內在出現了意義非凡的轉變。他採取了「正確行動」。看出來了嗎？這樣的行為恰恰好與怠惰相反。不過我有預感，如果希拉蕊問柯林頓他想去哪裡吃晚餐，慶祝一

下他和金瑞契的會面結果，他大概會聳聳肩說：「我不知
道，你想去哪？」

　　九型人一生當中只會經歷幾次如此重大具有分水嶺意
義的時刻，但只要他們在自己身上下工夫，就能漸漸在規
模較小的事上採取相似的大膽行動。他們可以鼓起勇氣主
動開啟尷尬的話題，或是回研究所拿學位，然後追求自己
一直想要的職涯，又或者拒絕屈服於職場上希望他們改變
立場，對他們施加壓力的人。

消極攻擊

　　還記得我說過一開始學習九型理論可能會令你感到
痛苦？還有當我們發現自己這一型的陰暗面，所有人都有
可能感到暴露和羞愧？對九型人來說尤其如此，因為這群
人往往過度依附和享受他們「好男人」或「好女孩」的名
聲。如果你是九型人，在讀接下來的幾個段落時請銘記在
心，和其他型一樣，你的詛咒的另一面就是你的祝福。沒
有人讀完這本書能不被刺個一兩下，況且我們會在結束前
談論九型人的美好。所以……

　　人們常常問史塔比或我：「如此親切友好的人怎麼會是
憤怒三人組之一呢？」儘管他們有貼心和通情達理等好名
聲，但九型人不會總是往槍管裡塞花朵。九型人氣憤的程
度可堪比八型人，但由於他們友善可親的外表，很少人會
發現。九型人事實上滿載著懸而未決的憤怒，但他們害怕
如果真的發怒的話，感受會過於強烈使得他們無法承受，

所以他們將之塵封，令其沉睡。雖說九型人和他們的憤怒不相往來，他們抱持的怨恨卻可一路追溯至孩童時期，或就在不久前，好比他們犧牲了自己的需求和夢想為了使你或孩子的能夠實現。因為不知應於何時或如何向人說不，他們會為別人似乎利用自己無能為關係設下界線而占到便宜，感到氣惱。還沒完呢，如果有人要求他們振作起來，不要總是帶著得過且過的心態過活，還會被他們嫌煩。因為所有這些壓力都會打亂他們內心的平靜！

　　九型人不會輕易忘記實際發生或他們察覺到的各樣冒犯，只是為了迴避衝突，他們很少會公開表達自己的憤怒。當然，九型人時不時也會爆炸，但大多數會保持超脫世俗之外的沉穩，然後以間接的方式洩漏怒火。

　　假設星期一早上你做了某件事讓九型人生氣，他們通常要到星期二下午才會感覺到自己的怒氣。然後星期二晚上，當你詢問他們有無如之前允諾，會到乾洗店拿你明天出差要穿的正式服裝時，他們會以幾近悔悟的語調答覆：「哦，親愛的，我忘了。」這時你便可以確定他們因某事正在生你的氣。但別忘了，對一個自我認識不夠的九型人來說，這不一定是有意識的行為。他們僅僅是不明就裡地活在九型人的世界罷了。

> 「試圖讓她生氣，就像嘗試在保齡球上找到稜角。」
>
> 克雷格・麥可雷（Craig McLay，加拿大作家）

　　固執是九型人最常採取的消極攻擊行為，尤其當他們感覺自己被迫同意一項安排，或是必須做他們不想做的事時，就會特別頑固起來。不過，要是他們想要間接表達憤怒或是控制局面時，他們消極攻擊的箭筒裡還有不少其他形式的箭可供選擇，像是逃避、拖延、不配合、不理睬、冷戰，還有不履行明顯屬於他們的工作等等。當九型人的伴侶終於受不了而質問：「到底是怎麼了？」九型人仍有可能堅稱：「我不懂你指的是什麼。」可嘆的是，比起一開始就坦承自己很火大，他們消極攻擊的舉動結果只會使得他人更加憤怒，然後給自己帶來更多衝突和問題。

　　安知道我是個準時控，所以她通常會預備好要出發，特別是準時抵達對我們來說很重要的那些場合。然而偶爾，她會上演碼頭工會工人為了爭取權益而進行的怠工。每當這種時候我就被迫得站在樓梯下方，一邊盯著我的錶一邊叫喊她快點，不然我們就要錯過電影開頭或是對邀請我們共進晚餐的主人不敬了。

　　如今我已熟悉九型人的運作方式，我知道當安動作慢到像蝸牛的速度就代表她在跟我生氣，但又不想直接告訴我以免引發爭執。她希望我自己參透她不開心的緣由，然後搞定它，而她不必參與其中。所以現在當有類似情況發生時，我會上樓跟她說：「好了，說出來吧！」對此她的回應是：「你懂九型人格前我的日子好過多了。」

區分優先次序和分心

當不得不醒來慎重面對人生的優先次序時，九型人有時會專注於無關緊要的差事，然後將真正重要的工作留到最後。這是九型人採用讓人不解但卻相當有效的防禦策略，可以幫助他們轉移注意力，暫且不用決定人生的優先次序、感受自己的憤怒，或是為自己著想行動。

某個星期日下午我問安（她教中學歷史）是否想一起去健身房，她拒絕了，因為她隔天要交教學意見單給家長，而她還沒開始寫。幾個小時後我回到家，卻驚訝地發現安正在擦拭家中的銀製餐具。我甚至不知道我們有那些東西。

「妳在做什麼？」我問道。

「我在飯廳角落儲物櫃的後面找到我們的婚禮銀器，然後我跟梅狄說可以給她。可它們看起來已經沒有光澤了，所以我想說可以幫她擦亮一點。」

「但妳的意見單呢？」我往下問「不是明天要交嗎？」

「我知道啦，」安回答道，一邊放下擦到一半的醬料壺。「我只是想做些有幫助的事嘛。」

九型人的注意力很容易分散。別人的事總是比自己的重要，分心於他人是他們的解套良方，讓他們可以遺忘自我，以及迴避因為不知道人生目標所帶來的痛苦。但等等，還沒完，人類大腦的創造力實在絕妙，總是有更多可以探討的。

有一天，安和我邀請我媽晚上六點鐘來和我們一起吃

晚餐。當天下午三點時，安說她要迅速去超市一趟，購買晚餐要用的食材。到了五點鐘她還沒回來，於是我打電話給她。

「你在哪？再六十分鐘我媽就要到了。你已經去過超市了嗎？」

一片寂靜。

> 「你信嗎，假設我們坐在前廊聊天，突然一匹馬經過，我爸會騎上馬，然後就這樣揚長而去。」
>
> 娜塔莉・高柏（Natalie Goldberg，美國作家）

「還沒。我在去的路上經過蘇家，看到蘇在前院，所以我停下來和她打個招呼。我們在講話的時候，她孩子腳踏車上的鏈條掉了下來，她不知道怎麼裝回去，所以我幫了她一下。離開那裡後我發現我的上衣有油汙，所以我到CVS藥局買了去汙劑，然後我想到我的錢包裡有梅狄眼藥水的處方，所以我順便領了藥。就在我終於開往全食超市（Whole Foods）的路上，我經過Bed, Bath, and Beyond居家用品店，看到它們正在促銷寢具，亞丁九月開學會需要新的床單和枕頭，我錢包裡又剛好有一堆八折的折價券，所以我衝進去買了一些。不過我現在就快要到超市了，我二十分鐘內會到家。」

你有看出發生什麼事了嗎？當九型人被不緊要的差事或活動轉移了注意力（例如停下來和朋友話家常），他們很容易就會忘記此時此刻最為重要的大局為何（例如不到

兩小時媽媽就要來用餐）。看不到或感受不到大局的迫切，九型人就無法決定事物的重要性和優先次序（例如**現在**要做的事就是買食物給飢腸轆轆的老媽）。沒有前面提到的大局（媽預計再六十分鐘就會抵達），九型人的注意力很容易就失焦，然後開始發散。如今每一項任務看起來都同等重要，於是九型人變得只能去處理當下出現在他們眼前的任何事。[9]

我們都需要能向我們提問的朋友或伴侶，將我們從自己這一型的夢境中喚醒。對某個看起來超級忙碌但又一事無成的九型人——「你沒偏離軌道吧？」是個可以提出的好問題。

九型人的孩童時期

我沒遇過任何小孩比我的女兒梅狄更溫和、更貼心，且還具有超自然能力可以感知他人的需求。早些年我在帶一間初成立的教會時，安和我經常在家中招待成群的人。當時大約四或五歲的梅狄會走進滿是大人的房間，爬到某個人膝上蜷成一團，然後像隻貓一樣沉沉睡去。說到讓人感覺平靜，這女孩比一顆鎮靜劑和兩杯紅酒還要有效。不誇張，你真的可以看到安寧和釋放臨到每個梅狄所選的人身上。

有天某個朋友問安：「你有注意到當梅狄環顧四周，決定要蜷在哪個人腿上時，她總是會選正在經歷離婚、遭受重大疾病，或正經受某種人生危機的人嗎？」我們從未如

此想過，但我們的朋友說得一點也沒錯。我認為梅狄的直覺告訴她，房間中誰最需要平安和安心，和深信一切都會好起來。她散發的存在感至今仍能傳達這些訊息。梅狄住在加州，她想要成為諮商師。雖說還沒拿到學位，但如果我是你，我現在就會和她預約時間。她將來肯定會忙得不可開交。

許許多多的九型人告訴史塔比和我，他們在自己（無論是實際上或感受上）不受重視的家庭中長大，在家中他們的喜好、意見或感受相較其他家庭成員都沒那麼重要。九型人由此接收到讓他們受傷的訊息是：「你的需求、意見、渴望和存在沒有那麼重要。」我的梅狄不僅僅是第九型，她更是卡在姊姊和弟弟之間，所謂的中間子女，而他們姊弟倆又都是九型中較為肯定自信的類型。想到梅狄時不時會感覺自己像典型「被遺忘的孩子」，就讓我感到難過。要是安和我在我們孩子小的時候就曉得九型理論就好了，我就會知道讓梅狄感受到自己有被看見，還有確保她知道自己是不可或缺的存在，是如此重要的事。幸好，她現在知道了。

第九型的孩子非常容易相處。他們不一定是課堂上會帶頭參與活動或舉手回答問題的小朋友，但無論他們去到哪都能帶來融洽愉快的氣氛。如果父母和家裡其他成員之間有衝突，會讓小時候的九型人感到非常難受，於是他們會嘗試扮演調解人的角色，然後一邊找尋不會被迫選邊站的自己立足之地。假設有人不願妥協，導致紛爭無法和平

解決，九型的孩子很有可能會生氣，但他們的憤怒通常會被忽視或不被理會，所以他們要不是不表現出來，選擇關閉心靈，就是迅速逃離現場。每當我兒子亞丁和女兒凱莉在車上吵架，梅狄就會把頭靠在窗上讓自己睡著以避開衝突。

這些美好的人兒覺得自己的想法和感覺不受重視，於是他們非常小就習得並精於融入他人。儘管他們不會希望過多或過長時間成為關注的焦點，但他們確實渴望我們看見以及看重他們的存在。和所有孩子相同，他們在尋找能讓自己感到歸屬的方式和所在。

九型人的關係模式

成熟的九型人會是很棒的伴侶、父母和朋友。他們既忠誠又良善，會願意超乎所求地付出，為要支持你。他們是一群有趣、好溝通，又不太會抱怨的人。他們喜愛生活中簡單樸實的樂趣。如果你讓他們選擇是要盛裝出席晚宴，還是和你及孩子窩在沙發上吃披薩看電影，他們會選後者。九型人的家中總是有個特殊位置是他們可以在其中安靜，和做一些能增進自身安寧感受活動的地方。

健康的九型人指的是那些已經醒來並且找著自己的聲音或是已然活出真實自我的人。他們知道投入時間心力在自己身上是值得的，也知道自己對家人、朋友和工作夥伴而言是重要的。健康的九型人面對屬靈事務的態度很啟發人心。他們的接受度高，樂於傾聽容納來自這個世界的聲

音，但又不會太過開放或沒有界線，以致喪失了自我。

　　睡眠狀態中的九型人會在關係中有衝突時（哪時沒有衝突啊？）碰到麻煩，因為他們會不想承認有問題，也不想解決。否認是他們很主要的心理防衛機制。他們不想面對任何會動搖他們內心和諧的事物，於是他們要求自己內在的樂隊，在自身這條船不斷下沉時，演奏得大聲一點。他們會忽略事情不對勁的跡象、刻意淡化問題，或是提出過於天真的補救方案，結果僅僅顯示他們對問題的嚴重性有多麼一無所知，以及他們想避開處理這些事的心意有多麼堅決。九型人會極力避免導致衝突或痛苦的談話，所以其他人不得不對他們施壓以解決關係中危急的問題。他們想要迴避衝突和融入他人的渴望是如此強烈，使得九型人常常於一段關係結束很久之後仍無法鬆手。

　　九型人較不會是關係的發起人，但是當其他人和他們聯繫時，他們會非常開心。他們有個神奇的能力，就是能和許久未見的人迅速拉近關係。即使相隔多年，他們仍可像昨天才和對方見過面一樣自然地往下交談。

　　我從九型伴侶和九型子女身上學到的是：對你感覺像是無關緊要的口角之爭，對他們來說卻像是具有二戰規模和殺傷力的戰役。在你聽來只是稍稍加大一點點的音量，在他們聽來已像是吼叫。

　　另外，很重要的是在我分享自己對某件事的想法或感受以前，我會先聽安或梅狄怎麼說。這麼做不僅僅是尊重他們，更可以降低他們附和我的可能性，不會無意間同意

去做他們實際上不想做的事。

九型人的工作風格

> 這個職位適合性情平穩、可靠、熱誠，具團隊精
> 神且喜歡在和睦環境工作者申請。平易近人和圓
> 滑得體者為佳，且任此職者必須能夠和各式各樣
> 的人融洽相處。喜興風作浪或玩弄辦公室政治者
> 切勿投遞。

假如這份求職廣告出現在領英（LinkedIn）社群網上，肯定會有排到一哩長的九型人爭相求取面試機會，甚至有可能在這素來和平的族群中引發暴力事件。

健康的九型人是非常好的員工和同事。他們當中有些人的伴侶極度相信他們，畢生致力於幫助他們發揮自身潛力（比如雷根總統的夫人和希拉蕊・柯林頓）。樂於支持他人、不喜歡論斷且包容度高，他們搭築橋梁，並且秉持合作的精神將眾人聚集起來。不少九型人告訴史塔比和我，他們並不特別有野心，不過當然有例外。大多數九型人不會貪圖視野最好、最大間的辦公室，或需要大量的交際費。如果他們的工作還不錯，薪水和福利也合理，他們會心甘情願待下來。由於九型人能看到多方觀點，因此他們能解開難題，然後提出讓各方都獲利的解決方案。

九型人是從團隊獲取動力和認同感，所以他們會偏

好融入群體，和群體共享功勞，而不是千方百計讓鎂光燈打在自己身上，以圖發展自己的事業。他們喜歡些許的讚賞，但大多數時候都很低調，以免使自己受到太多關注。假設他們工作上的成就導致職責有變或被指派更多工作，可怎麼辦？當有晉升的機會出現時，九型人有可能會去爭取，但前提是他們感覺自己預備好了。絕大多數的情況下，九型人都不是具有高度精力的類型，而且他們非常不喜歡受控或被迫去表現。

九型人是習慣的動物，因而工作場所的組織結構、可預期性和日常事務對他們來說很重要。他們不喜歡將工作帶回家，更不喜歡週末或假期時被打擾。

九型人很適合作顧問、老師、神職人員和公關人員。「老師對我來說是份完美的工作，」我的妻子安說。「當我知道我的生活有個固定的規律和節奏時，我的工作效率最高。我樂於知道哪幾天我要教哪幾堂課、學期開始和結束的時間、假期的時間，還有校長對我的期望是什麼。最重要的是我和同事之間的關係非常好，我也熱愛我的學生。」

令人遺憾的是，要在工作上占九型人的便宜就像在關係中一樣容易。他們實在太好說話。為了避免惹麻煩，他們會在其實想說「不」的時候說「好」，然後事後往往感到後悔。

九型人在工作上有低估自己的傾向。他們很有能力，但自己卻不甚重視。儘管在專業領域中他們有能力擔當最高階的職位，大多數的九型人仍是傾心中階的管理職，因

為這樣一來就可迴避與領導階層相關的衝突和壓力，好比做出不得人心的決策、需得監督員工，或是不得不開除某些人等。

側翼人格

偏八型的九型人（九偏八）

這是九型人格中最為複雜難解的組合之一，考量到八型人有對抗權力而九型人有避開衝突的需求。憤怒給予八型人活力，九型人則是不惜一切代價也要躲避它。還有比這更自相矛盾的嗎！這兩

> 「比起不得不締造和平，
> 維持和平好多了。」
> 佚名

型的結合給「異性相吸」這個老生常談增添了新義，此外也是個強而有力的組合。九偏八型人比九偏一型人更充滿活力、自信、固執、外向以及更有自己的看法，憤怒對他們來說較不陌生，如果感受自己或他人受到威脅，他們更常公開表達怒氣。（史塔比的女兒珍妮是這一類的九型人。她說：「媽，我麻煩大了。我八型那邊剛給我惹了一堆麻煩，搞得我九型這邊要花三個星期才能收拾完。」）不過別忘了，九偏八型人自信的微幅增長還有偶爾出現的攻擊性都是相對的，比較的對象是其他九型人，而不是那些非常

容易發怒且更能公開表達的類型。

　　儘管九偏八型人偶爾會改變主意，但是以直截了當的方式表達對他們來說重要的事要容易多了。雖說八型的側翼不會使他們更有可能為了自己採取行動，但他們會積極為弱勢群體和大眾權益發聲。這一類的九型人比起其他九型人更為容易和人爭論，但也很快能和對方和解。

偏一型的九型人（九偏一）

　　偏一型（完美型）的九型人有強烈的對錯之分。一型的精力可以幫助這類九型人更加專注，成就更多，從而提升他們的自信心。偏一型的九型人比起其他九型人更有批判性和條理，也更為內向和展現更多消極攻擊行為。由於他們相當關注與是非對錯有關的問題，所以經常投身於促進和平或其他社會公義相關的事業中。作為領袖，這類九型人是有原則且謙遜的，人們會因他們的正直和堅定不移而想要追隨他們。

壓力表現與安全表現

壓力表現

　　在有壓力的情況下，九型人會開始表現得像個不健康的六型人（忠誠型）。他們會變得過分投入、擔心、死板、怕人和憂慮，縱然他們不清楚原因。這時候的九型人會更加懷疑自我，使得做決定比平常更為困難。有趣的是，他

們的反應也會變得較為靈敏，這對很少會（甚至從來不會）迅速反應的類型來說是個很大的不同。

安全表現

當九型人感覺舒適和安全，他們會往三型（表現型）的正向特質前進，也就是說他們會更為目標導向、果斷、自信，以及清楚他們的人生目的。健康成熟的九型人較沒有怠惰的問題，他們開始把握自己的人生，並相信自身的存在並非無關緊要。更關鍵的是，這類和三型正向特質有所相連的九型人可以經歷和享受真實的安寧與和睦。

靈性轉化之道

九型人易與他人融合的弱點，其實是某個令人稱羨屬靈恩賜的陰暗面。在我看來，作為九型人擁有的屬靈優勢遠大於他們所需對付的自身課題。如果說靈性生活的目標是與神聯合，那麼健康九型人的融合天性會使他們比起我們在屬靈上有優勢多了。只要是涉及從靈裡認識神以及「與基督合而為一」，健康的九型人幾乎總是遙遙領先。他們是天生的修道者。

九型人在各方面都善於也樂於吸收接納。即使是孩童時期，他們就好似擁有與生俱來的能力，可以感知這個世界的神聖面向。他們對受造界中萬事萬物的相生相連有著深刻的體認。九型人熱愛戶外，他們能從自然界中察覺神的同在，還有其中一切是如何表明神的榮耀。由於他們珍

視我是誰（being）勝於我做了什麼（doing），九型人比起我們其他人更懂得如何安息於神的愛中，以及更加慷慨地分享自己。也因為九型人可以看見所有事物的兩面，悖論和奧祕不會讓他們感到不自在，這對信仰童貞女生子和神是三位一體的信徒來說幫助很大。如果你是九型人，我要鼓勵你：人格健康的時候，你融合的能力將使你足以和其他同是九型受人景仰的屬靈領袖相提並論，好比教宗方濟各和達賴喇嘛。

然而九型人也抵擋真實的靈性轉化那不安全的本質。如果你是和平主義者，你人生中最大的推動力就是避免衝突和感受內在的和諧，但這表面的和平其實只呈現出你深層的渴望，希望不受生活影響、打擾。屬靈上來說，沒有衝突不代表就有平安，真平安包含一定程度的作為和風險。因而，九型人最該聽到的話是：醒來吧，對**你自己**人生的冒險旅程說我願意！

成為自己，對九型人和對所有人一樣，是應得且重要的。這是他們生來就有的權利。醒過來，意味著拿回人生的自主權和為其負起責任，還有找回**他們自己**的想法、熱情、主張、夢想、抱負和渴望。這會讓人害怕。他們將不得再繼續躲藏和尾隨別人身後。假設九型人愛自身和愛別人一樣多，就會允許自己踏上這條成為自己的不凡之路。矛盾的是，通往和平與和諧的路上到處是衝突與不和諧。絕對要小心避開所有向你保證人生沒有衝突苦痛，只有和睦寧靜的人事物。無論那是什麼，很有可能終歸將你送入

某種戒治中心。

　　九型人不想承認，但他們很憤怒。我可以理解，如果我一再感到被忽視，我也會氣憤難平。他們為自己為了維持和平及維繫關係所做出的犧牲感到氣惱，但當有衝動想要捍衛自己的權益或為自己發聲時，他們卻沒有真的付諸實行。九型人害怕若是他們宣洩積累已久的怒火，會傷害或殺死某人，但事實並非如此。這麼做，有可能會導致衝突但絕非命案，而衝突過後定能活下去。九型人需要知道，當他們找著「正確行動」並朝其邁進時，自我價值感就會由內而生。其他人會注意到，也會為他們加油打氣。此時，他們可以站穩腳跟，以此為基礎繼續努力，從而再也不必逃離自身了。

　　九型人需要聽見，能治癒他們的話語是「我們看見你，你很重要。」神並非邀請你來活出別人的人生。這裡需要的是**你**！

10個改變的起點

❶ 在日記上問自己這個問題:「我的呼召或人生計畫是什麼?我是否有去實行,還是推遲它來維持平安?」

❷ 請某個人幫你找一套任務管理或待辦事項的運作系統,好幫你專注於手頭上的任務。市面上有很多很棒的應用程式專為解決此問題而生。

❸ 當有人要求你去做你不想做的事時,練習說不。

❹ 特別注意那些你會用來麻痺自己,以避免面對人生的策略,無論是酒精、購物,還是各種零食。

❺ 不要害怕擁有和表達意見。你可以從小事上開始,然後逐步進展至重大的議題。

❻ 抵擋想要退回消極攻擊行為的衝動,譬如拖延和逃避。如果你感到生氣,試著誠實且公開地表達你的怒氣。

❼ 明白你的聲音有多重要和獨特。人們應該聽見你的想法,不是你的附和。

❽ 別忘了,對你感覺像激烈可怕的衝突,對別人可能只是普通的意見不合。深吸一口氣,然後參與其中。

❾ 意識到如果可以將你習於融入他人的傾向導向神,那麼它就可以變為美好的禮物。其他型的人都很羨慕你有這個屬靈優勢。不過不要為了和另一人融合,錯失成為自己的機會。

❿ 無法下決定的時候,找一個不會告訴你該怎麼做,而是會幫你梳理出你想怎麼做的人商量,然後就去做!

一型：完美型人格

完美主義是暴君的聲音，是人類的敵人。

安妮・拉莫特（Anne Lamott）

作為一型人是什麼感覺？

1. 有人告訴過我，我有時會過於批判和太快下定論。

2. 犯錯時我會非常自責。

3. 放輕鬆會讓我感覺不自在，有太多事要做了。

4. 我討厭看到有人無視規則、違反規則，像是超市中有人購物車裡的品項已超過規定數量，卻還是排在快速結帳區。

5. 細節對我來說很重要。

6. 我經常發現自己在和他人比較。

7. 我是說到做到的人。

8. 讓我放下怨恨很不容易。

9. 我認為讓這個世界變得更好是我的責任。

10. 我非常自律。

11. 我會設法小心謹慎地管理我的花費。

12. 在我看來凡事非黑即白，不是對就是錯。

13. 我花很多時間思考如何成為一個更好的人。

14. 原諒對我來說很難。

15. 事情出錯或不對勁的時候，我會馬上注意到。

16. 讓我擔心憂慮的事很多。

17. 其他人沒做好自己分內的事會讓我非常失望。

18. 我樂於做慣常的工作，不會輕易接受變化。

19. 從事團隊工作的時候我會傾盡全力。我希望其他人也能這麼做，我就不用重做他們的部分了。

20. 我經常感覺自己比其他人更努力把事情做對。

健康的一型人致力活出為公眾服務和整全正直的一生。他們平衡、負責任，並且能夠原諒自身和他人的不完美。他們有原則，同時也有耐心，知道讓這個世界變得更好是一個緩慢但穩當的過程。

一般的一型人思考方式容易導向批判和比較，他們會自然而然發現錯誤和不完善之處。不完美是不可避免的，此一事實很難讓他們接受，但另一方面他們也害怕自己腦中那苛刻、批評的聲音。

不健康的一型人會對小瑕疵過於偏執。這些一型人凡事都要管，事事都要干涉。能夠控制某事或某人才能讓他們稍稍安心。

當老師把燈關掉，打開放映機的時候，我打了個哈欠，雙手在課桌上交疊出枕頭的形狀，然後臉朝下趴了下來。那時七年級的我並不知道由葛雷哥萊・畢克飾演的阿提克斯・芬奇──電影中一位喪偶的父親、律師，他的任務是於一九三〇年代美國南方小鎮為某個被誣告的黑人辯護──竟會在我心中默默播下種子。

《梅岡城故事》（*To Kill a Mockingbird*）中的阿提克斯・芬奇總是穿著一套樸實、熨得極為完美的泡泡紗材質西裝，背心的口袋裡還有一只附有錶鏈的懷錶。他既有智

慧，又慎重而仔細，以仁慈和尊重的態度對待自己的孩子，堪稱是父親的楷模。他是理想主義者，也是改革家，他深信自己負有神聖的職責維護法律，還有使這世界成為對所有人來說都更為像樣的地方。對和錯之於他清清楚楚，他無法對不公義視而不見，而且即使要付出代價他也不怕表明自己的立場。

故事中他的女兒絲考特問他，為何要在沒有機會贏且會遭受鎮民辱罵的情況下費心為他的委託人湯姆‧羅賓森辯護，阿提克斯這麼對她說：「和別人過活前我必須先和自己過。唯一不適用少數服從多數原則的，就是一個人的良心。」[1]

儘管阿提克斯最後做出精采激昂的結辯，全是白人的陪審團還是判湯姆‧羅賓森為有罪並將他帶走。垂頭喪氣的阿提克斯於是收拾他的公事包，緩慢地朝走道移動，離開法庭。就在他一面走的同時，坐在「有色人種看台」上的人一個接著一個站了起來，以示對他的敬意。老牧師賽克斯這時往下看，發現絲考特既沒注意到也不理解在場所有的黑人都起身為要尊榮她的父親，這個象徵性的舉動有多麼意義重大，於是他低聲對她說：「珍‧露易絲小姐？……珍‧露易絲小姐，站起來。妳的父親要走過去了。」[2]

這一幕深深刺痛了我。阿提克斯‧芬奇是我心目中完美父親的典範，但身為重度酗酒者之子，我知道自己永遠不會有這樣的父親。「他在的時候，生活平淡無奇；他不在

的時候，生活不堪忍受。」[3] 絲考特如此形容她的父親；我父親的話，則剛好相反。二十年之後，我兒子出生，我偶然看到一只古老的懷錶，它喚起了我對阿提克斯・芬奇的記憶。於是我把它買下來，希望往後每當我看見它，就會想起自己想要成為的那種父親。

這就是像阿提克斯這樣的一型人可以對人產生的影響。有的時候他們的榜樣可以激勵他人變得更好、起身對抗不公義，和擁護崇高的理想。然而一型人立志過得模範人生也可能很快會變質成僵化的完美主義，使得無論是一型人自身還是其他人都痛苦萬分。

✡ **一型的典型人物**

傑里・賽恩菲爾德（Jerry Seinfeld，喜劇演員）
曼德拉（Nelson Mandela，南非元首）
希拉蕊・柯林頓（Hillary Clinton，美國第一夫人）

一型人的致命罪性

一型人的處境艱難。健康的時候，好比阿提克斯，他們對公平的關注還有使世界恢復整全的心願都鼓舞著我們。然而當他們往一般或不健康那一端傾斜時，也很快會成為自己的阻礙。

從起床到躺下這一段時間，一型人所見的世界錯誤百出，而他們感覺自己有義務將之改正。這樣的工作做也做不完。有人從中間開始擠牙膏、給家長會的通訊報上有兩

個錯字、孩子的浴巾沒有正確摺疊並且掛好、車門上有新刮痕，更不用說會有鄰居上班去了卻將他們的垃圾桶留在車道口，蓋子還沒蓋上。

到底是怎麼樣的人會做這種事？

一型人要求完美。他們追求完美是因為他們有種模糊不安的感覺，好像如果他們犯了錯，就會有人衝出來責備、批評或是懲罰他們。他們停不下來奮力去修補世上所有損壞的東西，但這份工作永遠沒有盡頭。單單用**煩躁**一詞根本無法形容這一切帶給一型人的感受。其他人看起來沒那麼在意，也沒興趣加入他們導正世界的運動，這更加激怒他們。「為什麼其他人不像我一樣在乎？所有的事都得我來做嗎？這不公平。」

憤怒是一型人的致命罪性，但**怨恨**更貼近他們的真實感受。

一型人相信這個世界會評斷那些不遵守規則、不控制情緒、行為不當，還有沒能好好控管自己動物性本能的人。對一型人來說，憤怒是「好」人最不應該表現的情緒，於是他們將自己從環境、他人和自我中所見缺失而來的憤怒，深深地埋葬了。一型人是憤怒三人組之一（八型、九型、一型）。八型人明示他們的憤怒，九型人使其沉睡，一型人則是不斷填塞，直到憤怒充盈至他們外表之下，使眾人不得不感受到他們悶在心裡的怨氣。

但還有其他原因助長著一型人的憤怒和憤慨。他們所見之處人們都在放縱自身的欲望或是破壞「規定」，過得快

樂極了，而且也不見被抓和受懲罰，與此同時一型人卻自覺有義務放棄他們想做的事，以做他們**應該**做的事，換句話說就是使我們失序的世界重新有秩序。更糟的是，他們最終不只做了自己那一份，還必須接手所有在沙灘喝啤酒打排球的混蛋們未完成的工作，即使他們自己也有好玩的事想做。

幾年前達納・卡維（Dana Carvey）在《週六夜現場》（*SNL*）上飾演過名為恩尼德・斯特里特的角色，她的別名是「教會女士」（The Church Lady），主持的脫口秀節目叫作《教會話題》（*Church Chat*）。這個角色雖說過於誇大，但仍相當具有代表性地描繪出一型人格完全「作自己」時的模樣。如果不小心，一般的一型人面對世界時很有可能會採取類似清教徒的態度，或者如馬克・吐溫所說，變成「最壞的那一種好」[4]。

一型人的完美主義者特質

華特是位稅務律師，他在華爾街一間聲望很高的會計事務所工作。他下班回家後希望看見房子是整潔的、孩子洗完澡、晚飯預備好，整個世界井井有條。我懷疑華特是否曾經有說清楚講明白，告訴妻子艾莉絲這些是他的期望，雖說華特在場時這些事不難察覺。

有天晚上華特下班回家，房子很乾淨、孩子洗好澡，晚飯也在桌上了。你可能會以為華特會放下公事包然後說些好聽的話，像是「哇，讚啦！」但他的第一個反應是指

著沙發，說：「坐墊不在原本的位置上。」

各位，如果是我回家後向我太太安這麼說，她會回我：「真的喔？讓我告訴你，我還可以把那些坐墊放在哪裡。」

幫一型人說個話，這就是他們眼中的世界。無論去到哪，失誤和錯誤總能一下就吸引他們的注意力，而且還會對他們大喊：「把我弄對！」而他們就是無法置之不理。他們不是會說出來，就是趁你沒注意的時候重新弄過那些坐墊。學習九型人格的一個重要觀念就是我們不能改變自己看事情的方式，但我們的反應可以不同。自那次不幸的事件過後，華特做了許多功課。假設現在他做了類似的事，他會馬上道歉。「我還要繼續努力。」他會笑著說。願神賜福華特。有九型人格的幫助，他已經大有進步了。

一型人對他人和自身都有很高的期望

對健康程度一般的一型人而言，控制自己的行為和情緒是最為優先的事。每當有「不文明」的衝動或是不容許的感覺出現時，一型人就會將它壓下，然後做出與之相反的表現，為要否定之前的感受。心理學上稱這種防衛機制叫作「反向作用」（reaction formation）。舉例來說，一型人聽到你歌聲的時候，會下意識地不讓自己的嫉妒之情進入意識之中，然後改為大力稱讚你。某個程度上這滿令人欽佩的，不過由於這是出自利己的意圖，是為了不讓自己感覺差，他們不自然的笑容與和善的言詞還是常常讓人覺得

勉強。

　　自動駕駛模式中的一型人對待自己毫不留情。當中有些人只要求生活的某一部分永保完美（例如後院、他們的船、他們的辦公室），而另一些人則是將之應用於萬事萬物。家裡必須整潔無瑕；帳單必須按時支付；收到禮物的當天就得把感謝卡寫好寄出。為了避免違反稅務局的規定，一型人還會確實保留五年之內紙本的納稅申報單。更不要提當這些可憐人發現自己信用評分掉到八百以下時會有多痛苦。

　　他們同時也將自身的高標準強加在他人身上。「每個星期一我會寄一封電子郵件給我們可憐的牧師，信裡是一連串的『建議』，為要幫助她改善前一天禮拜中我認為行不通的地方，」一位現在已有自覺的一型人在我們九型工作坊中和大家分享。「我會建議她如何帶敬拜、讓講道更有力，或是縮短領聖餐時的固定台詞。我最後總是會提醒她要準時於十點開始禮拜，除非她希望大家繼續晚到。現在情況已經有所不同。我妻子說，她為我朝著『少幫一點忙』的方向努力而感到自豪。」他笑著說。

　　如果你懷疑某人是一型人但無法確定，注意看他打開別人放的洗碗機時是什麼反應。如果他發出嘖嘖聲，然後開始一邊重放還一邊嘀咕諸如「我的老天，為什麼大家不能把這個做對？」那麼他就有超過一半的機率是一型人。有時候你碗都還沒放完一型人就會介入「幫忙」，他們會在你放碗盤進去的時候靠在旁邊的桌上觀看，然後在你把

馬克杯放在他們認為應該放碗的地方時發出「嗯？」的聲音。大多數人都無法長時間忍受這種批評和騷擾，特別是這個人還自別星星在衣服上然後自選為廚房警長。最終不斷遭受訓斥的人必會舉手投降，邊衝出廚房邊說：「對你來說，我永遠做得不夠好，對嗎？」

我完全可以理解。就我來說，只要全部的碗盤都能放進去，然後水有沖到其中大部分，誰會在乎它們是否擺放完美？大多數人不知道的是一型人並不認為自己在挑你毛病。在他們看來，他們是在幫你！幫你變得更好！難道有人會不想像他們一樣精進自我嗎？

並非所有一型人都把注意力放在環境中的缺陷。我認識某些一型人才不管他們家是否一團糟，還是看到有人不清狗便。他們為善和改進事物的需求顯現在關注和投入解決社會弊端。積極參與社會運動，同時是消費者保護領域傳奇人物的拉爾夫·納德（Ralph Nader）就是一型人。你不會想惹到他或任何參與終結如性交易、貪腐政客或汙染環境等不法之事的一型人。吸引一型人為正義挺身而出的理由之一，是因為於此情況下公開表達憤怒不僅僅是可行更是**恰當**的表現，他們可以發怒，但不用覺得自己像是個壞孩子。

一型人相信自己在道德、倫理和屬靈層面占有優勢，所以他們認為自己看事情和做事情的方式是唯一正確的，這也導致他們在評斷和批評他人時自認有理，不過他們通常沒有這樣的意圖就是了。我的朋友珍妮特說：「人們告訴

我，即使我刻意保持親切，我的聲音和肢體語言還是讓人感覺被羞辱和論斷。」更慘的是一型人的說話風格還是**說教**（preaching）。沒人會喜歡有人用好似高高在上的態度和他們說話。

我們所有人裡面都有個責難的聲音，它時不時會因為我們做了蠢事而被觸發，但過後就會消失。多數情況下一型人內在的批評聲音對自己毫不憐憫，但與我們不同的是，**他們的聲音永遠不會消失**。它沒完沒了地折磨著他們。「你為什麼老是說錯話？什麼樣的父母會忘了把孩子的午餐放到他的書包裡？連個領帶都繫不好，你還想賣出什麼東西？給我趴下來做五十個伏地挺身！」

要命的是，一型人心裡的負面聲音有時還會責怪他們搞砸了自己根本沒參與或沒責任的事情。重複這樣的指令多年，一型人已很難關掉那殘酷的聲音。

那些受自己人格挾制的一型人不單單只是相信他們內在貶低人的聲音是聖旨，他們更認為它實際上是為了自己的益處在著想。「如果沒有那個嚴厲的聲音提醒我哪裡做錯，或是防止我降低標準，我的人生怎麼可能有如此進展？如果不是因為我內住的批評家總是指出我的不足之處，我怎麼會知道如何過得無可指摘？想想看如果沒有它我會犯多少錯誤！」

一型人超級害怕犯錯

一型人常常把自己操過頭，因為有太多事要做，所以

他們很少放鬆或是讓自己感覺自在愉快。結果就是他們變成了壓力鍋,而一般規格的調節閥根本跟不上他們累積種種不滿情緒的速度:比如眼目所及皆是瑕疵;他人達不到自己的高標準,還不肯幫忙;他們對犯錯和行為不當的過分恐懼。平常非常自制不外露的一型人開始噴氣洩壓時真是叫人吃驚。每到這種時刻幾乎總是會燙傷人。

> 「在我們裡面這個自我是什麼?這位沉默寡言的觀察者,嚴厲無語的批評家,竟可使我們終日惶惶不安?」
>
> T. S. 艾略特(T. S. Eliot,英美詩人)

無論怎麼看,想要打造完美世界就是個白費力氣的差事,這世上隨時隨處都有沒鋪好的床單。直到更認識自我之前,一型人很難有一分鐘的寧靜。

由於內在的批評聲音一整天將矛頭指向他們,源源不絕地發送負面評價,使得一型人很難好好接受別人的批評。如果自凌晨三點開始工作的那一刻起,你腦中那個會對你搖手指要求苛刻的人就已將你的文法比作一股惡臭,那麼,當某個作家同行向你指出你沒在引介片語後面加上逗號,你會向那位同行表達感謝嗎?拜託,各位,一次一個攻擊就好!

儘管一型人自己對批評非常敏感,但當你告訴他們,你覺得他們好像對你太過苛刻時,一型人會很震驚。當真?他們不過只給你自己每日飲下的自我控告苦杯中,指

甲分量的樣品而已。

　　一型人有可能對他人充滿批評和論斷。尚無自我覺察能力的一型人會指責人們未能做到他們標準下的盡善盡美，還有就是同病可以相憐的緣故，抓到和批評其他人做錯事或舉止不當會讓一型人感到如釋重負，因為這下賽場就公平了：「謝天謝地！不是只有我，其他人也有缺陷。」當然，為了讓比分相等就以別人的短處為樂是很荒謬的，但無論如何這總好過感覺自己是場上唯一會犯錯的人。那是一個極為孤獨的處境。

一型人使命必達

　　所以，剛剛提到那些是一型人特有的挑戰。但你能想像這世上沒有一型人嗎？如果不是因為有像賈伯斯這樣的人，對設計出完美無瑕的產品有絕不妥協的熱情，就不會有蘋果這個品牌。如果不是因為有像甘地和曼德拉這樣品德高尚的領袖，無法容忍不公不義，印度和南非可能仍受歐洲殖民主義壓制。如果不是因為有像理查·羅爾這樣的屬靈導師，我們不會對神的愛有如此清晰的理解。

　　由於一型人活在充斥錯誤的世界中，所以他們會不斷列出需要做的事。有些一型人非常地大方周到，他們也會幫你也列好待辦事項。每到星期六早上，一型人的配偶都可預期會在廚房桌上發現一張「給寶貝的待辦清單」，上面事項之多，根本足以使他們從夏季一路忙到秋天的狩獵期。

　　很多一型人都很注重禮節，比如瑪莎·史都華（Martha

Stewart）就是個好例子，他們很清楚該如何主辦精采的晚宴；他們的家通常都一塵不染，而且經過精心裝飾；他們會煮一道道佳餚，還會預備好用餐時的話題，目的就是希望你能度過一段完美的時光。最近有人告訴我，他母親於臨終前不斷反覆問他家裡是否整潔，還有他端咖啡給在樓下等待她過世消息的親友時，有沒有用比較好的那組瓷器。還有比這更認真的主人嗎！

　　一型人希望自己是好人，並期待自己總是能做對的事。如果你在等公車時，有個患有精神疾病的人走過來對眾人說：「我無家可歸，也好幾天沒吃飯，我需要幫助。」你會如何反應？不管其他人會怎麼做或他們自己想要怎麼做，一型人都會認為確保這個人得到適當的照料是**他們的**責任。何故？因為這才是正確、負責、正當的行為。我們全都應該對自己有這般期望。

　　一型人深信每件事都應以正確和有條理的方式完成。當他們讀新買的燒烤架組裝說明，如果上面說「請確認你已具備所有必要零件後再開始動手組裝」，那麼他們真的會把所有的螺絲釘、螺帽和螺栓一一排出來然後計算數量，接著再檢查一次。如果碰巧其中一支腳架的塑膠護腳套不見了，一型人會跟配偶說：「我們今晚沒辦法組這個東西了，少了一個零件。」

　　各位，如果這個配偶是九型人，他或她可能會說：「別擔心，我們可以拿火柴盒來放在那支腳下面保持烤架的平衡。」

血統純正的一型人會堅決回答：「我不允許這種事！」然後撥打客服專線，要求對方儘快將缺少的黑色套子送過來，以便他們正確地執行每一個步驟。一型人不願勉強接受有瑕疵的烤架，是因為他們知道往後每當自己看著它，就只會看到那個不在那裡的黑腳套。（一型人在我們家會過敏大發作。我們是用成堆的火柴盒來維持房子的地基平穩。）

> 「不用懼怕完美，因為你永遠達不到它。」
>
> 達利（Salvador Dalí，西班牙畫家）

一型人的孩童時期

在成長過程中，一型人的目標是成為模範小孩。他們知道規則，也一絲不苟地遵循它。他們花費大量精力拿自己和其他孩子比較，放學回家路上他們會提到一點有關自己的事，不過當中幾乎盡都是比較的結果，還有他們的成功、失敗和遭遇的不幸。試想十一歲的妙麗才剛搭上前往霍格華茲的列車，就馬上詢問其他人會什麼咒語和是否已經讀過《霍格華茲的歷史》。這種比較和評斷的心態，會伴隨一型人一生。

一型人內在的批評聲音在很小的時候就出現了，所以他們對自己很嚴苛。他們有時會避開不擅長的運動或其他團體活動，因為自小表現完美就是他們的目標。他們會一

直詢問自己是否有把事情做對，還會為他們沒有過錯的事負起責任。對孩子來說，搞清楚孰是孰非不是容易的事，但這群小孩非常努力地去這麼做。

雖說同時做好幾件事不是一型人的強項（一次做超過一件事很難做到完美），但如果有人要求他們把玩具收好、床鋪好、鞋帶繫好，他們通常不會介意。即使是還小，整潔和秩序已能讓一型人感到安心、安全和不那麼焦慮。

你是否有看過或讀過近藤麻理惠的書《怦然心動的人生整理魔法》？非常驚人，自五歲起這位專業的整理師就已帶著渴望的心情翻閱展示著精美餐點和室內設計圖片的雜誌。漸漸地，她開始幫家人和老師重新整理他們於家中和學校的物品，還會用下課休息時間整理教室的書櫃。學校拙劣的收納方式讓她抱怨連連。「如果這裡有個S型掛勾就會好用多了」她感嘆道。我敢用納許維爾我最愛牛排館的一頓晚餐來和你賭，近藤麻理惠是一型人。

聽著，身為凡事追求完美的人是很辛苦的。困難到有人寫下並出版一本童書叫做《沒有人是完美的》（*Nobody's Perfect: A Story for Children About Perfectionism*，暫譯），希望能在這些孩子內在的批評聲音永久進駐前拉他們一把。一型小孩接收到讓他們受傷的訊息是，他們一定要好要乖，事情一定要做對；錯誤是不被允許的。所有人事物只有兩種可能，不是完美就是有錯，沒得商量。

一型小孩需要聽到有人告訴他們犯錯是正常的，他們可以不完美但仍被深深愛著。假設有人告訴他們錯誤只是

學習和成長過程的一部分，他們就能更自然地往一型人健康的那一面發展。如果你有一型小孩，當你糾正他們的時候最好確保周圍沒有其他人，避免讓他們感到羞愧。這些孩子可能看起來一向很有自信，但他們的臉皮其實比你想像得要薄多了。

一型人的關係模式

　　一型人想要和他人建立親密關係或深厚友誼，碰到的首要難題就是他們無法向他人展現脆弱。作家布芮尼・布朗稱完美主義是「二十噸重的盾牌」[5]，被我們用來保護自己免受傷害。不幸的是，完美主義實際上做的，是抵擋我們和他人產生連結。

　　對一型人來說，放下盾牌代表他們會需要放棄一直死守著自己的情緒。他們還需要承認自己對犯錯有多恐懼、對批評有多敏感，還有對說錯話、做錯事有多擔憂。要一型人這麼毫無隱瞞需要很多勇氣，但他們可以做得到。

　　我曾經聽海倫・帕爾默講過類似的內容：一型人不會抱來抱去或每隔五分鐘就感情充沛地說「我愛你」，但不代表他們對你沒有感情。一型人說我愛你的方式就是承擔起責任，以及盡他們所能地使這個世界成為對你來說更好、更安全的地方。他們會確保你每年都有做健康檢查；他們會為家裡做好收支預算；還有他們為你煮的每一餐都會是適當的分量，其中還準確地結合了蛋白質、脂肪和碳水化合物。

　　什麼，你想要多一點抱抱？還記得颶風過後，整個街坊唯一有電和暖氣的就是你們家，因為幾年前你的一型父親買了備用發電機，而且還定期檢查確保它保養得當和有足夠的燃料。在我看來，這像是個擁抱。

一型人的工作風格

　　沒有人比一型人更在意細節，所以我們會希望他們從事某些特定的職業。

　　去年我搭乘世界最大的客機，空中巴士A380，從洛杉磯飛往澳洲雪梨。搭飛機通常不會讓我緊張，但這架飛機的大小真把我嚇到了。如此巨大的東西怎麼有可能飛離地面，更不用說還要待在空中十六個小時？

　　出發前副機長走來客艙歡迎乘客登機，他正巧看到我大腿上放著一本和九型人格有關的書。

　　「我太太很迷九型人格，」他指著書說。「她說我是一型，我是不知道那是什麼意思。」

　　「意思是我可以不用擔心了。」我鬆了一口氣。

　　一型人認為工作應該有系統有方法地去執行，而且遵循程序和規則很重要，所以你不會只希望一型人是你乘坐班機的機長，還會希望他們是設計你車子煞車系統的工程師、幫你配藥的藥劑師、為你公司新網站寫程式的程式設計師、幫你籌畫夢想中房子的建築師、為你處理稅務的會計師，和仔細看過你最新著作的編輯。還有你一定也會希望你的心臟科醫師和神經外科醫師是一型人，雖說我祈禱

你永遠不需要他們。一型人可以是第一流的律師、法官、政治家、軍事人員、執法人員，當然還有老師。

勤奮、可靠又有條理，一型人在知道自己任務期限以及每個人職責範圍這種有組織的環境中，最能蓬勃生長。他們害怕犯錯，所以需要定期的回饋和鼓勵。因為熱愛明確的行事準則，他們很有可能第一天上工就把八百頁的員工手冊帶回家，從頭到尾讀完。如果是因為遲到而被扣掉一天的工資，他們不會和你爭辯，只要其他遲到的人也受到同樣的處罰。

一型人非常擅於評估公司或組織內部無法起作用的事物，然後設計出新的系統和程序讓它再次正常運作。有間一流的州立大學僱用我的一型朋友來全面翻修他們的職員健康福利部門。三年內她把這個曾經是校園營運最差的處所，改造成辦事效率高到會讓其他大學派人來學習，以其作為榜樣的地方。

不過職場中的一型人也有他們的問題，像是容易導致拖延。如果你看到一型人用鉛筆另一頭輕敲自己的膝蓋，還茫然地盯著黑壓壓的電腦螢幕，這不是個好兆頭。儘管很自律，也有辦妥事情的幹勁，有些一型人仍會因為擔心無法做到完美而遲遲不願開始或完成工作。偶爾的拖延，再加上他們因害怕犯錯而猶豫不決，很有可能會拖慢整個團隊的腳步。對犯錯的恐懼也會致使一型人一次又一次重複檢查自己的工作，其他人可能因此需要鼓勵他們放手好開始下一項工作。

　　一型人通常很難適應變動、工作時不喜歡被打擾，還有會放大某些問題。他們認為如果業務的一部分遭受挫敗，那麼整個公司都會破產。假設他們在某份商業計畫書裡發現一個漏洞，他們會擔心整個計畫都有問題，可能會需要進行重大或全面的修改。

　　因為害怕批評或失敗，發生問題時一型人會趕緊撇清責任。不難聽到一型人說「這不是我的錯」或「別怪我，不是我做的」這一類的話。

　　作為主管，一型人會積極為下屬提供援助，尤其是那些看得出來真心渴望做得更好的人。然而有時候一型人會變得很愛管東管西、不知變通又吝於讚美，即使是他人應得的。他們也會在交辦工作上碰到障礙，因為擔心除非交由自己，他人可能無法正確完成工作。某些一型人會重做各式各樣他們認為其他人沒做好的工作，讓同事感到極度困擾。還有，那些會把自我批評的砲火擴及到同事身上的一型人通常不會是辦公室最受歡迎的人。

　　最後，職場中的一型人就像他們在生活其他領域一樣，苦於無法命名和承認他們的憤怒。如果你和一型人共事，最好需要知道當他們開始針對某件事大叫大嚷，發洩不成比例的怒氣，比如某個渾蛋搶了他們的停車位，這很有可能不是他們生氣的主因，可能一早和配偶的爭執才是怒氣的源頭，但他們一整天非常努力地壓抑並否認，如今這怒火是從邊邊滲漏了出來。如果你留神聽、和緩地問幾個能幫助釐清的問題，然後給他們足夠的空間，一型人最

終會有辦法追溯回真正讓他們生氣的主因。他們需要一點幫助來弄清楚自己究竟是怎麼了。

　　一型人有一點我非常喜愛，就是成熟健康的時候他們會盡心盡力幫助他人成為最好的自己。他們不會再企圖將對方打造得十全十美，而是會幫助他人自我實現，而且不用羞辱或責罵的方式。我的好友梅蘭妮是聖公會牧師，也是個成熟的一型人，她說：「所有我從事過的工作中，每當有機會可以肯定他人的努力和才幹，讓他們對自己更有信心，我都特別樂在其中。這是我事奉生涯最大的恩賜。耶穌呼召我們參與在神的使命之中，保羅呼召我們共同建造教會。作為牧師這是邀請我投身於鼓勵人將他們最好的獻給神，還有幫助人辨別神為了實現祂的國度，賞賜給各人的屬靈恩賜為何。」我無法估量，如果我年輕的時候有靈性整全的一型人作我的導師，對我的幫助會有多大。

　　說了這麼多，如果你想找效率高、有職業道德、一絲不苟、可靠，而且一人可以完成雙倍工作量的人，那麼就請僱用一型人吧！

側翼人格

偏二型的一型人（一偏二）

　　偏二型的一型人更加外向、熱情、樂於助人和善解人意，比較貼近二型人的正向特質，然而當他們往二型人的負面特質靠近時也可能更加容易批判和操縱他人。他們能

有效解決問題，無論是為個人還是群體。他們會慷慨地回應教會、教育、社區、政府和家庭的需求。這一類人話很多，而且企圖在一天之內完成太多事。

偏二型的一型人說話速度通常較快，也因此他們很容易從教導變成說教。受二型的影響，這類一型人可以更快感知他人的需要。但和二型人不同的是，他們不會有強烈的衝動要去滿足這些需求。

偏九型的一型人（一偏九）

偏九型的一型人往往較為內向、超然和放鬆。他們通常更加理想化和客觀，也更謹慎小心，說話前會先思考過以免說錯話或傳達有誤的訊息。表達想法時他們常常會中途停頓下來。這類一型人外表上看起來更為鎮定，然後會花很長時間思索、做決定，這個側翼對一型人的拖延習性沒有幫助，反而會使其更加惡化。

「有件真的很難、也真的很了不起的事，就是放棄成為完美，然後開始努力成為自己。」

安娜·昆登（Anna Quindlen，美國作家）

偏九型的一型人輕鬆隨和的態度有助於他們建立和維持關係。若是沒有九型的影響，一型人容易對他人有過多期望，因而當其他人讓他們失望時，結局往往是怨恨。

壓力表現與安全表現

壓力表現

　　一型人在壓力下會本能地表現出不健康的四型人格
會有的某些負面特質。他們內在的批評聲音會開始超時工
作，他們想要打造完美世界的需求會開始超速。他們變得
更難以忍受看到別人開心愉快、對批評更加敏感，也更為
憂鬱。在這個狀態之下，他們會渴望擺脫義務和責任、失
去自信心，然後感覺自己不值得被愛。

安全表現

　　一型人感到安全的時候會表現出健康的七型人格（享
樂型）常有的某些極好特質，像是他們會更接納自己、表
現得更自然、更樂於嬉戲、更願意嘗試新事物，心態上更
能夠兼而有之而不是非此即彼。這種時候他們內在的批評
聲音安靜多了，對自己也不再那麼嚴苛，還有他們會將眼
目從世上隨處可見的瑕疵，轉移去看它良善正當的那面。
當一型人離開家，比較感受不到需要精進萬事萬物的責任
時，最為容易往七型的方向邁進。如果一型人有機會去某
個有陽光的地方遊玩一週，他們有可能會變成完全不一樣
的人。

靈性轉化之道

　　如果你是一型人，那麼你會相信使自己內心得著平靜

的唯一方法就是使外在事物完美無缺。這不是真的。只有當你放棄一定要達到完美的強迫心理，還有停止扼殺自己的情緒（尤其是憤怒），你追求的寧靜才會真正到來。不要將你的真實自我隱藏在完美的表象之下。**好人不需要是完美的**，這句話值得一天多次複誦直到你將之銘記於心。

友善對待內在的批評聲音，是一型人走向整全必不可少的一步。如同我們的一型好友理查·羅爾所說：「你愈抗拒，它愈持續」，意思就是一型人可以不用費心叫批評聲音閉嘴，因為這只會賦予它更多力量。不少一型人說幫那個聲音取個好笑的名字會有所幫助，因為當它開始攻擊時他們就可以這樣對它說：「庫伊拉（Cruella，譯註：《101忠狗》中的反派角色），謝謝你在我小的時候為我指引方向，但如今我已長大，不再需要你的幫助了。」或者一型人可能就只是笑兩聲然後叫拉契特護理長（Nurse Ratched，譯註：《飛越杜鵑窩》中的反派角色）小聲一點。

> 「既然你已不必再作完人，你可以開始成為好人。」
>
> 約翰·史坦貝克（John Steinbeck，諾貝爾文學獎得主）

一型人最好常常提醒自己，做任何事都不只有一種正確的方式。心裡的平靜安詳是來自於互相寬容，與人和平共存。人生不總是非此即彼、非黑即白、非左即右。布芮尼·布朗總結了一型人需要聽到安慰人心的話語：「你不

完美，你的人生很難，但你值得愛和歸屬。」[6] 雖然這麼做可能很老套，因為它實在太常被引用，但我無法忍住不提李歐納・柯恩（Leonard Cohen）的歌〈讚美詩〉（Anthem）的副歌，它是為一型人而寫的：

> 讓還能響的鈴響起
> 忘了你那完美的祭
> 萬事萬物皆有裂痕
> 那是為了讓光照進

10個改變的起點

❶ 為了喚醒對自己的同情心，試著在日記中寫下你的內在批評聲音最常對你說的話，然後大聲讀出來。

❷ 當你的內在批評聲音啟動的時候，微笑告訴它你聽見了，還有你很感激它想要幫你變得更好或是避免犯錯，但你的人生正走上一條全新的道路，通往自我接納。

❸ 抵擋想要給其他人待辦清單或是重做他們工作的衝動，即使你認為他們沒有達到你的標準。相反地，當家人朋友把事情做得很好時，記得告訴他們對此你有多激賞。

❹ 當你準備好要介入來懲治不公義或糾正錯誤時，先問問自己對這件事你感受到的激烈情緒會不會其實是源自對其他事的憤怒。

❺ 讓你的七型和九型朋友教你怎麼放鬆享樂。不用擔心工作，它明天仍會在。

❻ 如果你發現自己開始拖延，想想看為什麼。你不願意著手進行是因為害怕自己無法完美地完成任務嗎？

❼ 重拾一項你喜歡但不特別擅長的愛好，然後帶著單純喜愛的心儘管去做。

❽ 原諒自己和他人的錯誤，沒有人不犯錯。

❾ 試試你能否抓到自己在和他人比較，看誰做得比較好、誰比較努力，或誰比較符合你對成功的定義。

❿ 留心注意你怎麼接受別人批評。試著收起你的防衛心接納它。

6

二型：幫助型人格

我希望你快樂，但我必須是你快樂的理由。

佚名

作為二型人是什麼感覺？

1. 只要是和照顧人有關的事，我都不知該如何或何時拒絕。

2. 我非常擅於傾聽，而且我記得人們生活中的點點滴滴。

3. 關係中如果有誤會需要解開，會讓我很焦慮。

4. 有權威或影響力的人很吸引我。

5. 別人常認為我有超能力，因為我往往知道其他人想要或需要什麼。

6. 即使是認識不深的人也會和我分享他們人生中深刻重要的事。

7. 我認為愛我的人應該會知道我需要什麼。

8. 我希望我的付出能得到肯定和感謝。

9. 對我來說，施比受容易多了。

10. 我希望我的家對家人和其他人來說，是個安全舒適的地方。

11. 我非常在乎別人對我的看法。

12. 我希望大家認為我愛所有的人，即使這不是真的。

13. 愛我的人為我做意想不到的事時我會很開心。

14. 很多人向我尋求幫助，這讓我覺得自己很有價值。

15. 人們問我需要什麼的時候，我完全不知道該如何回答。

16. 疲憊的時候，我常會覺得別人把我所做的一切視為理所當然。

17. 人們說我的情緒有時感覺有點過頭。

18. 我的需求和他人的需求產生衝突時，我會感到氣惱和矛盾。

19. 有時候看電影對我來說很困難，因為我很難忍受看到他人受苦。

20. 我犯錯的時候會擔心能不能被原諒。

健康的二型人通常可以說出自己的需求和感受，不必擔心會失去關係。他們大方地付出，盡力愛人、關心人。這些快樂、有安全感的二型人也有適當的界線，知道哪些事是他們的責任，哪些不是。他們為他人創造出舒適安全的空間，許多人因而也將他們視作知心好友。這些二型人愛人也討人喜愛、適應力強，並且知道在他們的人際關係之外，尚存在真正的自我。

一般的二型人相信表達自己的需求和感受必然會動搖他們的人際關係。他們很慷慨，但常常有意識或於潛意識裡期望自己的付出會獲得某種回報。他們的界線不清，而且通常只認得出關係中的自己。這些二型人很受有權勢的人吸引，他們希望這些強大的人能給予他們生活意義和重心，且他們會以奉承討好的方式將對方吸引過來。

不健康的二型人關係成癮，無法不依附另一人過活。他們渴望被愛到一個程度，甚至願意接受幾乎任何形式的替代品：讚賞、依賴、陪伴和純粹互相利用的關係。這些二型人沒有安全感、喜歡操縱他人，而且經常扮演犧牲烈士的角色。他們的給出都是投資，企圖藉由滿足他人的需要來賺得愛，並且總是期望得到高額回報。

神學院畢業後，我接下了康乃狄克州格林威治鎮上一間聖公會教會的牧職工作。為了更認識這個牧區，我去參加了當地神職人員的午餐會，然後在那裡遇見了吉姆，他是隔壁鎮的浸信會牧師。吉姆和我當時都很年輕，都剛剛成了新手父親，我們倆也都開始會暗自思忖：決定投入全職事奉是不是就像喝醉時決定去紋身一樣——應該考慮得更清楚一點才是。出於對相互支持的強烈渴望，吉姆和我約好每個月在餐館碰一次面，一邊吃早餐一邊向對方報告前一天的禮拜情形，還有聊聊服事教會的各樣甘苦。我們就這樣成為彼此忠實可靠的朋友。

某個星期一到了我們定期的早餐之約，吉姆和我同時間將車停入餐館的停車場。我很驚訝地看到他開著一台全新的雪佛蘭大型休旅車。看著他小心翼翼設法將車停進停車格裡，我不禁笑了出來。比起停車，這更像是看人停一艘嘉年華遊輪。

「對助理牧師來說這輛車真不錯啊，」我在吉姆爬出車按下鎖車按鈕時一邊跟他說。「加薪了喔？」

「這真是一言難盡，」他邊嘆氣邊搖頭。

「我等不及要聽你說了，」我說，一邊幫他推開餐館的門。

享用咖啡和希臘煎蛋捲的同時，吉姆告訴了我他和他的妻子凱倫是如何成為這輛車「自豪的」車主。這個故事和一位相當有成就、中年的房地產經紀人有關，她的名字是葛洛莉雅，她是吉姆教會活躍並且很受大家喜愛的會

友。葛洛莉雅健談、熱誠，而且永遠興高采烈的樣子，她知道怎麼讓每個人都覺得她是他們最好的朋友。她專為女高中生成立一個很受歡迎的查經班，還鼓勵她們常常來她家坐坐，或是在需要肩膀哭泣的時候隨時打電話給她。她自告奮勇做許多事，從帶夏令營到指導當地的壘球隊。

　　幾週前吉姆開著他老舊的日產房車載雙胞胎女兒去幼兒園，等紅燈時葛洛莉雅的車剛好開到隔壁車道。當她意識到吉姆在她旁邊的車上，她按了下喇叭然後對他揮了揮手，還對著女孩們做鬼臉和送了幾個飛吻。接著綠燈亮起，吉姆向葛洛莉雅揮手道別然後開走。就在駛離的時候，他從後照鏡中瞥見葛洛莉雅注視他的車的表情，那表情通常是用來看被遺棄的一窩小狗才會有的。

　　平心而論，葛洛莉雅有理由擔心吉姆車子的結構完整性。他那台十年的房車根本見證了膠帶和禱告的力量。車子的車身已然塌陷，前後保險桿之間全是凹痕，消音器還是用衣架固定在底盤上，呼嘯起來就像F-15戰機。

　　接下來的星期天，吉姆和家人從教會返家，發現葛洛莉雅出現在他們車道上。她一邊拍手一邊墊著腳尖跳躍，活似攝取過多糖分的大學啦啦隊員，而她的身旁是一台嶄新的雪佛蘭大型休旅車，車子的引擎蓋上還有個巨大的紅色蝴蝶結。吉姆和凱倫很納悶他們是否回對家，還是開錯路意外開到《價格猜猜猜》（*The Price Is Right*）電視節目的拍攝現場。還在解安全帶的時候葛洛莉雅就朝他們衝過來，喋喋不休地說著話，語速快到好似在說方言。吉姆下

車時她擁抱了他，並告訴他，他是教會有史以來最優秀的助理牧師。然後她擦掉眼淚，跑到車子的另一邊抱住凱倫，滔滔不絕地述說凱倫如何是師母的楷模。

轉瞬之間雙胞胎就從汽車座椅上下來，像以色列人圍著金牛犢一樣圍著新車跳舞，葛洛莉雅則在一旁解釋，那天在號誌燈下看到吉姆開著他那台老舊的房車有多麼讓她難過，也讓她擔心起牧師家人的安全。她心裡清楚他們需要一台新車，但以牧師的薪水可能無法負擔，所以她有感動要買一台給他們。

吉姆和凱倫一時說不出話來，這個動作讓他們有種不祥之感。他們試圖同時表達感激之情，也提出他們的擔憂，畢竟這個禮物實在過於貴重，然而葛洛莉雅不容他們拒絕。

「吉姆，我很幸運能夠成為他人的祝福。」她邊說邊將新車的鑰匙塞進他手裡。

「我知道葛洛莉雅是好意，」吉姆對我說。「但那輛車被詛咒了。教會其他牧師都在抱怨，因為從來沒人送過他們車。凱倫也不開它，因為方向盤太高她看不到前面的路，而且它耗的油比航空母艦還多。」

「你不能告訴葛洛莉雅這車你們開不來，然後將車退還給她嗎？」我說。

吉姆搖了搖頭。「你在說笑吧？每次我看到她，她都會問我們是否仍愛那車，以及有沒有其他事她可以幫忙。」

我有很強的預感，葛洛莉雅是九型人格中的二型人。

✡ **二型的典型人物**

德蕾莎修女（Mother Teresa，諾貝爾和平獎得主）
屠圖大主教（Archbishop Desmond Tutu，南非聖公會大主教）
黛安娜王妃（Princess Diana，英國王妃）

二型人的致命罪性

神所造的世界中，二型人是一群最有愛心、最善良、最願意幫助人、最樂觀和最溫柔的人。我最親密的好友中就有三個是二型人（這本書的另一位作者史塔比就是其一），他們加加起來散發出的愛和慷慨之心，足以使整個大都會區的人都暖和起來。二型人是有危機時，第一個響應的人；並且如果還有碗盤要洗，他們也會是最後一個離開宴會的人。九型人格的行話裡他們被稱作「幫助者」。

如果你猜想自己有可能是二型人，那麼請坐下，抓幾張衛生紙，點上香氛蠟燭，然後深呼吸幾下，再讀下面幾個段落。二型人是九型人格中對批評最為敏感的一群，所以請相信我，結局會是好的。

二型、三型和四型共同組成情感組或是所謂「心中心」的三種人格，他們是九型人格中最情感導向、最以關係為中心、最注重形象的一群人。這三類型的人深信他人不會愛自己的本相，所以他們各自投射出不同的虛假形象來贏得他人的認可。

二型人需要被他人需要。他們必須仰賴其他人對他們

的需要，來鞏固自己起伏不定的自我價值。呈現出開朗、討人喜歡的形象，以及幫助他人，都是他們賺得愛的策略。對二型人來說，感激之詞令他們陶醉不已。我們用來表達感謝的話，像是「沒有你我要怎麼辦？」或是「你是我的救命恩人！」讓二型人感覺很好——我說的好是「小賈斯汀（Justin Bieber）剛剛轉發我貼文」的那種好。

驕傲是二型人的致命罪性，聽起來很荒謬，因為比起自大，他們看上去更像是無私的人。然而驕傲徘徊於二型人內心的陰暗處。它彰顯於他們將全副心神和精力用來滿足他人的需要，同時表現得好像自己沒有任何需求一樣。驕傲在二型人身上起作用的方式是讓他們相信：別人永遠比自己更欠缺，而唯有他們最清楚他人所需。幻想自己對他人的不可或缺，最能讓他們樂在其中。

二型人無差別地照料所有人。他們將援助和勸告強加給他們認為與自己相比更弱勢、經驗不足和沒法好好駕馭生活的人，那些人沒了他們可不行。當你有幾近超自然的天賦能察覺他人所需，還有看似無窮無盡的時間、精力、珍寶和才能可以施行拯救，你很難不自滿。若是有人需要幫忙，二型人愛極了跳上白馬為他們扭轉頹勢，但他們無法想像如果情況逆轉，自己需要他人援助時會是什麼情景。二型人很少要求別人幫忙，至少不會是直接的，而且假設有人提供幫助，他們也不知如何接受。別人得仰賴他們，對二型人來說很合理，但是讓他們仰賴其他人？這輩子別想了。說實在話，二型人對自身的力量、獨立性，還

有對他人的重要性都抱持過高的看法。這種自豪感之下是什麼？其實是恐懼。二型人害怕說出自己的需求會以屈辱告終，而**直接**要求某人滿足自己的需要會得到拒絕。「如果對方拒絕我怎麼辦？」他們問道。「我怎樣能活過這樣的羞愧和恥辱？這只會證實我一直以來都知道的事：我不值得被愛。」

儘管不會每次都意識到，但尚未開化的二型人提供他人援助是有附帶條件的。他們希望能收到某種東西作為回報，比如愛、感激、關注，還有沒明說的承諾，對方將來會於情感或物質上支持他們。他們的給予是經過計算，意圖擺布人心的。二型人認為如果他們能奪取感激和認可，還有喚起他人受人恩惠的感受，那麼其他人就會在他們有需要的時候主動察覺，還會去滿足這些需要，不用他們開口請求幫忙。不知不覺中，他們擬定了這樣的交換條件：「我會挺你，只要你答應不用我明說或要求，你也會挺我。」

二型人相信自己活在「先被需要才能被愛，先得給出才能拿取」的世界中。而且他們不相信若是自己無法為你效勞，你仍會留他們在身邊，因而二型人投入照料你的時間和精力很難有個限度。看見未成熟的二型人駕駛愛之列車真是個奇景，它一旦出站就幾乎不可能停下來了。

二型人的幫助者特質

二型人有能讓人覺得安全舒適的神奇能力。當你走進我好友史塔比家的瞬間，你會感覺自己降落在瘋狂世界

中一處寧靜的島嶼。她的家中到處都是大型舒適柔軟的座椅、一盤盤Godiva巧克力、祈願用的蠟燭、宗教主題的畫作，還有盧雲和詩人瑪麗‧奧利弗的書籍，精心擺放於邊桌上讓客人閒暇時可以閱讀。感覺起來就像是麗思卡爾頓酒店和天主教靈修中心的綜合。二型人會照你的本相接納你，他們不喜論斷，而且他們會同時於生理上和心理上創造出一個空間，讓人們可以在其中暢所欲言。

從另一個角度來看，如同理查‧羅爾所說，「二型人心中永遠有所圖」。那是因為二型人活在等價交換的世界。無論是透過展現魅力、取悅討好、塑造討人喜歡的形象，還是公然吹捧，二型人總是試圖誘惑他人，因為他們不相信其他人會在他們有需要的時候伸出援手，除非自己保持這種開朗獻媚的面貌。

一般的二型人沒有意識到自己助人行為的背後有沒說出的期待和不可告人的動機。他們認為自己為我們提供的幫助是慷慨無私的，並不是基於假設我們會報答。他們不會一早醒來對自己說，「哎呀，我的朋友珍妮特快被工作淹沒了。為了贏得她的認可和喜愛，還有確保在我需要她的時候她會挺我，我要放一鍋燉菜和一包好時之吻巧克力在她家門口。」直到接下來的一週，局面才會逆轉，此時過勞的二型人自己滿懷怨恨，因為無論是珍妮特還是她過去曾幫助過那些忘恩負義的人，沒有一個帶了燉菜給她，這時候二型人的真正動機才會被揭露出來。然而當二型人變得愈來愈健康，他們可以看出發生了什麼，然後帶著同情

心對自己說：「喔不，我又來了。我期待那能帶給我相等的回報但它沒有！我還需要在這點上下工夫。」

當二型人走進全是人的房間時，他們的注意力會立刻集中於「你好嗎？你需要些什麼？你有什麼感覺？」還有最重要的「你想要什麼？」他們實在非常能夠理解和易感他人的痛苦，有時候你會以為他們有特異功能。這就是個實例，說明你人格最有利的地方，如何也會是最有害的。有此天賦，能夠對他人的需要心領神會進而幫助他們，是極好的事，然而假若二型人或其他型人利用他們的超能力來操縱人滿足自己的欲望，就絕不是好事。

因為二型人的自我價值取決於別人的反應，他們老是容易奉送過多權力給他人。我的二型朋友麥可新婚的時候，想要向他妻子艾咪表達感激之情，因為他當時正在攻讀研究所，而為了維持家計她一人擔起兩份工作。於是某天他趁她仍在辦公室時打掃了家裡，擺了張摺疊桌，上面放著蠟燭和一壺她最愛的花草茶，還在家中貼滿寫著情話的便利貼。艾咪（非二型人）回到家時既心煩又疲累，根本沒有注意到就直接從桌子旁邊走過去。整整兩個小時後她才看見，然後說：「那些花是要給我的嗎？」但已為時已晚。麥可的怒火愈演愈烈，他的怨恨也慢慢滲了出來。他花了好幾個小時預備這個驚喜，沒想到她的妻子竟然連看都沒看到。結果當晚他們為艾咪沒能**向麥可**表達感激之情而大吵了一架。「隔天我領悟到自己並不只是想要艾咪的感謝。我希望她能跪拜在我腳前敬拜我，彷彿我是無私奉獻

的最高典範。婚姻後期我終於意識到我的自尊心有多麼深受艾咪和其他人的影響和控制,他們對我作為幫助者的評價決定了一切。我給出太多權力了。」

二型人總是密切注意著各種跡象,確認其他人是否賞識他們。我的朋友雷諾斯是二型人,他是個很優秀的作家和講者。他曾經告訴過我,對他來說演講是場惡夢。「我會一直鎖定群眾的反應,」他說。「每每在人前,我都會覺得自己額頭上黏著一張3×5吋字卡,上面寫著『你開始喜歡我了嗎?』然而,我的幫助型天線怎麼樣也會幫我接收到那個看上去略顯不開心的聽眾發出的負面訊號,然後我就會竭盡所能地取悅他。假如無論我做什麼都不能換得他們認可和讚賞的表情,離開時我就會覺得自己很失敗。」

二型人很怕身邊的人一旦能自立後就會拋棄他們。史塔比有四個很棒的孩子,他們都很愛她。自出生起她便和每一個孩子都關係緊密,但有很長一段時間,她確信一旦他們長大結婚後,就不會想花時間和她相處了。她一直這麼想:「一旦他們不再需要我,就會消失得無影無蹤。」二型人不明白的是,即使沒有每時每刻被需要,人們還是會希望有他們在身邊。

一走進宴會現場,二型人就可以憑直覺知道哪對夫

「為而不恃。」
(Act without expectation.)
老子

妻在來的路上有爭執、誰其實寧願待在家看棒球、哪個人正擔心會丟了工作。他們無需要求眾人舉手表明心意就能察覺他人的感受。二型人的說話風格是**幫助和勸告**。只要稍微提及你有某種需要，未成熟的二型人就會馬上介入提供「有用的」建議（或者說是他們為了幫助你而制定的計畫）。問題是，並非每個人都想要有個幫助者為自己的私事大發熱心。二型人必須學習操練辨識力。在一躍而起像是一隻拉布拉多犬劈哩啪啦衝進海裡拯救溺水的孩子之前，他們必須先問自己：「這應該由我來做嗎？」如果有人真的快溺水身亡，那就跳下水幫他。不然的話，請選擇克制自己。

　　健康程度一般的二型人告訴史塔比和我，他們有能力先感應，再進而去滿足他人的需求。這裡的關鍵字是**感應**。你不必告訴二型人你需要什麼，他們就是知道。問題是他們以為每個人都有這個能力可以感知他人的內心世界，爭論很有可能由此展開。首先某一方會無奈地表示：「我又不會讀心術，怎麼會知道妳想要什麼？」然後吵到最後二型人會衝出房間，一邊轉頭喊道：「我受夠了要一直告訴你我需要什麼，你應該自己知道啊！」

　　對二型人來說氣力耗盡的感受是很可怕的，因為他們的自我價值取決於照料他人時從他們身上得到源源不絕的感激和讚賞。如果他們筋疲力竭，就無法給予，那麼他們還有什麼用處呢？此時累壞了的二型人很有可能會爆發，因為感覺他人將自己視作理所當然。他們爆發的畫面真是

可比重返大氣層時烈火焚燒的人造衛星。

史塔比是技藝高超的二型人。作為講者和師母,她有很多(也許太多)機會可以發揮助人專長。假設回到家時她正好感覺忍無可忍又極度疲憊,當她走進廚房看見喬正在清理,他們之間的對話聽起來會像這樣:

「你感覺如何?」喬問她。

「結束了。」

「什麼結束了?」

「所有一切。沒人感激我!人們指望我一直給、給、給,然而他們連謝也不謝我一聲。如今每個人都過得好極了,只有我剩半條命。老實說,所有我幫過的人現在一定都感覺棒透了,我敢打賭他們可能正在開派對,卻忘了邀請我。」接下來的幾個小時史塔比會猛力大聲關門;把她的教會會友退出申請拿給喬,因為教會長老執事一次也沒有因她教過成千上萬次的主日學而感謝過她;或者威脅要讓孩子參與視訊會議,問他們為何**從來沒有**對她多年來都早起幫他們熨校服表達過感激。處於最佳狀態時,二型人既熱誠又慷慨,然而最差的時候,他們會變成內心充滿憤恨的殉道者。

二型人的孩童時期

那些有衝動想要討好每個人的小孩有很高的機率會是二型人。二型小孩通常擅交際而且有很要好的朋友,但還是會擔心被排斥,所以他們會藉由給出最愛的玩具或自己

的午餐，企圖收買或維持別人對他們的喜愛。

　　這些孩子極其敏感，非常容易流露自己的感情。偶爾他們看起來會有些許悲傷，那是因為他們不覺得自己討人喜歡。一旦了解到作個樂於幫忙的人可以贏得別人的微笑和稱讚，他們會第一個自願在足球練習後幫教練把器材收好，或是主動詢問老師是否需要他們幫忙分發課堂用品。總有一天，這些孩子會開始扮演濫好人的角色，並在家中、學校或球隊中，高估迎合討好這個行為的真正價值。作為孩童他們可能很早就學會獨立，因為他們將自身的需求視作能免則免的麻煩。

　　這些孩子於某時某處習得這樣帶有傷害的教訓：擁有或表達他們自身的需求，結果只會是羞辱和拒絕。他們很清楚每個人的感受，並會設法改變自己的行為和形象以適應他人的要求。絕不要因為二型小孩知道**你的**需求，就以為他們也知道自己的。假設他們遇到困難，而你問他們有什麼需要，他們極有可能會說不知道。這時如果強逼他們說出來，可能會讓他們覺得很挫折或情緒激動。二型人花了如此多的時間和精力在別人的需求上，導致他們愈來愈無法感受自己的需求。成年後這便會是他們固定的生活模式。

二型人的關係模式

　　如果你生命中有幸有二型人，那麼你就會知道，關係對他們來說代表一切。沒開玩笑，真的是**一切的一切**。

九型人格中，二型是最為在意人與人之間關係的一群人。他們性情溫暖又是觸覺取向，總是自然而然會去親近他人。舉例來說，史塔比和認識的人擦肩而過，定會輕碰對方手臂、拍拍他們的背，或是停下腳步，將對方的臉捧在手心，然後看著他們的眼睛說：「嘿，你知道我是愛你的吧？」

不過，重要的是，二型人要知道我們也是愛他們的。

他們對事物有很深的感受，表達情感對他們來說也不是難事。而你可能不知道的是，二型人大多數的感受都不是自己的。二型人感覺到的是**你的**感受。二型小孩很快就會發現，父親或母親受孩子的感覺影響，比受父母自己的還多。一旦有了這層發現，他們就好似取得了特殊籌碼，可以拿賭場的錢來大肆豪賭了。

以情感或心為中心的三種人格，都在尋覓一種專屬自己的身分認同。二型人的做法是透過他們的關係來辨別和看待自己。因而自我介紹的時候，他們通常會提到你可能認識的人和他們的關係，而不是自己的名字。比如你總是會聽到「嗨，我是艾咪的老公」或「我是杰克的媽媽」。二型人需要學習如何將自己從關係中分別出來，學習自己作主。

對二型人來說，這一旅程通常始於中年，在經過不知多少歲月將所有人的需求置於自己之前，他們終於徹底累壞了。某天一覺醒來後他們意識到，「我不能再繼續付出那麼多，我該更照顧自己才是」。這是一段艱難卻必要的過

程，對二型人是如此，對那些已習慣二型人會將別人的利益置於自己之前，而想要強迫他們回復那美好過往的人來說，更是如此。待時機一到，所有人都應該多多鼓勵二型人成為獨立自主、曉得如何恰如其分照料自己的人。

二型人的工作風格

職場上二型人通常扮演副手的角色，但這並不會讓他們覺得沒面子。他們知道管理軍隊的是中士，不是將軍，所以他們非常樂意成為王位背後真正有力量的人。我上小學的時候，當時的校長祕書是個親切、充滿活力而且很有愛心的女士，叫作帕克小姐。帕克小姐坐在最重要的辦公室裡，接聽川流不息的來電；安撫攝取過多咖啡因怒氣沖沖的母親；考試考得好的時候讓我們從她桌上的碗裡抓一把M&M's巧克力；確保對花生過敏的學生有帶腎上腺素注射筆來上學；鼓勵疲憊不堪的老師；還有在下午三點穿上橘色背心監督放學接送。在我的小學，如果你需要愛、午餐錢或是緊急器官移植，你會去找帕克小姐。我很確定校長是好人，但我連他的名字都不記得了。

二型人有高超的直覺力和人際交往能力，他們需要從事能大量和人接觸的工作。二型人擅於營造群體，他們知道辦公室裡誰做得如魚得水，誰很勉強；他們記得人們的生日還有每個人小孩的名字；他們總是第一個得到內幕消息，所以知道每個離婚背後的故事、誰家孩子需要禁戒治療，還有在所有人之前得知誰懷孕了（甚至早於孩子父

親！）。作為主管，他們知道怎麼僱用合適人選來完成任務，並且會用稱讚鼓勵的方式來激勵他們。他們善解人意且正向樂觀，而且因為具形象意識，所以他們知道如何使組織在外界眼中綻放光彩。

> 「不挑剔別人送的禮物的危險在於，那份禮很有可能是特洛伊木馬。」
>
> 戴維·賽勒（David Seller，英國作家）

主管在看見員工有需要時，可以不受拘束給予有建設性的建議是很重要的。然而，聘僱二型人的主管最好能銘記，太多的批評或過於嚴厲的話語可是會摧毀二型人的。比起其他型，二型人對往高處爬沒那麼有興趣，或者說即使有興趣，他們也會將渴望得到關注和賞識的心情置於意識之外，因為承認的話就更容易迎來失望。

出乎大多數人意料，這世上有相當多二型的男性。在華爾街工作三十五年後，我的好友傑米創辦了個組織，還舉辦年度聚會，為要將前景看好的年輕領袖和年長已大有作為的業界翹楚召集在一起，希望他們能互相認識、互相指導。他對於將人連結，以及指導年輕人，不因成功太早而落入陷阱充滿著熱忱，他的二型人格亦由此展現。

側翼人格

偏一型的二型人（二偏一）

偏一型的二型人很在意是否有把事情正確恰當地做好。他們希望對別人來說自己是可靠和負責任的。受到一型側翼的影響，這些幫助者對自己更加苛刻、控制欲更強，也更容易產生罪惡感。這類二型人有較為清楚的界線，也比較能察覺自身的情感需求，但將之表達出來卻更加困難。相比之下他們的信任度較低，對自己的付出會期待能得到更多回報。

偏三型的二型人（二偏三）

偏三型的二型人更有野心、更注重形象，也更爭強好勝。他們外向而且有時會像三型人（表現型）一樣具有魅惑力，比起二偏一型人他們更在意關係和與人的連結。這類二型人更有自信，成就更多。對他們來說，第一重要是被視為充滿愛且慷慨的人，第二是被視為成功的人。這類有著強烈自我形象的二型人可以像三型人一樣任意依需要變換自我，以取得他們想要的成果。

壓力表現與安全表現

壓力表現

壓力大的二型人會呈現出不健康的八型人特有的行

為，也就是他們會變得要求很多且控制欲強，無論是透過直接表示還是間接操縱的方式。他們會將自己的不快樂怪罪於他人身上，並且會對舊帳表現出極其兇猛的報復心。

安全表現

感到安全的二型人會往四型人健康的那一面移動，也就是他們可以不用假裝自己愛所有的人。這些二型人對關愛自我的必要性有一定的了解，而且可以將注意力轉回自己的內心，這種時候他們會願意花時間在自己身上，做能帶給他們喜樂、激發創意的事。在這種狀態下，他們雖說沒在幫助任何人卻也能對自己感到心滿意足。

靈性轉化之道

和其他型的狀況一樣，二型人最大的優點也是他們的弱點。當人們給得太多、出於不正當的動機幫助他人，或者不是因為受神呼召而是為了利己而投入服事，他們的付出就會變得充滿算計，意欲支配和操縱他人。如果你是這一型，閱讀這章對你來說想必不容易。

一直以來，二型人都很畏懼一旦其他人發現他們自身也有需求和傷心事，就會離他們而去。二型人相信贏得他人喜愛的唯一方法，就是將他們一團糟且脆弱不堪的真實樣貌，隱藏於開朗無私幫助者的外表和行動之下。就像心中心三人組都同樣認為，如果他們向世界展示真實的自我定然會遭受棄絕，二型人因而需要聽到能治癒他們的話語

是：「你是被需要的。」二型人自身的需求很重要，他們可以從現在開始學習如何坦率表達自己真實的感受和渴望，不用過度擔心會遭受羞辱或拒絕。

所有的二型人都必須學習「利己給予」和「利他給予」之間的差別。出於利己意圖的給予期望得到回報，而利他的給予則是沒有任何附帶條件。常言道：「當你給出然後期待回報，那是投資；當你付出而不求回報，那便是愛。」

好在只要對自我有多一點認識和覺察，二型人就能學會如何免費給予。如果你是二型人，這意味著你給出你所能給的，分量剛剛好，不多也不少。如果你的姊妹淘伊莎貝爾埋首工作，而你幫她照看孩子，但當你落入相同處境她卻不願同等回報時，即使是這樣也不要緊，因為你沒有期待她這麼做。正如我匿名戒酒會的前輩提醒我的：「期待這件事，早晚會帶來怨恨。」

回想一下本章開頭我的朋友吉姆的例子。他沒有想要、需要或請求過葛洛莉雅的幫助。老實說，那根本不算是「幫助」。假設來找吉姆的是對自我有更多認識的葛洛莉雅，這個故事會以多麼不同的方式結束。假設她是這樣對吉姆說的：「吉姆，幾天前在等紅燈的時候，我注意到你的車子看起來好像快要用到盡頭了。我不知道原因但神賞賜我超出我需用的錢，所以我很樂意找你和凱倫一起聊聊，看有沒有我能幫得上忙的地方。不要有壓力，有需要的話告訴我一聲就好。」

也許沒新意，但讀一讀路加福音第十章馬大和馬利亞

的故事，對二型人或許會有幫助。故事的開頭是這樣的：
「他們走路的時候，耶穌進了一個村莊。有一個女人，名叫
馬大，接他到自己家裡。」（38節）這裡有趣的是，同樣是
馬大和馬利亞的家，但為何邀請耶穌和門徒來家中探望，
只有馬大一人有功？馬利亞難道為人冷淡不好客？還是兩
姊妹中只有馬大覺得自己非得滿足耶穌和門徒的需要不
可？

　　耶穌和祂的跟隨者抵達後，馬大做了所有優秀二型
人都會做的事，就是開始幹活確保所有人都舒適且一無所
缺。她很有可能已經幫耶穌洗過腳，而今她為了預備晚餐
正忙到要發狂的地步，她那一無是處的妹妹馬利亞卻還悠
悠哉哉坐在耶穌腳前。嫉妒和憤恨之情開始充斥馬大的
心。其他人都在客廳吃喝笑鬧，只有她辛辛苦苦在廚房烹
煮羊羔。

　　馬大很生氣，因為一**如往常**所有吃力的工作又是她一
人在做，於是她對耶穌說：「主啊，我的妹子留下我一個人
伺候，你不在意嗎？請吩咐她來幫助我。」我不確定，但
我想這是聖經唯一一處有人膽敢命令神做事。就像我之前
所說，地獄裡沒有人的怒火燒得比疲於奔命還不被感激的
二型人更猛烈。

　　耶穌深知問題的核心，於是祂答道：「馬大！馬大！你
為許多的事思慮煩擾，但是不可少的只有一件；馬利亞已
經選擇那上好的福分，是不能奪去的。」（41～42節）

　　其中給二型人的教訓很簡單：有時候你認為自己在服

事神和服事人，其實不然。有時候所有的行動和照料都非出自神的呼召。經上從未記載馬大**詢問過**耶穌想要什麼，是她自行擬好了落落長的待辦清單。也許神僅僅是想要二型還有我們所有人安歇在祂同在中，如此而已。

　　如果二型人想要學習同樣關注自己和他人的需要，就必須於獨處時操練靈命。[1] 假如是在群體之中，他們容易受誘惑想提供幫助使周圍人靈命有所成長，而不是專注在自己的成長上。二型人在這種環境下，容易拋下一切為了幫助急難中人，但這種傾向與其說是出於服事的心，其實更是為了保護自己免於面對自身的需求和感受。在與神單獨相處的時間，他們可以問自己這個問題：「沒有人需要我的時候，我是誰呢？」

10個改變的起點

❶ 與其用暗示的或是讓別人來猜，試著直接說出你的需求。

❷ 當你發現自己過於努力想要呈現討人喜歡的形象，或是開始奉承以贏得他人認可時，從心裡深吸一口氣，然後從頭來過。

❸ 不要反射性地對所有事說好。若是有人請你幫忙，你可以回你考慮後會再回覆他們。或者嘗試說不看看，記得你不需要為此找理由。

❹ 想要解救或幫助人的衝動強烈到讓你不知如何是好的時候，請問自己，**這應該由我來做嗎？**如果你不能確定，與可以信賴的朋友聊一聊。

❺ 當你意識到自己落入你人格的典型表現時，溫柔地問自己，**假設我現在不能討好或滿足這個人的需要，我會有什麼感覺？**

❻ 儘可能匿名幫助人。

❼ 二型人的自我評價常常於過高和過低的兩極間來回擺盪，他們自認對他人的重要性也是忽高忽低。記得常常提醒自己，你不是最好也不是最差的。你就是你。

❽ 怨恨或自覺應享特殊待遇的感受出現時，不要將它們推開。相反地，將之視為帶著寬容之心自省的機會，然後問自己：**我的人生這個當下最需要我關注的事是什麼？**

❾ 當你發現自己過於積極接近他人或是將情緒傾倒在他人

身上，使對方難以負荷時，不要過度苛責自己。賀喜自己對此有所察覺，然後降低一點強度。

❿ 每天問自己兩到三遍，**我現在有什麼感覺**？和**我現在有什麼需要**？不用擔心答不出來，鍛鍊關愛自我的肌肉需要時間。

7

三型：表現型人格

最關鍵的問題是，你會愛真實的我嗎？
不是你眼中的那個我，而是我真正的樣子。

克莉絲汀・菲翰（Christine Feehan）

作為三型人是什麼感覺？

1. 對我來說，最重要的，就是要看起來像個輕鬆漂亮的贏家。
2. 我喜歡在一個場合出現後，知道我給大家留下了非常好的第一印象。
3. 我能夠說服比爾・蓋茲，讓他買下一台蘋果電腦。
4. 能讓我感到快樂的關鍵是：效率高、產能佳，以及被視為最優秀的。
5. 我不喜歡因為配合別人而放慢速度。
6. 我知道如何粉飾失敗，讓它看起來像成功。
7. 不管什麼時候，我都喜歡帶頭而不是跟在後頭。
8. 我喜歡競爭的程度有點過頭了。
9. 不管是誰，我都能找到方法接觸他、贏得他的心。
10. 我是世界冠軍級的多重任務執行者！
11. 我非常在意每個當下人們對我的反應。
12. 要我在假期時不碰工作是困難的。
13. 辨認或靠近自己的感覺，對我而言是困難的。
14. 我不是喜歡談論個人私生活的那種人。
15. 我有時會覺得自己像個騙子。
16. 我很喜歡設定及完成具體可衡量的目標。
17. 我喜歡別人了解我的成就。
18. 我喜歡被視為身處成功人士的圈子當中。
19. 如果能讓事情完成得更有效率，我不介意抄捷徑。
20. 人們通常認為我不懂得如何及何時該放下工作。

健康的三型人已經將目標從「看起來還不錯」轉變為「讓真實的自己被認識、被愛，而非凸顯自己的成就」。他們仍然喜歡設定目標、迎向挑戰、解決問題，但他們的自我價值卻不會建立在這些事物之上。他們會試著分配自己豐沛的能量，在工作、休息和某些默想的操練中取得平衡，了解「是什麼」比「做什麼」重要。他們知道自己是很有價值的，這能讓他們釋放出更多為公眾利益而努力的溫柔慈悲。

一般的三型人不僅要實現目標，而且要表現卓越出眾，三型人經常在辦公室和健身房花費過多的時間。受到強烈動機的驅策，他們對表現的需求，甚至延伸到花時間訓練孩子的足球隊或教會服事上。對他們來說，愛是必須努力才能賺得的，所以他們會放下自己內在的信念，尊崇別人對成功所下的定義，渴望能做得更多，做得更好。他們對自己的能力充滿自信，也非常看重自己的形象，總是擔心自己如果表現得不好，就會失去在別人心目中的地位。

不健康的三型人認為失敗是絕對不可接受的，這使得他們無法承認自己的錯誤，並且表現得高人一等。由於太渴望被注意，三型人致命的罪性「自我欺騙」經常會淪為故意欺騙他人。為了維持形象，他們可能會捏造自己的故事或他們的成就。當三型人最不健康時，可能會變得小氣、惡毒且喜好報復。

我是在康乃狄克州的格林威治鎮長大的，當地住著許多世上最成功的金融期貨經理人、創投資本家和投資銀行家。住在格林威治的三型人，比接受毒癮治療的童星還要多。我爸就是其中頭號人物。

就跟所有的三型人一樣，我爸也認為他只有在真正成功或表現得像個成功人士時，才有可能被愛，他把所有的心力都花在避免失敗，努力讓自己符合大家都喜歡的形象。他在哥倫比亞電影公司擔任電視和電影的執行導演好多年，由於他的表現十分出色，在歐洲和中東都有很高的知名度。直到四十歲時，他才因為在專業和關係上的許多錯誤決定，而失去了所有一切。雖然就職業來說，我爸是徹底失敗了沒錯，但他的外表或言語，一定不會讓你有這種印象。

即使當我們家的經濟狀況真的很拮据時，老爸依舊在倫敦傑明街（Jermyn Street）上買手工西裝，開昂貴（雖然是二手）的英國跑車，而且他是我這輩子認識的人中，唯一會戴領結的。他會告訴別人，當我們住在倫敦時，知名喜劇演員梅爾·布魯克斯和卡爾·雷納在我們家客廳表演喜劇段子的故事，他還曾經和型男演員威廉·霍頓結伴去打獵，以及飾演詹姆士·龐德的演員羅傑·摩爾，是多麼感謝我爸對他事業的幫助。這些事當然都是真的，但在老爸口中，都被講得好像是上個月才發生，而不是幾十年前

的往事。

我爸認定這些格林威治的有錢人，眼中只有事業成功、富有闊氣、世故圓滑、處事老到或人脈豐富的人，所以他就讓自己裝扮成一個這樣的人，好贏取大家的敬重。

但我爸表現完美形象，使人印象深刻的天分，可不僅限於在格林威治這些高社經地位的人中間。不管在任何地方，對任何人，他都能這麼做。他的標準程序大概是這樣：每次到達一個派對，他會先觀察現場，大致掌握這幫人的組成分子，弄清楚他們的偏好、價值觀和期望後，試著為下列問題找到答案「如果要贏得這幫人的肯定與好感，我該表現出哪一種形象？我得表現出什麼樣子，才能讓他們愛我、尊敬我？」一旦他發現了這些問題的答案（通常只要三十秒），他就可以立刻搖身變成那樣的人。不騙你，我就曾親眼目睹我爸如何混進加油站外那一群汽車工人裡。就在你還搞不清楚什麼是「化油器」之前，他已經開始扮演那一行特有的舉止、談話風格、心情反應和特有行為。老實說，我爸根本連消音器和手套箱都分不清楚；但我們離開時，那些技工可能以為我爸是全國廣播電台汽車節目的主持人。

✡ 三型的典型人物

泰勒絲（Taylor Swift，美國歌手）
米特·羅姆尼（Mitt Romney，猶他州聯邦參議員）
湯姆·克魯斯（Tom Cruise，美國演員）

三型人的致命罪性

　　假設你看了以上的故事，而認定我爸是個裝腔作勢的人，那也不能怪你。但是，如果你知道，他會這樣，是因為他認定只有成功，或至少外表看來成功，才能證明自己是有價值的，並且因此被愛，你會不會對他有更多的同情呢？這就是他之所以不斷按所處群體對成功或成就的定義，而創造和表現出閃閃發光形象的原因。如果你知道，從他還是個小男孩時，他就認定自己必須經常假扮成別的樣子，才能贏取別人的肯定，以致到後來，根本分不清哪個是他外在表現的形象，哪個是他真正的自我，你會不會對他有更深的同情與憐憫？

　　這就是表現型人格的網羅。

　　根據九型人格，表現型人格的致命罪性是**欺騙**。這指的不單是他們欺騙別人，更多是指他們欺騙自己。就像霍桑寫的：「沒有任何人能夠長時間用一張臉面對自己，同時用另一張臉面對大眾，而最後不感到疑惑何者為真。」[1]

　　為了讓那些在職場或社交關係上有影響力的人能夠留下深刻印象，或是幫助他們往上爬，三型人會刻意表現出不同的形象，以致他們自己也愈來愈不認識真正的自己。有時，他們在表演的過程中，過度認同所扮演的那個閃閃發亮的角色，以致忘記了真正的自己。和周圍其他人一樣，他們也被自己騙了，誤以為那虛假的形象是**真正的自己**。

　　表現出虛假的形象，假裝自己擁有實際上並不具備

的條件，並不是只有三型才會使用的策略。被稱為情感組
或心中心的二型、三型、四型，都拒絕相信他們能以真實
本相無條件地被愛，所以他們把真實的自我禁錮在計畫好
的人設之中。二型人能夠不假思索地換上輕快、和樂的形
象，取悅同伴；四型人（提前爆雷！）營造獨特的形象，
為的是很快讓旁人建立起獨特的印象；三型人則裝出成功
和有成就的樣子，好贏得旁人的傾慕。

　　不成熟的三型人不但要贏，而且希望看起來贏得輕
鬆漂亮。對他們來說，第二名是「頭號失敗者」的委婉說
法。不管是在教室、運動場、證券交易所、表演舞台、牧
養超大型教會、會議桌上或服務窮人的慈善活動，三型人
都一定要成為明星。因為三型人在成長過程中培養出的信
念，就是這個世界是以人的成就，而非人的本質作為評價
人的標準；是否能成為所在之地的國王或皇后，就成了悠
關生死的重要問題。由於把成功和愛混為一談，缺乏自我
認識的三型人，會認為自己必須要贏得每一次試煉、談定
每一場生意、每個星期講的道都要能媲美「我有一個夢」、
打破每一項銷售紀錄……他們生命的目的，就在積累能夠
帶來更多掌聲的成就。

　　三型人可以因應不同的環境，迅速變換不同人格。有
個靈性成熟、對自我認識頗深的三型牧師有次半開玩笑地
對我說：「三型人不會只有一種人格，我們有的是一大群人
格。」不久前，我在一個工作坊演講，剛談完三型人，中
場休息時，有位穿著講究的婦女走來向我坦誠以告：「我的

生意夥伴說，當我們走進充滿潛在顧客的場合時，她幾乎能聽到我腦袋中響起顧客分析軟體運作的聲音，當大家互相介紹，認識彼此之後，我就知道我得變成誰，才能把生意談下來。」

三型人不必刻意費心思考，就是社交變色龍。你可以想像，為了把生意談成或是把喜歡的男孩或女孩追到手，他們可以輕易地創造、表演各種形象的高超能力，也會讓他們懷疑到底哪一個形象，才

「我喜歡不停地變換形象。」

米克‧傑格（Mick Jagger，英國搖滾樂團歌手）

是真實的自我。有時，非常偶爾的，當三型人放慢生活的速度，慢到足以反省人生時，他們也許會感到自己其實是個騙子：「我有千張面具，但哪個才是真正的我？」當內在洞見的靈光乍然閃現，也許會照見三型最深的恐懼：「面具之後會不會空無一人？我會不會只是套虛張聲勢的空心禮服？」

除非有個強而有力的靈性導師能夠幫助三型人熬得住這種空虛的感覺，並且能撐上一段夠長的時間，長到足以讓三型人的真實自我得以萌芽，不然他們很容易因為驚惶又立刻退縮回假面之後。而且為了隱藏他們的空虛感，他們會耗費加倍的努力，以取得更令人印象深刻的成功。通常得要碰上強度如同希臘悲劇那樣痛徹心扉的事，才能讓

三型人醒悟「成為眞實的自己」比「形象是一切」更適合作為生活中的座右銘。

三型人的表現者特質

　　健康的三型人身上有很多可愛的地方。他們樂觀，充滿勇氣，懷抱大膽的夢想，激勵身邊的人。當他們靈性健康，自我覺察他們不需證明自己時，他們就能夠慶賀別人的成功，談論別人的夢想，而不是急著誇耀他們自己的成就或是渴望說服你接受他們的觀點。進化的三型人不會讓人有任何虛假的感受。他們不再那麼容易被失敗驚嚇，並且能夠以敞開的態度，談論他們從失敗中學到的心得。他們待人慷慨且有智慧，經常主動提供許多技巧幫助組織更有效率地達成目標。

> 「形象就是一切。」
> 阿格西（Andre Agassi，
> 網球明星）

　　但不健康的三型，就勞碌得十分悲情 —— 他們總是努力不懈，永遠留意發展的機會。帶著政治家的機智，衣著無懈可擊，用各式各樣的方法與大家互動，彷彿不斷地想要確定「我的表現還可以吧？」有些三型人在同一個地方悶太久，會忍不住焦躁浮動，所以他們很需要像潛水或騎自行車環法一樣的假期活動，雖然可能得花很多力氣才能勸阻他們別在行李中塞滿待辦的公事。就像《我是

哪一型？》（*What's My Type?*，暫譯）的作者赫利和道森（Hurley & Donson）寫的，三型人就算覺得眼前的對話很無聊，仍舊會假裝感興趣。[2]如果他們發現你並不是這個場中的關鍵人物，或者他們認為你不夠有趣時，他們仍會點頭微笑，彷彿正專心聆聽你說出的每一個字，但心裡其實已經開始盤算某筆房地產生意，或在腦中製作紀錄，或視線時不時越過你的肩頭，來回巡視，探查誰才是這個場子中真正有影響力的人。

最近，史塔比和我在一個滿是成功人士的場合演講。當晚，有位六十好幾的企業律師大衛和大家分享，他曾經全心相信，生活就是指擁有的物品、認識的人脈和體面的外表。直到五十五歲時，「遇見耶穌」的轉機才幫助他和自己面對面地相遇了：「我投注許多力氣，希望能認識、變成真實的自己。」接著，大衛將手按在胸前說：「現在，我比較少會想到工作、要贏這些事，而比較多關注『大衛的現在進行式』了。」

大衛，就是一個已經進化的三型人。他不再相信必須每週工作八十小時，或是在所做的每件事上都被高度認可，才能被愛。一般來說，在九型人格中，三型的人是較難認識、了解自己情感的類型。他們不只很難體會自己的感受，也很難理解別人的感受。還記得上一章，說到二型人對自己的情緒毫無頭緒，卻能以都卜勒雷達般的精確程度偵測到你的情緒嗎？三型人對感受的了解則是漆黑一片──不管是對自己的或是旁人的感受，都一樣不解。

三型人**做出**的情感多過**實際**的情感。因為沒辦法清楚接收或了解自己的感受，三型人會不知不覺地觀察別人如何表達情緒，並加以模仿。比如說，參加喪禮時，他們可能外表看來很悲傷，但心裡可能正在盤算還未完成的工作。

三型人可以在戴上面具的同時，將當時的感覺壓抑延緩到稍後再去處理，這讓他們可以維持「一切都在掌控中」的形象。在沮喪、生氣或膽怯的同時，他們仍舊可以維持堅強、自信的撲克臉。當每天工作結束時，三型人最在意的是工作目標是否完成及效率進度。情感對他們來說，不但模糊不清，還會造成進度落後，所以三型人不會在情感上花費太多力氣。

根據赫利和道森的觀察，三型人在童年時接收到的訊息，是不可以有自己的身分認同或是情感；作為一個兒童，三型人覺得他們必須把真實的自己擺在一旁，扮演當時生活中重要人物認為的成功模型。有一次，我跟一位正在發展屬靈歷程的三型人士說：「你一定非常非常愛你的父親，才會為了取悅他而把自己放在一邊。」他聽了以後，釋懷地哭了起來，因為他終於發現自己面具之後隱藏的是愛，而非空虛。

這就是問題癥結：三型人體現了我們的文化對成功所下的定義，在這麼鼓勵並酬賞他們如此表現的氛圍中，要如何才能激勵他們改變呢？**整個美國就是一個三型之國！**我們當中有數不清的人仰慕地看著三型人，心裡想著：「天啊！如果我是他或她就好了！」我這麼說，是因為我們都

是構築浮華世界的共犯，鼓勵這些了不起的傢伙繼續以虛假作為他們的生活目標。我們要求這些三型人利用他們的天賦，幫助公司成長或為教會募款，利用完他們之後，我們又在他們的背後批評他們虛假和自戀——這是不對的！這也是史塔比和我喜歡九型人格理論的原因，知道了驅策三型人的世界觀和動機，難道不會喚醒我們心中對三型人（希望也包括其他類型）的同理同情嗎？

當我們遇見努力追求靈性成長的三型人，即使每天起床後都必須進入我們這個成功導向、沉迷於形象的文化潮流中並與之抗衡，但他們逆流而上的努力，豈不令人敬畏讚嘆？有許多三型的好人正努力地希望能夠變成更真實的自己，他們都在這個過程中成聖。

三型人的孩童時期

三型人在兒童時期，都接收到一個讓他們受傷的訊息：「你做的事最能代表你這個人。」這讓他們變成追求好表現的機器。他們渴望能夠表現優異，並且讓大家都知道他們的好成績——這些成就是他們自我認同的基本元素。如果發現他們的爸媽或所處的文化認為學業成績比一切都重要，那他們從中學開始，就會以哈佛大學為目標；同樣的，如果三型人是在成為黑道老大就代表終極成功的環境中成長，那成為黑道老大就會是他們的人生目標。不可思議？的確，但這就是環境的影響。

最悲哀的就是，就算家庭或文化所標舉的完美形象

與他們的本相不符，甚至背道而馳，三型人仍會盡一切努力，想盡辦法讓自己與之相符。網球明星阿格西就是這樣一個例子。一九九一年時，阿格西為 Canon 單眼相機拍了一個電視廣告。在螢光幕上，這個神采飛揚、穿著入時的超級網球巨星步出一輛白色的藍寶堅尼跑車，他透過架在鼻樑上的雷朋墨鏡，對著攝影鏡頭擺出無憂的凝視，

> 「我們最深刻的呼召是蛻變成長為真實的自己——不論那真實的自己是否符合世人認定我們應該成為的樣貌。」
>
> 巴默爾（Parker Palmer，美國作家）

宣布「形象是一切」。喔！多麼地瀟灑！多麼地三型！

在他的回憶錄《公開》（*Open*）中，阿格西說起小時候，他爸爸對他的愛，是和他在球場上的表現綁在一起的，從第一次拿起球拍一直到退休，網球都讓他痛恨至極——他的坦白讓世界震驚，支持他變成世界冠軍的，不是對網球的愛，而是要贏得父親的心，對他來說，「父親分不清愛的是我還是網球」。[3] 其他三型人也會描述，他們成長時經常憂慮，如果沒有把好成績或獎杯抱回家，父母、同儕或教練就會忽視或忘記他們。

我朋友艾倫的雙親是在赤貧的環境中成長的。在艾倫小時候，父母經常告訴他和孿生兄弟說：「我們希望你們能有比我們更好的生活和機會。」當他們兩個拿著全 A 的成績單回家，或是在棒球比賽中有優異的表現時，艾倫的父

母總是狂喜地誇讚兄弟倆。這讓他們覺得除了爭取更好的成績，人生別無其他選擇。

「我的父母都很偉大，他們愛我們甚於世上所有一切，」艾倫說：「但他們不知道，這樣會給我們多麼大的壓力，讓我們必須追求成功。如果他們知道，在成長的過程中，不知不覺地讓我們相信他對我們的愛是有條件的，我們得多麼優秀，又是多麼害怕他們對我們感到失望，他們會心碎的。他們從來沒有說『你一定得很成功，我們才愛你』，但我們就是隱隱約約地有了這樣的感受。」可悲的是，經常是父母未能擁有的人生，而非孩子本身的選擇，成為驅策孩子人生的目標。

三型孩子在早晨起床後，就做好了一天的計畫。對社交關係十分警覺的他們會想好要穿什麼衣服去學校，中午要和誰坐在一起吃午餐。他們會知道哪些人才夠酷，不惜違背自己的願望或感受，只求被這個人際小圈圈接受。為了獲得成就、變得成功，他們會穿戴好所有需要的裝備。

他們試著去做被周遭人讚許的事情，他們也會把失敗看得很嚴重。因為他們相信，自己是因為有成就所以才會被愛，所以很自然地喜好競爭。三型的孩子會很希望自己能夠表現得卓越出眾。而他們也確實非常優秀。

三型人的關係模式

作為九型當中最不了解自己感受的一種類型，可想而知，三型人在人際關係上，當然也會有特殊的難題需要認

真面對。

　　屬靈警覺度不高的三型人，會很希望能夠對這個世界表現出完美家庭的形象，這是他們自我行銷中的一部分；但光是維持這樣的表象，就會使他們的配偶和孩子都筋疲力竭。和家人缺乏感情層面的接觸，但又渴望能夠經營完美的形象，三型人會有意無意地扮演忠誠奉獻的配偶或雙親。對大部分處在全自動模式中的三型人，則會無意識地把伴侶或是與伴侶之間的關係，視為管理任務中的待辦事項。他們身邊的人可能總是被視為要解決的待辦工作。例如，你可能聽過三型人分享，他們每年都會和伴侶相對而坐，為婚姻或關係設定屬靈的、經濟的、身體的，或社交上的目標。或者他們會討論如何使日復一日的家庭生活，能夠更具產能、更有效率。有意識地維繫關係是很棒的事，只是重點應該是培養靈性的連結，而不是經營商業夥伴關係。

　　毫無例外，靈性還未進化的三型人會遇上人際關係中的困境，因為他們都是工作狂。他們手上總有數不清的專案在進行、有許多目標要達成，以致沒有多餘的注意力可以關注所愛之人。就像海倫・帕爾默所寫的：「三型人的心思全在工作上。」[4] 他們所有的感情都投注在工作中了，實在沒有剩下多餘的感情可以分給其他人。

　　三型人有同時完成多項工作的特異功能。他們可以同時進行好幾種工作：在開車的同時，用手機談下好幾百萬美元的生意、吃三明治，同時收聽大衛・艾倫的暢銷作品

有聲書《搞定！工作效率大師教你：事情再多照樣做好的
搞定 5 步驟》（*Getting Things Done*），並且和配偶討論在
學校出了問題的那個孩子。這已經不是普通的令人印象深
刻，這簡直像太陽馬戲團的表演那樣叫人目眩神迷──除
非你是他們的伴侶、孩子或朋友，覺得自己的價值遠不如
三型人物的野心來得重要。

因為三型人能夠調整他們的外在表現，以博得不同
類型之人的好感，所以他們不會讓各種人際小圈圈聚在一
起。如果他們辦了個派對，並且失算邀了在生活中不同領
域的各路人馬齊聚一堂，他們會發瘋的──沒有人能夠以
那麼快的速度，隨意地切換不同的角色。

三型人特別珍視自由、沒有負擔的友誼。生活就是得
把所有事情都搞定，所以三型會特別與需要高度投入、複
雜或需求很多的友誼保持距離，以免要花費太多心力與時
間，而使他們離要完成的目標愈來愈遠。

三型的防禦策略是身分認同。所以，三型人會讓自己
完全沉浸在眼前投入的任務，將自己等同於自己的頭銜、
任職機構或公司，以保護自己免於傷害。正因如此，三型
人會誓死捍衛自己所屬公司的信譽，或是他們在辦公室多
得嚇死人的工作時數。

就像理查‧羅爾的觀察，不成功的三型人是九型人格
中最悲慘的一種類型，他們的野心遠遠超過他們的天賦。[5]
我還要加上一筆：最讓人心碎的，莫過於遇上人生已經過
了大半，卻還沒有從自己的遊戲中覺醒的三型。在晚餐派

對上，最恐怖的莫過於坐在一個七十歲的老傢伙旁，聽他叨叨吹噓自己認識哪些名人、他讀的是哪所大學、多麼年輕就成了合夥人，或是領了多少退休金。

三型人的工作風格

　　你還沒有發現嗎？三型人在工作時最覺得如魚得水。在所有人格類型中，他們對成就及名聲最為渴求，對大多數成人來說，這些就意謂著把工作做到優秀出色。對沒有在外工作的三型人來說，他們尋獵外在肯定的自然傾向仍會以其他方式出現，比如在家帶孩子的三型父母，就會和其他父母進行熱烈的意見交流，話題可能包括如何讓胎兒在母親腹中完成大小便訓練，或是如何讓還在讀幼兒園大班的孩子，可以提前得到普林斯頓大學的入學許可等等。

> 「工作比玩樂更加好玩！」
> 諾爾·科沃德（Noel Coward，英國演員、劇作家）

　　在美國，看重成功形象甚於本質的三型人，是很吃得開的。他們是美式偶像的代表——聰明、散發魅力、企圖心強烈，不論男女，都是典型的人生勝利組。但請留意，典型人物和刻板印象仍有一線之隔。有些人認為所有的三型人都像AMC影視公司製作的影集《廣告狂人》（*The Mad Man*）中的男主角唐·德雷柏。靈性不成熟的三型人，仍

舊能變成一個瘋狂追求成功、沉緬於創造形象的人生勝利組，利用自己的魅力，辛苦爬上公司食物鏈的最頂端，或是帶著笑容、熱情友好地在各州園遊會發表競選演說的候選人？當然，但這些都只是刻板印象——某種類型被一般認定的公式化諷刺漫畫人物形象。但三型人不是傳奇，他們是活生生的人。就像我們所有人一樣，他們有複雜的性情，有明暗不同的各種色調。他們並非全是公司總裁或名人賢達，可能對此也毫不嚮往。每個行業中都有三型人的蹤跡，從玩音樂的到宣教士，他們可能是巨星大衛‧鮑伊（David Bowie），也有可能是天主教工人運動的發起者多蘿西‧戴伊（Dorothy Day），但他們都相信同樣的謊言：如果你成功了，你才有可能**被愛**。

我有一位在大學教書的朋友曾經告訴我：「在我們學校教職員工會議上，可以聽到許多教授聊天時，不是提醒對方自己是在哪個學校拿到博士的，就是說到某本很具分量的學術期刊最近刊登了他們的文章，或是他們最近受邀到哪間知名學府去給全體師生演講，要不然就是他們快要拿到終身職了。」

當他們的靈性成熟時，這些有魅力、多產、目標導向的傢伙都是真誠、有遠見的領導者和優秀的奠基者，值得我們景仰。但是，他們就和所有其他類型的人一樣，當他們還不成熟，而且還未意識到自己的盲點時，也很容易在十字路口肇事，發生意外。

人們總是認為，只要能夠得到升遷，三型人什麼都肯

做。他們在意職稱、誰是下一個升遷的人，以及誰能得到角落那間辦公室。他們是非凡的銷售人員，能夠依不同顧客的心意，隨意變身為任何一種風格的業務員。他們也為此自豪。

正因為地位對三型人來說非常重要，所以地位的象徵物品也變得很重要。在他們努力為資產增值時，如果發現在所處的環境中，哪一種玩具最能傳達出成功的意味，他們也會去努力弄到手。對銀行家或專業運動員來說，可能是遊艇、第二棟房子或特斯拉跑車。如果他們是社會正義的倡導者，他們會把特別襤褸的衣服穿在身上，當成是展示聲援窮人決心的部分宣傳活動。

如果認識了三型人的工作型態，你就能清楚理解三型人的感受問題。他們設定目標，解決它；然後，設定另一個目標，再解決掉；再設立下一個目標，再解決它。這是三型人獲得能量的途徑，但這也使三型人筋疲力竭。想像一個三型人把全副力氣放在解決一個非常重要的專案，他的配偶或朋友打電話來，告訴三型人他們對他感到失望或生氣的場景。三型人對這樣的情況可能也有些話要說，但他們得先排除使他們不能全力衝刺、如期完成工作的情緒威脅。所以他們會先保持情感疏離的狀態，好繼續專注地完成工作。他們是這樣計畫的：「先把情緒放在『暫緩稍後處理的感受』檔案夾中，等到眼前任務一結束後，馬上就來處理」。

你猜，多久之後三型人才會回頭處理這些感受檔案？事實上，他們很少有機會回顧。你想，到了中年後，「稍

後再處理的感受」檔案夾狀況如何？就算沒有大爆炸，肯定也滿出來了。三型人延緩感受、把感情先放一邊的能力，可以解釋為何人們經常認為三型人薄情寡義，很難與之起共鳴。高產能、高效率、設定目標、追求可計算的結果──這些是三型最在意，也比其他人格類型更擅長的事，他們尤其在意效率。三型人總是希望儘可能快速地抵達專案或任務的終點線，而且這種對效率的渴望，對他們的關係和決定都會產生影響。

三型人非常務實。為了完成工作，他們會做任何事。只要能達成目標，三型人不介意採用權宜之計，就算那會損及工作品質。他們未必不道德，但他們可能會添加或省略一些事實，好保全某個職位、暗地謀求升遷或是談定一筆生意。我曾經在紐約市一個成功的出版商旗下寫歌，他是個典型的三型人。有一天，我問另一個作詞作曲的同事，我們這位討人喜歡但很精明的老闆是否誠實可信？他笑著說：「道格不是個騙子，但是如果需要的話，他會『創作』實話，說給你聽。」

在向著目標前進時，三型人經常踩著別人前進，他們可能會為此道歉，也可能不會。他們要求雇員要對他們忠誠，如果你的老闆剛好是個不成熟的三型人，我不會公開質問他/她為何想要開設一條新的產品線；除非你想要被送入罰球區觀賞他的大爆炸。

充滿熱忱又自信滿滿，三型人的談話風格是**宣傳**或銷售。三型人只怕自己說太少，不怕說太多。他們愛極了向

人推銷好點子、他們工作的公司、他們銷售的產品、他們擁護的對象，以及他們沉醉其中的嗜好。

　　三型人非常有魅力，他們適應力強，又能敏銳地察覺別人對他們的期望，他們非常清楚知道該說什麼才能激勵、驅策為他們工作的人。他們會受到具備兩種特色的職場吸引，第一，好形象能夠作為升遷的助力；第二，能夠體現公司或老闆價值的員工，就有可能得到升遷機會的企業。

側翼人格

偏四型的三型人（三偏四）

　　有四型側翼的三型人是很痛苦的，你將在下一章讀到四型人的人格特質，他們很浪漫，對深度與真誠尤其十分在意。這些人把「豐富的內在生活」推展到全新的境界。由於三型是變色龍而四型重視真誠，三偏四的人會經驗到巨大的混亂，和心裡的不和諧。對外在世界表現完美形象的同時，四型側翼人格會指著他們大聲尖叫：「虛偽！詐欺！」偏四型的三型人經常內省，也比偏二型的三型人更了解內在的羞恥感及其他感受，而且他們在「創造」自己的形象時會更加小心，側翼為四的三型人不像偏二型的三型人那麼想成為明星，但他們可能更自命不凡。

偏二型的三型人（三偏二）

　　迷人且貼心，偏二型的三型人可以成為偉大的演藝

人員、政治家、銷售人員和牧師。但當他們籠罩在想要被
注意、被認可的欲望中，或感覺自己的付出不被欣賞、感
激時，就可能會變得憤怒且充滿敵意。比起偏四型的三型
人，他們更需要成為明星。

他們確實體現了他們努力想要呈現的特質：更可愛，
慷慨和仁慈。這些三型人強烈希望他們的成就能被認可，
但是他們也會投注一些能量，希望幫助別人成功。

壓力表現與安全表現

壓力表現

當三型人感到壓力時，會表現出不健康的九型人的行
為特徵。他們會退縮成沙發馬鈴薯的狀態，拿著遙控器，
或者讓自己投入完全沒有創造性的忙碌工作，筋疲力竭之
後的他們會失去特有的樂觀和自信，甚至自我懷疑。失去
了動機，又因高壓而耗竭的三型人會對工作、維持健康飲
食變得興趣索然，甚至不再在意他們的外貌。

安全表現

當三型人感覺安全時，他們會移向六型人的健康表
現。他們會變得待人溫暖，而且比較了解自己和他人的感
覺。在競爭性和防禦性都放鬆的狀態下，三型人會有較多
力氣奉獻給家人和朋友。由於不再需要成為焦點人物或控
制一切，他們比較能考慮團體的好處，也比較願意與自身

之外的事物多有接觸。如果能夠接上六型人正面部分的性格，三型人至終會經驗到不必憑藉成就，真實的自己也可以被愛。

靈性轉化之道

三型人在美國生活，就像是酒精重度成癮者置身酒吧。在追求成功、重視形象的美式文化中，他們比其他人格類型都更受重視，得到更多回饋。你不相信屬靈功課對他們來說尤其非常困難嗎？如果，三型人的調適策略運作得長久且成功，那就只有在遇到無法彌補的失敗，或是人到中年時，他們才會開始注意到自己的靈性狀態並為之努力。

當三型人的靈性無可避免地開始覺醒，並且能夠自我覺察後，他們會感覺自我一無遮蔽，羞慚難當，完全沒有空間可迴避。在那個時刻，最需要的，就是慈愛但堅定的朋友，把他們帶回自己之所是的真實狀態，不然他們又會按大眾市場的需求，重新打包、行銷自我。事實上，在回歸真實自我的奮鬥中，不能沒有朋友的鼓勵，至少要有一個好友相伴。這不是能夠單憑己力，獨自完成的工作。

我們都需要聽到我們按著本相被愛的信息。但三型人需要不停地一聽再聽，直到他們照鏡子時，能夠知道鏡中所反映的，正是百分百神兒子或女兒的形象。「正因為你是你，所以被愛」是三型人最需要的療癒信息，而當三型人的心能被如此信息穿透時，天使也會為此歌唱。

10個改變的起點

❶ 對每個人格類型來說，靜默、獨處和默想都是重要的操練。但是對高度看重活動和產量的三型來說，更具非凡的重要性。

❷ 為自己尋找一位靈性教練，陪伴你走這趟重新辨認真實自我的旅程。這條路並不適合踽踽獨行。

❸ 挑戰你原本對成功的定義，並且根據你自己的感覺、渴求和價值觀，為成功做出新的定義，而不是不假思索地接受從家庭或文化中沿襲得來的舊觀念。

❹ 不要等到感情出軌、酒精成癮，或是變成家族中最年輕的心臟病患者時，才自問「如果現在的我不是我，那我究竟是誰？」現在就開始尋找真實的自我！

❺ 物質成功和忠於自我並不必然互斥。按著真實自我努力而得的成功，是更了不起的成就。

❻ 清點一下，當你匆匆忙忙地以第一名的搶先姿態抵達終點線時，在你身邊的哪些人或事會被犧牲掉——配偶、孩子、健康或友誼？

❼ 去度假，而且不要帶著工作去。

❽ 有句話說「世人不過都是同一班公車上的傻瓜」，試著成為團體中共同合作的一分子，不但要抗拒執起駕馭韁繩或是占據注意力中心的誘惑，還要努力幫助別人綻放光芒、得到成功。

❾ 至少要有一個朋友，能讓你真實面對，並向他敞露可能

受傷的脆弱部分。作為一個三型人，你可能有很多朋友，但你要能認出他們之中，誰不只是傾慕你的成功形象，而是在你身陷天大麻煩時，也一如往常地愛你。

❿ 閱讀理查·羅爾的書《踏上生命的第二旅程》（*Falling Upward*）和《不朽的鑽石》（*Immortal Diamond*），了解現實成就的失敗與陷落，常能帶領我們靈性與真我的提升。

四型：浪漫型人格

8

四型：浪漫型人格

如果你曾經有過那種寂寞的感覺，
就像個局外人似的，這種感覺永遠不會離開你了。

提姆·波頓（Tim Burton）

作為四型人是什麼感覺？

1. 我喜歡非傳統、戲劇性和精鍊過的事物。我絕對不是「普通平凡」的粉絲。

2. 我從來不覺得有歸屬感。

3. 每天從早到晚，我會有很多情緒，多到我不知該先注意哪一種。

4. 有人認為我冷漠不合群，其實我只是沒法和大家一個樣。

5. 在社交場合，我經常退縮在旁，等別人主動接觸我。

6. 憂鬱很適合我，人們如果想方設法要使我快活，反而會讓我惱怒。

7. 我跟任何人都不一樣……呼～好險。

8. 我對批評非常敏感，而且要花上一段時間才能消化克服它。

9. 我花很多時間嘗試解釋自己到底是怎麼一回事。

10. 當人們告訴我該做什麼時，我就想要反其道而行。

11. 有時我會忽然消失一會兒，或是保持好幾天的沉默。

12. 悲傷的歌曲、故事或電影不會讓我不舒服，過度快樂的人才會令我頭痛。

13. 我總覺得我自己的裡面少了什麼很重要的東西。

14. 維持一段關係對我來說是很困難的，因為我總是在找理想的靈魂伴侶。

15. 我很有自我意識。在滿是人群的空間中，我很難找到屬於自己的位置。

16. 人們總說我情感太激烈，而且會壓迫到他們。

17. 就算我不是藝術家，我也有很好的創作力。我的腦海中不停地出現使人驚異的創造性點子。執行它們是很累人的。

18. 許多人會誤會我，這讓我十分沮喪。

19. 我會縮短和人們的距離，但之後我就會覺得緊張，並且把他們推開。

20. 我經常憂慮與「遺棄」相關的事。

健康的四型人有很多的情緒，但已經能夠管理情緒，而不是隨著每一種情緒說話或行事。知道自己不必非常特別，就能贏得上帝不改變的愛；成熟的四型已經發現了生存的方式，特別是已經能夠脫離自卑或自慚的情緒模式。他們富有創造力，非常誠實，能與人親近，並且對美非常敏感。

一般的四型人每天要花很大的力氣學習接受真實的自己。這件事之所以複雜，是因為他們把誇大自己的獨特作為肯定自我的方法。這群四型人非常地害羞。他們很希望被別人需要，但又會故作矜持，假裝自己不在乎。他們會陷入莫名的哀傷，造成他們自己和別人痛苦的距離。典型的四型人喜怒無常、感情十分戲劇化，需要被關懷，容易自憐。

不健康的四型人傾向扮演受害者以維持或創造關係，藉此操縱別人。與他人比較時，他們總是覺得自己缺了什麼，這會讓他們更強烈地貶低自我。不健康的四型人以自己為恥，這種感覺讓他們無法相信自己能夠改變或是變得更好。

在我們第一個孩子凱莉出生不久前，安開始研究要買哪一台嬰兒推車。我們的朋友年紀都跟我們差不多，不到三十歲，他們不是正在懷孕，就是像自動販賣機那樣掉出許多寶寶，我們完全不怕沒有人可以打聽。

「每個人都建議我們買 Graco 那牌的推車。」有一天晚餐過後，安這樣對我說。

「每個人都這樣建議？」我一面挑眉毛一面問她。

我不喜歡做「因為人人都這麼做，你也得這麼做」的事兒，每年上千隻挪威旅鼠遷居時都會大批集體自殺，就是因為牠們「每一隻都這麼做」。

「我們就不能更有創意一點嗎？」

「不過就是個嬰兒推車，又不是舞會要穿的小禮服。」安對我的回答中，有種「我已經懷孕八個月了，這件事你別給我搞砸」的意味。

「知道了。」我迅速結束這個話題。

無論如何，第二天早上，翻看嬰兒用品目錄時，剛好有台很酷的嬰兒推車廣告跳進我眼中。當然，它得花不少錢，而且工廠在英格蘭，製造商得用船運把推車送來，但這可是我們第一個孩子要用的耶，我立馬訂了一台。

「你瘋了嗎？」當我告訴安這件事時，她並不贊同：「我們現在就可以開車去西爾斯百貨用你付的半價買一台回來！」

「我們生的可是『女兒』耶，你不想要一台英式娃娃車嗎？」

「**英式娃娃車？**」安對我咆哮，走出房間時還不可置信地搖頭：「『我可是我』先生又出現了！」

「等著看好了！」我對她說：「你到時會感謝我的！」

就在安的預產期前三天，裝著「英式娃娃車」的箱子

抵達我們家門口了。我迫不及待想拆開箱子，好好欣賞一番，赫然注意到紙箱上依對角線貼的大字：「待組裝」。

自己動手組裝，對我可是大挑戰。事實上，有個職涯顧問曾暗示我，我的空間感和手指靈巧度的分數，比較接近貝類而非人類：「你想對工具做什麼都好，寫歌讚美它們都行，但就是不要拿起它們，」他勸告我：「免得傷到人。」

我先把他的勸告放在一邊，做個深呼吸。「沒問題的，」我把箱子拖進屋裡，反覆向自己保證。

我把英式娃娃車的零件攤放在客廳地板上，螺帽、皮帶、彈簧和塑膠扣件，還有其他不知用處為何的奇妙物品，在我腳下形成一片零件海。我一手拿著組裝說明書，同時伸長脖子往深海探尋。零件多到我懷疑自己到底是在組裝英式娃娃車還是波音747。

我立志要在安下班回家前，就把英式娃娃車組裝好上路，我沒有一刻不忠於這個挑戰。幾個小時後，安發現我蜷縮在沙發上，抱著吉他彈撥著悲傷的哀歌，就像心情不好時的李歐納‧柯恩。

「這就是我生命的隱喻，」我指著倒放在客廳地板上的嬰兒車，車上一段沒接上的轉軸暴露在那兒，彷彿嘲笑般地向我比中指：「我毫無指望。」我呻吟著。

安露出微笑，挨著我坐在沙發上。「你是你自己最大的磨難。」她一面說，一面輕拍我的手。

在我們婚姻的過程中，這並不是安最後一次對我這麼說。無論如何，我是九型人格中的四型人。

 四型的典型人物

艾美‧懷恩豪斯（Amy Winehouse，英國歌手）

牟敦（Thomas Merton，靈修學者）

梵谷（Vincent van Gogh，畫家）

四型人的致命罪性

四型人總是覺得他們自己少了某些重要的成分。

至於少的是什麼，是一度曾經擁有、如今卻遺失了，還是被剝奪了，他們自己也不確定——重點是，他們現在不知可以去哪裡找回這些東西，而且自己還成了罪魁禍首。結果，就是他們老覺得自己是異類，以自己為恥，不能肯定自己到底是誰，在這個世界上老覺得困窘不安，無法自在。

我十二歲時，一個修腳踏車的師傅告訴我，我那顫抖的腳踏車前輪「不夠實在」，在這之前我從來沒有聽過這種形容，但我馬上意識到他描述的不只是車輪，還有我這個人。不夠實在。這就是四型人的感受。

四型人相信只有他們有這種悲劇性的缺陷，所以拿自己和他人比較時（這幾乎是四型總在做的事），他們會覺得自卑。就像理查‧羅爾描述的，四型人經常受制於隱藏在內心自慚形穢的感覺，[1] 旁邊那些看來正在享受生活，喜樂又完整的人，總是不斷地刺激他們想到自己還少了些什麼。

在電影《咆哮山莊》中，有一幕生動地描述了四型

人感覺自己被遺棄了，失落而孤立的內心圖象。當富有的鄰居林頓舉行宴會時，凱薩琳和希斯克里夫把鼻子貼在林頓家的玻璃窗上，看著那些身著華服的受邀賓客，徹夜跳舞歡笑。他們臉上的痛苦表情清楚訴說了他們多麼渴望自己也能參加這場近在眼前，但就是無法身在其中的歡樂派對。他們只是局外人。

就像希斯克里夫和凱薩琳，四型人嚮往能夠加入華美的生命宴席，但就因為缺少了很基本的**某些東西**，他們就是無法得到邀請函。因為某些自己也搞不清楚的自身缺陷，他們覺得自己就像被放逐到如繪本《壞掉玩具之島》（*The Island of Misfit Toys*，暫譯）荒島上的瑕疵品。

羨慕是四型人的致命罪性，這並不令人意外。他們羨慕別人在生命中經歷到的常態、快樂和安適感。他們能夠立馬嗅聞到誰的生活較為有趣、誰的家庭較為和樂、誰的兒時故事更為精采、誰有較好的工作、超凡的品味、豐富的教育資源、品味獨具的衣著，或是天賜洋溢的藝術才華。這樣的羨慕，加上他們對自己無所不在、「無可彌補」的缺憾感受，[2] 讓四型人走上永不休止的追求旅程，渴望找著那能讓他們在這世上，不再覺得飄泊、無以為家的關鍵。悲哀的是，為了要修補這種失落感，四型人看不見生命的現況，更不用說是注意他們已擁有的許多奇妙特質了。

雖然許多人可能分不清楚，但羨慕和嫉妒是不一樣的。羨慕是想要別人擁有的特質，嫉妒則是擔心原本擁有的東西，有被奪走的風險。羨慕是四型人的主要問題沒

錯,但被遺棄的害怕也會讓四型人感受到嫉妒,而嫉妒往往會轉變成他們對所愛之人的占有欲。

四型人的浪漫者特質

你可能已經猜到了,四型人傾向憂鬱。就像舊約中的人物約伯,他們很容易沉浸在哀歌中。想想,如果總是以現在已經算落伍的 U2 樂團的〈我仍未找到我在追尋的〉(I Still Haven't Found What I'm Looking For)或是另類搖滾樂團電台司令的暢銷單曲〈怪胎〉(Creep)作為生活的主要背景音樂,怎麼可能快樂得起來?

但是,無論如何,不要把他們的憂鬱錯認為沮喪。四型人的氣質和渴望,總是苦甜摻雜。當我還是二十幾歲的年輕人時,如果讓我在「費用全免的迪士尼豪華遊程」和「去愛爾蘭西部坐在岩石上俯視大海、寫些歌」兩者間做選擇,我一定二話不說就去愛爾蘭。就像《悲慘世界》的作者雨果曾經寫過的:「憂鬱是哀傷的快樂。」

不幸的是,四型人的憂鬱經常被發展成長篇的情節劇。四型人可能會把和朋友的小小衝突變成華格納的歌劇;和男女朋友分手的局面,也有可能變成像電影《奇瓦哥醫師》裡的對手戲。這種戲劇化的性格,經常會讓四型人把自己真心盼望能緊密相連的人愈推愈遠。就像九型人格中的每一種類型一樣,我們用來達到目標的策略,往往造成的是反效果。

你也許會想,既然四型人這麼渴望歸屬感,他們一定

很希望自己能夠和每個人一樣，以便更加融入團體吧？但這是四型人最不樂意的事。四型人渴望自己**與眾不同**或**獨一無二**。他們認為培養能夠與別人區隔的特別形象，才能讓他們重拾、彌補失落的那一部分，是建立真實的自我認同的唯一辦法。他們還暗自盼望，或許藉此能得到別人的愛與接納，讓他們從被放逐的瑕疵玩具荒島上重返家園。

在為羅傑和琳達進行婚前輔導時，我才清楚意識到四型人「必須要特別」的需要。羅傑是經驗豐富的按摩師，沒有什麼困難地就接受自己是一型人。琳達認為自己是四型人，但不是很確定，所以我就描述了一下四型的典型大概；正說到一半時，信號燈就亮了。

「等等，你說還有其他人也像我這樣？」她哀號的反應，會讓人以為我告訴她的，是她只有六個月能活了。

「嗯，差不多是這樣啦，但是──」

「不可能，我一直以為我**與眾不同**！」她說這話的時候，還把臉埋進手臂中，失控地哭了起來。

對大部分的四型人來說，悲愴是他們精熟到可以隨時示範教學的第二外語，他們可以把所有事情都變成悲劇，他們說話的調調就像是**哀嘆**。他們經常扮演羅曼史中的悲劇角色，或為自己的藝術受苦的創作者，他們總是能夠告訴你一個有些悲哀的故事。以我來說吧，我並非總是在談論受苦或悲哀的主題，但當我談論悲傷的事時，我所感受到的情感強度，似乎和別人大不相同。事實上，在描述悲傷的故事時，只要非常坦誠，不必煽情就能感動我。那些

被悲傷的故事激起的黑暗、緊張情緒，能幫助我探索內在
深處，並且發現意義。經過這麼多年，我早已確知不是每
個人都和我一樣透過相同的濾鏡在觀察這個世界。話說一
九九○年代時，我認為提姆·波頓導的院線片《剪刀手愛
德華》（Edward Scissorhands）是非常適合第一次約會看的
電影。不過最後證明，並非人人和我想法相同。

　　四型是九型人格中最複雜的一種。顯現於外、能被看
到的，並非就是全部真相。在事物的表層下，永遠有你想
不到的再多一層的變化。他們的心思很深很沉。「我是誰？
最終我要抵達何處？我的生命敘事要如何與萬物進行的宏
大計畫相合？」四型的心思總是被焦慮、存在、在雨天閱
讀卡繆……之類的問題所占據。

　　你可以想像得到，四型永遠都在和不滿足的感覺角力
著。他們渴望得不到的東西。他們已經擁有的，永遠不會
是他們真正欲求的，他們想要的東西總是不在此地，而是
在無法企及的「他方」。但願他們知道，他們尋找的東西，
其實是在他們的裡面。

　　四型人沒有情感，他們自己**就是**他們的情感。他們
的情感是自我身分認同的基礎。如果沒有了情感，他們還
會是誰呢？四型人從來就不能安於一般的、平淡無奇的情
感；他們渴望**超級強烈**的情感。

　　當我年輕時，沒有任何情感是我不會加油添醋或誇張
渲染的。如果感覺很好，那我就會欣喜若狂，我會播放法
蘭克·辛納屈（Frank Sinatra）有大樂團伴奏的華麗歌曲，

在餐前一刻邀請十個好朋友共進晚餐；如果我感覺到憂鬱和自省，我就會聆聽美國作曲家塞繆爾・巴伯（Samuel Barbers）的〈弦樂慢板〉（Adagio for Strings），或是那時能激發、應和我情感的任何音樂。

　　由於對濃烈情感的愛好和過度認定，四型人經常處於情緒澎湃的狀態。他們從某一種情感切換到另一種情感時，就像猴子從所在樹枝盪到隔壁枝頭那樣的靈巧快速。就像作家湯姆・康登（Tom Condon）指出的，四型人關切的議題和情緒的風貌，大致上和青少年差不多：「他們都懷抱疏離感，都在尋找身分認同，他們最念茲在茲的，就是這個和大家都不一樣的自己到底是誰？他們都嚮往羅曼蒂克的死法，他們堅信沒有人和他們有相同的感受，而且對愛帶來的激昂和痛苦敏銳非常。」[3]

　　就是這樣。來吧，打亮舞台燈光，讓我們看個仔細。

　　四型人的心情就像變化快速的天氣預報。他們在一眨眼間，可以從高峰跌到低谷，回到一般狀態，來個大暴跌後再直上雲霄，最後，回歸平靜。事實上，四型人可能在同一時間被多種情感席捲，以至於等到冷靜下來要整理情感時，他們根本無法組織它們——他們甚至不知道該先挑哪一種情緒來說明或分享。你現在了解問題癥結了嗎？如果四型人的自我認同和他們的感受綁在一起，那就會永遠變來變去。他們對自我的感覺永遠不會穩定下來。除非他們醒過來，以旁觀者的角度，發現自身的情緒變化和在六旗主題樂園玩的雲霄飛車沒什麼不同。

　　四型人有豐富的想像力，他們對生活有很多幻想。他們喜歡不斷地回想過去，沉緬於回憶之中。四型人花很多時間回顧自己的童年往事，設想如果當時這樣、如果當時那樣，或是問「假使當時不是這樣會怎麼樣」。如果他們不再對過去產生種種幻想時，他們就會開始想像未來會住在一個完美的地方，有理想的工作、意氣相投的朋友，並且因為找到靈魂伴侶而生命變得完滿。

> 「我就像地上小草那般的孤獨。
> 我到底失落了什麼？
> 有可能找得回來嗎，
> 無論那是什麼？」
>
> 希薇亞・普拉斯（Sylvia Plath，美國詩人）

　　對四型人來說，生命就像是小說《第二十二條軍規》（Catch-22）那樣的矛盾而荒誕。他們希望能夠歸屬於這個世界，但又覺得自己不夠格。而為了要補足他們所意識到的自我缺乏，他們就想像出一個特別的形象，但為了執行這特別的形象，他們往往會做出讓他們更難融入團體的不當行為。我的朋友唐是個著名的詞曲創作者，也是個典型的四型人。他八歲時，從密蘇里州搬家到堪薩斯州，雖然兩地只相隔四個小時的車程，但用唐的話來說，好像是遷居到地球另一端的平行宇宙。當他試圖和新學校最受歡迎的學生交朋友失敗後，唐改變了他的行動策略。他騎著黃色的拖把，戴著插了玩具飛鏢作為天線的紅色頭盔走路上學；此外，他還拎著貼有彈力繩的新秀麗（Samsonite）黑

色公事包；有時候，他還會穿他爸爸的空軍飛行制服出現在教室，頭上套著做實驗時的護目鏡。

你看出來了嗎？所有這些古怪的、補償性的行為，只是使唐更加遠離他想要達到的目標：被團體接納。玩具飛鏢和空軍飛行衣可能不是你的道具，但四型的穿衣風格特異獨行、使人側目，也是眾所周知。四型的衣著看來好像是胡亂穿搭，但相信我，他們是經過深思熟慮才穿成這樣的。

追求真實對四型人來說，是非常非常重要的。他們從一哩外就能認出浮誇不實的人。高中時讀沙林傑寫的《麥田捕手》（Catcher in the Rye）對我是個震撼的分水嶺，我超認同書中主角霍爾頓對「虛偽做作」的鄙視，有數不清的四型人告訴我他們對此有完全相同的感受。我們不喜歡平庸、膚淺、總是強迫自己樂觀的人。女兒提醒我，她十六歲時，有天吃晚餐時隨口抱怨「我只是想要快樂，不行嗎？」我居然回答她：「你怎麼會有這麼奢侈的品味？」我也喜歡快樂，但鑑於世界的現狀，誰能期待永恆的歡愉？此外，未曾受過苦和一直都很快樂的人，比木頭還無趣。

四型人在生活中會受到不按牌理出牌的、前衛的風格吸引。他們非常在乎美和藝術。他們裝飾家裡的方式，反映了他們的原創性，也表達了他們的情感和對這個世界採取的觀點和傾向。他們選擇不怎麼普遍的嗜好，朋友圈經常包含各種興趣不同的團體。

所有這些非常菁英的趣味取向，可能會讓人對四型人

產生特立獨行的高傲印象。坦白說，有時我們確實自認優於那些（我們認定的）情感膚淺或品味不及格的亂糟糟大眾，我們也認為腦袋塞滿思索生命這樣的重大問題時，應該享有日常人生的豁免權，可以不必插手洗衣、耙樹葉等單調無奇的家務雜事。但有時候，四型人看來置身事外或心不在焉，很有可能只是因為那時候他們覺得特別需要和自己相處，而他們也就那樣做了。

對四型人來說，能夠突破語言限制、表達感情和真理的圖象、隱喻、故事和象徵，是他們最能領略意義的方式。當我在納許維爾擔任聖公會的牧師時，主日早上總是可以看到不少四型人。他們熱愛彰顯儀式感的種種：燃著香、大鐘、雕像、符號、聖餐、顏色絢爛的法衣，以及滿足我們欣賞神祕、崇高事物需求的華麗排場。

更別說殉道者了。四型超愛殉道者。

四型人的孩童時期

四型人常會說他們在成長期間，被雙親、手足和同儕誤會，感覺格格不入。童年的我非常瘦小，又很內向，而我的哥哥們都是些粗手粗腳的傢伙，對遊樂場上經常爆發的打鬧混戰毫不畏懼。他們愛玩美式足球、粗獷豪邁；我彈吉他、讀英國幽默作家伍德豪斯的作品；他們上天主教學校，我屬於霍格華茲魔法學院。在成長過程中，我當然會覺得自己是全家族中的麻瓜。

四型的孩子，外表看來和善親切卻又無法與人接近。

他們覺得自己跟其他小孩很不一樣，所以他們想藉著強調與別人的不同，替自己爭取空間，卻適得其反地毀了他們得到歸屬感的機會——而歸屬感才是他們最想要的東西。

四型人總是會不斷聽到傷人的評語：「你很奇怪耶，我們都搞不懂你在想什麼，你永遠都不會是我們的一分子！」這些四型小孩在大多數時候，都會感覺寂寞、被誤會。他們強烈地希望能夠被接納，但他們用來表達他們是誰，他們如何看待這世界的溝通方式，又怪異到讓人無法理解。對他們來說，許多時候，眼前的光景讓他們無法忍受，未來又充滿令人焦慮的危機，只好把大部分的時間拿來注視過去。他們努力地尋找失落的那一塊是在哪裡不見的、本來事情可以有哪些不同的發展、上帝又為何遺棄他們。假如你看見一個四型人望向一百公里外的遠方，吐納著聽不清楚的嘆息，八成他的腦內正在播放「如果這樣……」、「如果那樣」、「要不是……」的副歌。不管你怎麼看待這些小腦袋、小心肝，但別忘了，他們長大後，可能會變成像歌手巴布·狄倫、女演員梅莉·史翠普、編舞者瑪莎·葛蘭姆（Martha Graham）和瑞典電影導演英格瑪·柏格曼（Ingmar Bergman）；所以，先讓我們按捺住性子，別急著對他們說：「為什麼你就不能和別的孩子一樣？」

四型人的關係模式

人際關係是四型人展開生活劇目的舞台。他們可以是關係持久的夥伴或朋友。他們總是四處尋找，希望找到能

幫助他們克服自我價值感低落、使他們更整全的某個理想人物。這些要求可真不容易！

四型人個性激烈，他們渴望挖掘內心深處，處理你和他們中間發生過的任何事。如果他們處於情緒的頂峰，他們會希望你在那兒和他們在一起；如果他們情緒低盪，幾近病態地、無法擺脫沉緬於自我之中時，他們可能會邀你去他們那喝杯酒，聊聊他們的悲傷，希望你幫忙他們調整心情。

四型人能把細碎的小事翻轉成他們展現莎士比亞式天分的機會。當他們對情緒高峰經驗的需求得不到滿足時，他們可能會在朋友或伴侶之間鬧出一場好戲；沉默數週後，再把他們寫的詩或歌曲錄成音檔，寄來當作是彆腳的道歉。他們對戲劇行為的熱愛，足以受封為「戲劇之后」或「危機之王」。對許多人來說，四型人高亢的情緒有點太激昂，他們的低潮又有點太低落，令人心累。

四型人非常在意小時候經歷過或覺察到的被棄經驗，是否會重新上演，這會造成他們人際關係中的大挑戰。這種焦慮會造成海倫‧帕爾默稱為「推拉舞」（push-pull dance）現象。[4]回頭看我和安過去的相處，特別是在我們婚姻的早期，我會無意識地開始想：「也許我對這個女人的愛太多了。萬一有天我失去她怎麼辦？或者更糟，假如她離開我？我會承受不住的！」

如果沒有特別留心，被遺棄的恐懼就會讓我把安推開，我會藉著挑剔她的錯誤、隱晦地表達對她的批評、重

複思索我們的婚姻少了什麼，或是壓抑我對她的感情，來保持我們情感上的距離。過了幾個小時或幾週之後，我會醒過來並且覺得很驚慌，對自己說：「喔，不，我太過分了！我是多麼地仰慕這個女人！我最不願意的，就是她離開我！」這時我就會趕緊回頭，拉近與安的距離，對她說「我好愛你，我一直都在這裡等你，你也會一直在這裡等我嗎？」之類的話。

推拉舞可能出現的另一種狀況，就是四型人會對他們自己說：「假如我能找到那對的另一半、對的治療師、適合的教會或朋友，我就能變得完整了。」一旦四型發現某人或某事很完美，他們就會不斷地拉近與其的距離，直到發現這完美的某人或某事無法填補他們靈魂的空洞，四型人就會再把這些完美的人或事推開。他們也許會不再回你電話，也有可能突然出現卻不做任何解釋。但當距離拉開時，他們又會開始渴望能夠再度接近。

> 「我像個在學校的孩子不斷地追問，最終，到底這一切有什麼意義？為什麼這個問題令我想哭？也許是因為我們都是局外人，我們都照著自己的風格行經日常的荒野，而所謂的日常，其實是神話。」
> 安‧萊絲（Anne Rice，美國作家）

四型人最需要的，莫過於能夠「抽離卻不退縮」的朋友或伴侶。[5]面對四型人，你必須聆聽，但不需要同意。如果你愛四型人，

就不能任憑自己陷入他的情緒漩渦中；在四型人完成他們
自己想做的事前，你都要保持距離 —— 但不論你決定如
何，都不要離開他們，除非他們已經發瘋了。如果你離開
他們，那就是向他們證實了他們最大的恐懼，證實他們確
實是無可救藥的缺陷者。在關係中的四型人，需要能夠認
識他們自己的情感，也讓他們所愛的人了解，憂鬱不同於
沮喪。關愛四型人時，可以幫助他們，鼓勵他們在看見事
物的消極面時，同時也看見事物的積極面。

　　就像九型人格中其他類型人一樣，當四型人成熟、
健康、能夠覺察自我狀況時，他們是很棒的朋友、同事和
伴侶。他們工作努力，慷慨，而且有奇妙的創造力。他們
會喚醒你，引導你進入過去不敢體會的情感，因而看見這
世界美麗和超越的本質。作為藝術家，他們可以清楚地
描述你一直模糊未明的感受；默想梵谷畫作《隆河上的
星夜》（*Starry Night over the Rhone*），或者聽蘇楊・史蒂
文斯（Sufjan Steven）的專輯《凱利和羅威》（*Carrie and
Lowell*）；或是聽王子（Prince）的《紫雨》（*Purple Rain*）
專輯，你會欣賞四型的天賦異稟：他們能夠領人進入或穿
越原本不敢隻身行進的情緒浪潮。

　　當你在痛苦時，你會希望有人陪，但那人不會試著
調整你，或努力要讓你覺得好受一點？在這樣的處境中，
找四型人就對了。他們比任何一種類型的人都更具有同理
心。四型人天生知道，如何以尊重和承擔的心情，見證別
人的痛苦。他們知道自己唯一能做的，就是陪在你身邊，

直到你經歷的痛苦過程完整告終。所以，當你的愛犬需要安樂死，光是想到要送狗狗去獸醫院就令你膽寒心顫時，不要找二型人陪你，他們會帶著一鍋燉菜和一隻新的小狗過來。四型人會開車載你去獸醫院，在最後那一刻站在你身旁，並且幫你一起抱著狗狗。他們唯一的任務，就是出現在那裡。世界上沒有什麼事是四型人無法哀悼的。也就是說，四型人是不可置信的有趣人種。他們對世界詭異的承擔方式和反諷的觀感，能夠製造出乎意料的喜劇時刻。

四型人的工作風格

你大概能夠想像，許多四型人會受到藝術類型的工作吸引。我們這時代最喜愛的演員、詩人、小說家、音樂家、舞者和畫家及影視製作人中，有很高的比例是九型人格中的四型人。但四型人並非僅選擇藝術相關的行業，從餐廳主廚、瑜珈老師、主領敬拜的牧師到網頁設計者……各行各業，他們都能做，由於四型人特別能在痛苦的旅程中，成為寬慰人心的旅伴，所以他們會是很棒的治療師、教牧諮商人員或靈性導師。只要工作能夠提供機會，讓他們得以展現創意、感受的深度和與眾不同的風格，他們就能發展出活潑生氣。

如果你希望四型人完成一般或例行的任務，那還是算了吧！第一，他們會覺得這個任務和他們的感受力距離遙遠，如果你要求四型人承辦的任務有太多的細節，比如寫報告或填寫繁瑣的電子表格，他們就會延宕很久。如果你

碰到在餐廳帶位的侍者或計程車司機是四型人，很有可能眼前的工作只是用來支持他們藝術生涯或創作熱情的兼差。

如果要讓四型人感到自我實現，必須以更高遠的工作目標來強調他們的專長領域，激發他們豐饒的想像力和內在生活，並且提供能與他人情緒相連的機會。他們不喜歡公式化、規律、一堆規則和預期。

四型並不總是適合團隊工作，他們的天分可能在分工合作中被埋沒了。他們希望提供新觀念的自己，能被團隊注意到並且被欣賞。只要你能夠清楚聽見並理解他們的建議，就算不採納，他們也不會太介意。當然，他們經常是興之所至，無法持久，但如果你給他們的任務夠特別，又能放手讓他們去做，通常能得到超乎預期的好結果。

就像海倫‧帕爾默說的，評估四型人的工作時，要避免說出「為何你不能像安德魯那麼好」之類的話。[6]如果你這麼說，他們會把那天其餘的時間都用來羨慕安德魯，而不是把注意力集中在你要他們完成的文書工作上。

四型的領導者做決定時，經常是根據感情和直覺，這會嚇壞那些審慎判讀資料數據的人；而且他們的個人領導風格強烈，下屬不見得總是吃得消。他們召集具競爭性格的人共事，並將競爭態勢轉變為合作風氣的能力，是無價之寶。他們尤其善於鼓舞別人發揮自身的特別長才。

不幸的是，四型人推拉舞式的行為模式，不只發生在人際關係中，也會在職場出現。他們可能前一天才以本月最佳員工的姿態招呼你，隔天，就把你當成新來的菜鳥蔑

視你——別擔心，他們會回復原狀的，這不過是推拉舞的一部分。

　　總之，如果你的主管是四型人，你一定要真實以待。四型人是不會把不真誠或言行浮誇的人放在眼裡的。

側翼人格

偏三型的四型人（四偏三）

　　四型人是三型表現型人格和五型觀察型人格中的夾心餅乾。側翼偏三的四型人，會加倍地想要成為最特別**而且**最好的人。他們的能量來自競爭，而且比典型的四型人更在意形象，所以會抑制他們的情緒張力，他們也更固著於被團體接受。三型的能量會對四型人產生兩種影響：第一，他們會更外向，也可以被解釋為更戲劇化；第二，他們實現夢想或點子的產能會更豐沛。這兩個傾向，都透露四型人希望被人注意的渴望，他們的情緒變化會比側翼偏五型的人更為頻繁。

偏五型的四型人（四偏五）

　　側翼偏五型的人會比較內向而且不傳統。他們非常在意獨特性，比起側翼偏三的四型人，他們較不需要觀眾。他們與眾不同，經常很古怪。他們花較多的時間獨處，如果能夠不談論自己的情緒，或是能夠抑制自己的情緒而不隨之起舞，他們的情緒就能較快回復平靜。

壓力表現與安全表現

壓力表現

　　在壓力狀態下，四型人採取的行動，表面上看起來會像不健康的二型人。他們會非常壓抑自己的需要，而且變得超級依賴人。他們渴求被注意，需要雙親和朋友大量的保證和肯定，而且嫉妒的情緒會變得非常明顯。

安全表現

　　感覺安全時，四型人會表現出一型人健康的特質。他們會停止談論他們想像的那些點子，轉而有足夠紀律去踏實地實踐那些點子。他們會比較能注意到眼前發生了什麼事，更為專注且比較冷靜。當四型人和一型的積極面接軌時，他們在人際關係上會比較成功，他們會了解，情感並不需要一直被討論或者被化為行動。對四型來說，這是要非常成熟後，才能達到的境界。

靈性轉化之道

　　在生活中，四型人總會覺得格格不入或是感到疏離，這就難怪他們會認為只有變得獨一且特別，才能重新得回他們渴望的愛。他們的自我認同一直處在不穩定的狀態中，就像是為了尋找看來順眼的服飾，而在穿衣鏡前一套又一套地不斷換裝。事實上，每一型人為了達到目的而採取的策略，都有可能看來詭異且造成反效果，所以，四型

人不必為此特別覺得氣憤難平。

四型人最應該要聽清楚的信息是：比起別人，你沒有少掉任何東西。也許你很難相信，但上帝確實沒有寄送一批組裝時少了重要零件的人類瑕疵品來到這世界。四型人踩上生命大門前的踏腳墊時，標準配備一樣不少。神的國就在他們裡面，所需用的一切都預備好了。

作為情感中心三人組的其中一員，四型人要邁向健康有活力的靈性歷程，也包括情感方面的功課：約束情緒，使它們更穩定。剛開始要這麼做，或許很困難，但四型人必須學習如何觀察自己的感覺，以及從其中抽離，而不是放大它們、陷溺其中或是順著它們衝動行事。要做到這一點，四型人需要培養被嚴重忽視的基督教傳統美德：**沉靜**（equanimity）。沉靜指的是，不管周圍發生何事，都能保持情緒沉著和穩定的能力。要記得，感覺就像海洋表面的波浪，不要隨著它們上下起伏，而要貼著海底岩床繼續前進。在過往生命中，我不只一次告訴自己：**我的感覺並不等於我**。

四型人不該為自己安於普通、中等的情感而煩惱。平穩的情感不會讓四型人變得比較不特別，一旦四型人能把自己的情緒狀態收拾就緒，高潮低潮取得平衡後，就會發現，形塑和維繫與他人的關係，不再那麼困難，而會變得輕鬆許多。藉著禱告、沉思和自我認識，四型人對於與眾不同的需求可以被舒緩。四型人最需要聽見的療癒之聲是：「我們有注意到你。你非常美麗；不要害怕，不需羞

愧。」

　　你看過母親望著新生兒時，那種溫柔的凝視嗎？四型人需要記得，神就是以那樣的眼神凝視著他們。上帝關照、聆聽並且理解他們，唯有在神那裡，他們才能找到自己。除此之外，再沒有能使你心滿意足的別種可能了。

10個改變的起點

❶ 當心不要陷溺在自我之中。要聆聽別人分享他們受苦的故事，了解不是只有你在受苦。

❷ 當你和朋友或家人相處，感覺日常瑣碎而不耐煩時，特別當心不要激發人際間的緊張或你心裡的小劇場。這整個世界**並非**舞台，你也不是莎士比亞。

❸ 盡你的最大努力去發現目前所擁有的，以及你所愛的人是多麼特別，表達你的欣賞之情，而不要總是膠著於你失落了什麼。

❹ 不管在什麼樣的狀況中，都要對自己抱持友愛，提供支持，好讓你一生都有力氣對抗自卑和羞恥感。永遠不要放棄自己！

❺ 不要陷溺在痛苦中，但是要想想引發痛苦的原因，以及如何療癒它。

❻ 密切注意你對別人的羨慕！和別人比較的時候，是無法前進的。

❼ 不要再幻想世界上有所謂的理想關係、職業和社群，也不要因為渴望這些，而讓自己被卡住。要為了可能性而積極努力，堅持完成目標。

❽ 不要只在意卓越或特別，要知道平凡簡單，也可能美麗而有意義。

❾ 當過往吸引你的注意力時，把它當成語音留言就好，它們不會有什麼新意的。

❿ 不要渲染你的情緒，而要把它們打掃乾淨。就像作家傑
克・康菲爾德（Jack Kornfield）說的：「沒有激情能持續
到最後。」

五型：觀察型人格

我思故我在，所以，我存在。我猜想啦。

喬治‧卡林（George Carlin）

作為五型人是什麼感覺？

1. 我可以照顧我自己，我認為其他人也可以。
2. 我並不總是大聲說話，但我腦中總是有諷刺且憤世嫉俗的旁白。
3. 我經常覺得自己拙於社交。
4. 如果別人想知道關於我的具體事情，我覺得還行。但是我不喜歡別人問太多。
5. 我需要時間獨處。
6. 如果我想讓別人知道我的感覺，我會主動告訴他們。但我通常希望他們不會問起這些。
7. 我認為想法比感覺更可靠。
8. 我需要一些時日才能處理我的經驗，或是理出我對某些事物的感受。
9. 人們都很浪費，我會守住我所有的。
10. 大多時候，我寧可觀察而不是參與。
11. 我相信我自己。這意味著我會先好好思考一段時間，再做出我自己的決定。
12. 我不能理解人們為何聚在一起「只是為了消磨時間」。
13. 我是個聆聽者。
14. 我必須很謹慎地分配我的時間和精力。
15. 和人相處的時間太長，我會感到疲憊。
16. 小時候，我常感到不被注意。現在成人了，我有時也會刻意隱形。
17. 有時我覺得自己應該要更慷慨一些，這對我來說不容易。
18. 在團體中，處於不知情的狀況讓我非常不舒服。
19. 我不喜歡大型社交聚會，我寧願只和少少人在一起。
20. 擁有物質不會令我快樂。

健康的五型人擁有長遠的眼光。能在觀察和參與之間保持恰當的平衡。他們散發使人舒適的迷人魅力，展現真實的中間立場。這些五型人在生活的許多領域中都具備深刻的知識，並願意與他人分享自己的新發現。他們身處的世界非常豐富，他們把自己視為整個環境中的一部分，而非獨立於萬事、萬物外的個體。

一般的五型人認為時間、空間和注意力不夠用，所以會為自己設下許多限制。他們寧願觀察，甚於實際參與外在世界，並且以思考代替感覺。在這方面，五型人傾向依賴自己而非懷抱信心。他們仔細地估量與他人相處所花的時間。任何令他們自覺能力不足或不稱職的事，都會讓他們很糾結。

不健康的五型人拒絕在任何事上依賴任何人。他們全神貫注的焦點是安全感、獨立和隱私，這造成他們的防衛性格。他們會固著地認為上述需求未被滿足，並且經常以判斷、批評和嘲諷的思考方式來表達這種缺乏感。參加家庭聚會或社群相聚時，他們會和別人保持距離。

比爾和我是在讀神學院時認識的，我們很快就變成密友。那時，他為了完成神學學位，擱置了正進行得風風火火的精神科醫師實習。我們都喜歡作家芙蘭納莉·歐康納、威利·尼爾森和柴斯特頓。我們經常花很長的時

間，一起爬山、打壁球或釣魚。非常感恩的是，我們的太太也成了好朋友，當我和比爾去爬山時，她們就可以彼此陪伴。

到目前為止，比爾是我這一生所認識的人中最聰明的一個。在常春藤盟校時，他主修古典文學，後來先從醫學院畢業，又花了兩年在瑞士攻讀榮格心理學。他涉獵的知識範圍似乎比一般博學之士來得更廣：藝術、哲學、上古史、建築——而且，他還能讀荷馬史詩《奧德賽》的希臘原文！

有一次，我們在一家墨西哥餐廳點餐時，比爾用西班牙語和侍者聊起天來，聊的內容可不是「洗手間在哪裡」之類的，而是「聽說馬奎斯的新小說挺不錯，您讀過了嗎？」那種檔次的西班牙語。不管你談起的主題是多麼晦澀，比爾總是會略知一二。他應該要把腦中飄忽而過的種種資訊備份在傳說中的猶他州沙漠加密伺服器。

最後一個學期，我們有次聊天時，比爾提到他要去看他的妹妹，他的妹妹患了一種無法治癒的終生疾病。我很震驚。我從來不知道比爾有個妹妹，更不知道她生了這麼嚴重的病。我開始回想我們的友誼，漸漸發現，其實我對比爾的事情知道得不多。我們花很多時間一起爬山，在咆哮叉河畔釣魚，當我對他訴說了我過去所有的掙扎、喜樂和失望時，他告訴我的，只是他少少的一小部分。作為一個對別人的生活充滿了興趣的優質傾聽者，無論我問的是他生活的哪一方面，他總是能夠讓談話的焦點回到我身上。

那時，我還不大了解九型人格，也不知道對個人資訊有所保留是五型人很典型的特色。

✡ **五型的典型人物**
史蒂芬・霍金（Stephen Hawking，天文物理學家）
潘霍華（Dietrich Bonhoeffer，神學家）
比爾・蓋茲（Bill Gates，企業家）

五型人的致命罪性

像比爾這樣的五型人，他們所經驗到的世界，是強行干預、全面入侵，使人疲累不堪的。它的索求永遠超過供應。由於性格內向又善於分析，五型人不相信他們的內在有足夠的能量或資源，能夠達成生活對他們的要求。與人牽連的時間一被拉長、或是擔負他人太多期待，都會讓他們筋疲力竭。每次握手、講電話、公事應酬、社群聚集、不期然的偶遇，似乎都會對五型人造成比其他類型人更多的消耗。由於擔心自己順利運作的內在能量會不夠，他們會從世界抽離出來，撤退回自己的思考中，對他們而言，那樣才能像在家一樣的安適自在。他們會監控和別人相處的時間總量，拚命躲回自己的思考世界，那才是可以隨時補充能量的安全領域。

貪婪（avarice），並不是我們經常會聽到的詞彙，但這卻是五型人要命的罪性。通常我們會把貪婪解釋成對錢或物質貪多的欲望，但是從九型人格說法來看，它比較意味

著「保留」，那是一種想要保護自己已經緊緊握在手中，少少的東西，而不是想要得到更多的欲望。由於擔心會不夠，五型人會減少他們的需求，積攢他們認為最重要的東西，以確保現在和將來都能維持自給自足的生存狀態。對五型人來說，這麼做不只是要壟斷許多資源，還包括他們的時間、精力、實際空間、個資、獨立和隱私。五型人非常在意自主性和自給自足，所以他們會把上述東西積存起來，避免落到必須依賴別人、靠他人照顧的光景。光想到失去獨立性、無法靠自我調整修復，就足以讓他們嚇破膽。更不用說，五型人是多麼不情願和別人分享他們珍視的必需品了。

貪婪本身也解釋了五型人對知識、資訊、想法、觀念模型、專業知識、趣味事實和萬物運作規則的超量渴求。大多數人希望透過與人的關係，能夠得到愛、慰藉與支持——五型人期待知識就能提供這些。

五型、六型和七型的人共同組成了「頭中心」類組，也被稱為恐懼類組。如何在這不可預知的世界找到安全的避難所，掌握控制權？每一類型的人都有不同的策略。五型人的最大動力，就是渴望理解更多。對他們來說，蒐集知識和控制資訊，不只是好玩的娛樂，更是生存的關鍵。五型人相信藉著終生蒐集新資訊，特別是困難、具挑戰性的特殊領域相關知識，可以豁免於情感或靈性的傷害。物理學家愛因斯坦、腦神經學家奧利佛・薩克斯（Oliver Sacks）、電影導演大衛・林區（David Lynch），都是五型

人，他們都是離開人聲鼎沸的熙攘大道，在冷僻領域中嘗試創新想法的先驅者。若是想與周遭隔絕同時能維護自尊（有時還能感覺優於他人），還有比成為一個特殊領域中的專精學者更好的辦法嗎？

　　五型人也是極簡主義者。他們不需要或想要太多東西。他們認為，人所擁有的東西愈多，就得耗費愈多的能量，來思考、維修或補貨。不幸的是，五型人希望生活能保持簡單、經濟的念頭，也表現在他們的外貌和衣著上，五型人從來就不是時尚秀的贏家。

　　最終，五型人會被貪婪全面捕獲。從情感上來說，他們囤積了太多。他們對隱私的渴求，以及對自我揭露的懼怕，最後會導致孤立。由於相信「擁有知識就握有權力」的古老格言，他們會蒐集太多自己用不著的知識；更糟的是，他們把愛和感情省下來，吝嗇地對待那些願意支持他們、照顧他們的人。

五型人的觀察者特質

　　要了解五型人還真有點困難，但這一群人確實有些共同的明顯特徵。

五型人偏好觀察

　　五型人可能看起來很孤僻，他們當中有些人也確實是如此。他們通常會與人保持情感距離，沒什麼反應或心不在焉，冷漠超然，有時還帶著知性的傲慢；部分原因，

是因為對五型來說，**寧可保持距離、進行觀察，而非實際投入、參與其中**。站在旁邊進行觀察，同時汲取大量知識，這是五型人格的第一道防線；如果他們能夠看出並理解場中事務是如何進行的，他們或許會投身其中，或是預備好，擔起場中人對他們的期待。並非所有五型人都很聰明，但他們都是觀察者。也許在派對舉行時，你會瞥見五型人在外圍觀察人群，或是像人類學家進行田野調查工作那般環視社會事件，並調查、分析人群中事物進行的情況。無論如何，這種觀察並非意味著五型人處於被動地位，事實正好相反，五型人是**主動地**觀察，他們不斷地蒐集資料並建檔，以備將來不時之需。

除了觀察的傾向，某些五型人也非常擅於社交，他們可能特別喜歡與知識愛好者、知性探求者，或是與專業領域、小眾嗜好的團體分享共同熱忱──例如罕見書籍版本、德國歌劇，甚至是整套《星艦迷航記》的道具。

站在外圍觀察的好處之一，就是五型人能夠保持客觀，就算自家狗狗和別家愛犬混戰時也一樣。說到中立這件事，五型人就像瑞士。如果我正面對生活中的重大抉擇，而我的情感使我無法做出判斷時，我就會去找我的朋友克里斯。作為五型人，他能夠梳理事實、從各個角度研究目前的處境，再對我提出充分理性、袪除偏見的提案，並且說明我為何應該採納這個提案，就算這個方案不是我最想聽的，或有可能對他的生活產生負面影響也一樣。由於五型非常中立，他們鮮少會衝動回應，而是理智做出反

應；管理得當時，這是奇特的天賦。（就像九型一樣，五型也能觀察到事物的正反兩面，但因他們不害怕衝突，所以會直接和你把話說明白。）

五型人喜歡蒐集知識

任何種類的知識和資訊（包括最冷僻的領域）都能讓五型感到控制的力量，以及防禦、對抗資源不足的感覺。不想顯得愚

> 「理解，是一種狂喜。」
> 卡爾·薩根（Carl Sagan，
> 天文學家）

笨、缺乏見識，或是不知道正確答案而受辱，是五型人蒐集資訊或知識的另一個理由。他們不想感受到自己不能幹或是不稱職，尤其是他們自認不能幹或是不稱職之時。不消說，網路的出現對五型人來說是最好、也是最糟的事。一旦他們墮落到深不見底的蟲洞，這些資訊上癮者就進入蒐集資訊的失神狀態，更不用說當他們一直在追獵的新鮮有趣的資訊入袋時。有個下午，我打電話給比爾時，就眼睜睜看到這幕動作片正在上演。

「我的印表機壞掉了，所以我就上網去找如何修理它的資料。」

「比爾，這件事你搞多久了？」問他時，我嘆了口氣。

「大概從早上八點開始。」他說。

我看一下手錶：「現在是下午五點！你有沒有想過要把它送回你買的那家店，請他們幫你修？」

電話那頭是長長的沉默。

「那種噴墨印表機非常老舊，已經停產好多年了。」他囁嚅地說。

「你這個時薪兩百美元的精神科大夫，浪費了一整天的時間，只是為了要研究如何修理你連在自家跳蚤市場都不好意思擺出來賣的老舊印表機？」又是一陣沉默。

「是啦，但是我現在可是知道了從古騰堡印刷機到現代之間的印刷史發展概況！」他以勝利的姿態宣布。

就像這個好笑的故事一樣，五型人可能真的會落得像是高速資訊公路旁的路死野生動物。對五型人來說，電腦和網際網路提供了另一個逃避和真人互動的方式，而後者是他們最最不情願做的事。

> 「我不可能腦袋不動地活
> 著：如果不動腦，何必
> 活下去？」
> 夏洛克・福爾摩斯（推理小說
> 主人翁）

區隔化和隱私

區隔是五型人防範生活受到感情淹沒的重要機制。由於他們認為內在資源是有限的，又希望能進行掌控，五型人會把他們的工作、婚姻、嗜好、友誼和其他承諾獻身的事項，分別置入不同的收納櫃中。這樣能讓他們精確地決定，每樣事務該分配多少能量去維持，再以正確的比例，一次處理一部分。但他們很快會發現，生活不會照著他們

所希望的，能夠區隔成不同的部分各自進行。同樣的，五型人的友情，也會被分割成好幾個不同的區塊，不同區塊的人不會知道、也不會遇到另一個區塊的人。幾年前，我參加朋友山姆的葬禮，出乎我意料的是，教堂擠滿了人；由於找不到座位，我只好站在後面，暗自懷疑自己是不是找錯了地方。在場的人，我只認識三四位，但我和山姆已經認識了十年，我們不僅參加同一個男士查經班，我們還經常一起出去玩。

在喪禮過後的茶點時間，我才知道有些弔唁者是山姆積極參加了好多年的天文社團團員，有些人是他參加賽艇競速的隊友，有五個人是週六早上和他一起去騎腳踏車的固定同伴，還有一群專程從下加州飛過來參加喪禮的賞鳥客。

天文學？藍腳鰹鳥？這人到底是何方神聖？

為了維持隱私，五型人只會告訴每一個小團體的朋友或同事部分的生命故事，但他們不會告訴任何一群人他們全部的故事。他們不會告訴你他們所涉足的每一個活動，或是介紹你認識他們在不同場合認識的朋友。就像有一次，有個年輕的五型人開玩笑似地告訴史塔比：「想像有一天我從昏迷中醒來，赫然發現在我生命各個不同時期認識的朋友都站在旁邊，環繞著我——這真是嚇死人了，誰知道在我自己也搞不清楚的昏迷時間裡，他們會對彼此說什麼話？」

五型人不受情感控制

在所有類型之中，五型人是情感最抽離的一種。這不代表五型人沒有情緒，而是他們希望可以完全控制那可能威脅他們或吞沒他們的不可預料的感覺。對五型人來說，抽離意味著他們可以有情緒，然後就放手讓它過去。當然可能會再有情緒，那就再任憑它過去。五型人幻想自己是理性的思考者，而其他人全是不理性的，尤其是心中心的二型、三型和四型，五型人實在不能理解，為何他們要浪費那麼多的能量關注內心的起起伏伏。

我是個四型人。一提到情感，我就像黏蠅紙，當情感湧現時，我會任憑它在我身上逗留，多久都沒關係。在神學院時，如果有什麼事惹得我暴躁，我就會去找比爾，他總是耐心聽我抱怨。如果我的情緒變得無法控制，他就會換掉對我的關切表情，改以雪梟的冷酷，注視著我，他的眨眼好像在問：「你要鬧到什麼時候？」

五型人需要時間才能處理情緒。當九型人格聚集在一起時，常會因為聽到自己類型的相關描述，覺得終於被理解而情緒激動（或是覺得被識破而困窘羞赧）。但五型人完全不會。他們沒有任何感覺地接收一切資訊，直到他們有自己的時間，才會私下處理自己的情緒。對他們來說，生活就像知識的自助沙拉吧。他們排隊前進，選取他們所要的，打包，帶回家，吃掉，隔一個星期再消化掉它們。他們需要一段較長的獨處時間，才能處理想法和感受。

這種慢半拍的反應，可能會讓其他型人覺得很疑

惑。多年前，我和比爾
一起去看電影《費城》
（*Philadelphia*）時，我的
反應就是標準的四型。當
銀光幕上出現電影結束的
字樣時，我像個嬰兒般地
啜泣著，比爾又露出他那

> 「我想要成為可以即時享
> 受的那種人，而非需要
> 先打包再帶回頭腦中享
> 受。」
>
> 大衛・福斯特・華萊士（David
> Foster Wallace，美國作家）

特有的、雪梟似的眼神看著我，那時我覺得他有點鐵石心
腸，但現在我知道了，比爾得要回到家之後，才能用他的
思考方式去思考他的感受。

五型人的孩童時期

許多人描述自己的童年時，會說他們和小時候的照顧
者缺乏可依附的情感或深刻有意義的互動；但我認識的許
多五型人都說，在長大的過程中，他們的爸爸或媽媽性好
干預，或是無微不至地照顧他們。這些敏感和安靜的五型
孩子只好遁入思考的世界中，躲避他們霸道的父母，並且
在別人看不見的地方處理他們的情感。

五型的孩子，通常都是好奇、想像力強，並且喜歡獨
處的。他們許多人都是有蒐集癖好的電腦高手或貪婪的讀
者。我的五型朋友丹和他六個手足，一起在德州鄉村的小
房子裡吵吵鬧鬧地長大。為了逃避那種混亂，他把爸爸的
半個工具棚當成自己的避風港。

「我待在那個工具棚裡，大概花了一百萬個小時讀《魔

戒》，或是把東西拆了，看看它們到底是怎麼運作的。我的
朋友和我也是在那裡開始進攻電腦編碼的世界，我的哥哥
姊姊講話大聲又活潑外向，喜歡別人注意他們，但我希望
別人不要注意到我；如果哪天吃晚餐時，我媽媽忽然從盤
子上把頭抬起來，問我說『等等，你哪位』，我也不會怪
她。」

五型孩子通常是安靜、自給自足的。當他們不能自己
照顧自己時，就會不舒服，他們學會倚靠自己而不是依賴
他人。他們會靠自己為大多數問題找到答案，他們知道的
比他們說出來的還要多。

這些孩子對學校的感覺很複雜。他們很聰明而且喜歡
學習，所以通常成績還不錯。但是，學校中也有許多不成
文的社交要求，那些都是並非輕易就能達成的挑戰。五型
的孩子會覺得，人們不是想要花更多時間在一起，就是嫌
相處的時間還不夠。他們很享受獨處，有一兩個朋友就足
夠，但他們不善於表達感受，別的孩子也很難了解他們對
個人空間的需求。

這些多慮的孩子都有很嚴重的懼怕感，所以他們經常
表現得比原本的性情更為嚴肅。他們一定曾被要求過要再
輕快、好玩一些，但他們很可能會覺得那樣好像有點輕浮
或笨拙。五型孩童的內心深處是很柔軟且充滿情感的，他
們也很想對人更多表現出他們的愛和情感，但是隨之而來
的脆弱感覺會讓他們手足無措。

當我們還是孩子時，都曾接收過一些被傷害的訊息。

五型孩童更是能夠聰明伶俐地將那些傷人的訊息翻譯成清晰的文字，它們可能脫不了能力或是關係之類的主題，像是：「你沒有能力完成生活和人際關係的難題，想要生存，你就得躲起來，和情緒保持距離。」

五型人的關係模式

　　說到關係，五型人也許是所有類型中最常被誤會的一種。別忘了社交對他們來說，是多麼費力的事。我和安的朋友喬麗亞是個五型人，她是學障孩童的私人教練。她個性沉靜又友善，但如果互動的能量用光了，她就得回家充電。喬麗亞的先生是活潑的七型人，她們夫婦參加比較盛大的聚會時，通常開兩輛車去，因為她總是比先生更早想要離開會場回家去。在我們每週的小團體晚餐聚會中，喬麗亞總是在別人還在聊天時，就把碗盤收拾好，去廚房清洗。這就是喬麗亞的行事風格，我們也已經學會不要勉強她留下來繼續談話。喬麗亞不是個冷酷的人，但要和她維持關係，確實是個挑戰。就像典型的五型人，她的談話風格比較像是簡報或學術講座。如果你問她有什麼感覺，她總是會告訴你她的想法。他們的邊界圍籬高且厚，和喬麗亞說話，就像隔著高速公路三線道，而你必須穿越所有車流，才能真正接觸到她。

　　五型人的另一個挑戰是，他們並不想被扯進你的感情戲中。他們不是沒有心肝的混蛋；相反的，當你向他們傾訴你的感覺時，他們也會傾聽、支持你的感受，但他們不

想被迫為這些情緒負責。他們會為自己的情緒負責,所以他們期望你也能為你自己的情緒負責。

保有獨立對五型人很重要。如果你要和他們維持關係,你就必須了解,獨立並不是他們的偏好,而是他們的必須。因為五型人需要獨立空間和獨處,可能你週六早上起床時,會忽然發現五型配偶已經獨自帶著狗兒去散步了,而且他們不會留紙條告訴你他們去哪,或什麼時候回來。等幾個小時過去,他們再度出現時,如果你不問,很有可能他們也不會告訴你。

和五型人維持關係,必須要知道並且尊重五型人對隱私的需求和獨處的時間。通常五型人會在家裡保留一個可以退隱、充電的空間。我有個五型朋友是音響迷,他家地下室特地留出一個空間,讓他可以閱讀、抽雪茄,以及聽他蒐集的薩克斯風演奏家約翰・柯川的作品。他太太把那個地方稱為他的「修道院」。由於他們的預算抓得很緊,藏在角落的一張皮沙發或放在地下室的簡單工作檯都可能是五型的避難所。他們的專屬區域通常會雜亂堆放著書、紙張,和好幾年的《國家地理雜誌》,以及旅遊途中蒐集到的各種奇特紀念品。但那是**他們的**地方,**他們的**雜亂,如果你侵門踏戶,又說不出好理由,五型人是不會給你好臉色看的。

五型人對隱私的高度看重,延伸成為他們守口如瓶的謹慎習性。雖然五型人也很希望和人相處融洽或被接納,但他們鮮少會採取主動,所以有次當我接到五型朋友亞當

臨時找我吃晚餐的電話時，我很驚喜。

「如果是別的時候一定沒問題，但今天剛好是我太太安的生日，我和孩子約好，要給她一個驚喜，我們要一起去南十二街上她喜歡的那家義大利餐廳。」我解釋給亞當聽。

「沒問題，改天再約。」說完，他就掛了電話。

後來，我仔細想了一下，如果我和亞當的角色對調，事情會不一樣嗎？如果是我打電話要求亞當來和我吃晚餐，但他有別的約，他會對我說什麼？

他會說：「我不行。」然後就句點。他不會告訴我，為何他不能和我吃飯、他要去哪裡、正在做什麼，或和誰在一起。這些都屬於隱私。他只會告訴我我需要知道的事實，僅此而已。相對來說，我會和他分享我家的計畫之類的「內幕消息」，我甚至把餐廳的確切地點都告訴他了！五型人也許沒有察覺到，當人們分享生活中微不足道的細節時，其實是為日後能夠討論生活大小事預留機會。亞當可以接著我的話，多問幾句：「孩子們好嗎？安還是很喜歡她的工作嗎？我在你們今晚要去的那家餐廳曾經食物中毒過，別吃他們家的魷魚呀。」這些也許都是日常小事，但這些生活小事的描述就是關係的美樂棵（Miracle-Gro）肥料。五型人對每個人都只透露最基本的資料，會讓他們的爸媽或朋友懷疑「我真的認識這個人嗎？我**可以**了解這個人嗎？」花朵沒有陽光就無法綻放，關係也要在自我揭露的透明度中才能滋長。

曾有五型人的配偶對我和史塔比反映，說配偶忽路了

他們的情感需求。有一次，有位娶了五型妻子的丈夫對我說：「我們結婚三十年了，我和我太太仍然彼此傾慕。但她是這麼的獨立，對心靈需求又能自給自足，我知道她沒有我，會比我沒有她調適得更好；我花了好長一段時間才接受這個事實，她沒有那麼需要我，至少不像我這麼需要她。」

五型人需要也喜歡和人作伴，但別問他們「要不要一起去走走」。五型人需要一起出門的理由，比如參加生日派對、一起去看電影、逛逛古董車車展，或者是去接觸他們還沒有接觸過的新奇事物。但是，如果你的理由只是「去走走」，他們寧可自己去。

讓我們以車輛作比喻，好讓你更理解五型人。想像你有一個油箱，裡面裝著你這一天與人打交道時所需的燃料。五型人的油箱比其他型號的都來得小，所以他們得更頻繁地檢查儀表板上的指針，也更警覺燃料是否耗盡，一旦耗盡就得回家加油。

和五型人維持關係有個很棒的好處，就是他們對情感的需求不高，不會對所愛的人懷抱夢幻的期待，而當周圍的人都崩潰時，他們還是能保持冷靜的狀態。你可以信任五型人會以神聖的態度，像神父恪守「告解的封印」那般地保守你最暗黑的祕密，因他們會設身處地，將心比心地了解保密對你的重要。

五型人不會經常對你說他們愛你，但這不代表他們不愛你。每年大概有六十天，我會參加退修會及其他各種會

議。一年中，比爾大概會上一兩次我的網站，對照我的行事曆，和我商量到哪和我碰頭，或是參加我的哪場演講才好，就算那內容他聽過了也無妨，這是愛呀，各位。

愛，既危險又需要花費心力。如果要培養一段關係，兩個人要分享的不只是彼此的想法，還有雙方的感受，這對五型來說，是個挑戰。這需要他們分享空間，縮減他們對獨處時間的控制權，犧牲隱私，還要處理另一個人如潮水般的情感。為了要讓相處模式行得通，他們得放棄大量的保全措施、獨立性，以及從孩提時代就如同生命般重要的隱私權。五型人需要伴侶和朋友的耐心，幫助他們學習指認和表達他們的感受。對五型的人來說，交換祕密和給出陪伴終生的承諾，都是須冒極大風險，絕非等閒小事。如果，五型人選擇和你攜手

> 「好的婚姻，意味著互相委任對方作為自己隱身之處的守護者，並因此最大程度地信任對方。」
>
> 里爾克（Rainer Maria Rilke，德語詩人）

共同開啟這段旅程，值得天天慶賀，你可能遠比你自己以為的更加特別。

五型人的工作風格

在專業領域中，五型人冷靜、清晰、創新和分析的心智是非常有價值的。從微軟創立者比爾‧蓋茲到法國小說家沙特，從物理學家史蒂芬‧霍金到生物學家珍‧古德，

當我們列舉這世上的偉大創新家和思考者時，總會出現五型人。

當然不是每個五型人都會成為工業鉅子或諾貝爾獎得主，他們當中有很多人選擇成為工程師、科學研究者、圖書管理員、大學教授、電腦程式設計者或心理學家。因為他們在危機中經常還能保持冷靜，所以也是很棒的急診室醫師和緊急救護人員。由於他們是觀察大師，五型人中也有許多精采的藝術家。作家瓊・蒂蒂安（Joan Didion）、畫家歐姬芙（Georgia O'Keefe）、另類搖滾樂團電台司令主唱湯姆・約克（Thom Yorke）和男演員安東尼・霍普金斯（Anthony Hopkins），這些五型人的藝術視野都在這個世界留下了記號。

不管從事什麼工作，或是成功與否，五型人在工作上最需要的，是可預測性。如果五型人能預知每天會有什麼樣的工作，他們就比較能智慧地分配他們內在的能源，確保他們在能源耗盡前，就先回家。

還有，五型人不喜歡開會。如果他們別無選擇，一定要參加會議的話，他們會希望能夠知道開始和結束的確切時間、哪些人列席，以及開會討論的議題。當會議一結束，五型人就準備好要離開；如果主持人問是否還有人有問題，也真的有人舉手發言時，五型人會用雙手蒙住臉，喃喃自語：「給我一把拆信刀，迅速了結這一切吧！」

作為領導者，五型人可能會對某個專案非常專注，以致無法支持其他專案或忘記關注其他成員。由於要維持

隱私，護衛自己的內心資源，五型人會在自己和他人之間設立防禦界線。他們會很高興地把設有玻璃窗的高階辦公室，讓給注重形象的三型同事，搬到地下室之類很難被找到的地方，因為他們真的很討厭工作被打擾。如果他們擔任協調工作，位階又夠高的話，就會有個行政助理及幾個見習生負責解決問題，好讓他們不用和太多人碰面或談話。[1]

五型人寧可你交給他一個專案，說明完成的日期，然後隨他選擇在哪裡、用什麼方式完成工作。嘉獎優秀員工的傳統酬賞，並不是五型人工作的動機，他們不是典型的物質主義者，也並不總是待價而沽，像三型那麼在意升遷或加薪；如果想表達對五型人工作的肯定，就給他們更多的自主權。就算是在團隊裡，他們最渴求的仍是獨立運作。他們通常沒有耐性參與小組討論，既不喜歡過長的討論時間，也受不了聽同事太多自由聯想的腦力激盪。

只要有足夠的時間可以預備，五型在上台簡報或是公開演講時，是非常能掌控局面的。但他們不喜歡在沒有預先告知的情況下被推上台，或是臨時被要求說些什麼或做些什麼；如果能夠讓五型預先了解目標，提供完整的資訊，他們就能表現得非常出色。

側翼人格

五型正好落在多情而激烈的四型及忠誠卻焦慮的六型中間；不管是傾向哪一型，甚至是四、六型兼而有之，都是五型可能的表現。

偏四型的五型人（五偏四）

　　五偏四會比五偏六型的人更富有創造力、感性、同理心和自我耽溺。這群獨立又古怪的人，不知該拿自己的感受怎麼辦，他們寧可獨自面對，也不要在團體中處理自己的感受。智慧型演員勞勃‧狄尼洛、攝影師安妮‧萊柏維茲（Annie Leibovitz）、物理學家愛因斯坦，都是五偏四。他們是還不錯的同伴。

　　五偏四的人比較可能鬱鬱寡歡，四型的感情能量和深度會幫助他們比較溫柔地對待自己，也能較不情緒化地守護身邊的人。健康的五偏四能和他們所愛的人有很好的溝通。

偏六型的五型人（五偏六）

　　懼怕感對五偏六型的影響，會比五偏四型來得更為巨大。他們焦慮、警覺而多疑，但他們會比五偏四型更善交際並且忠誠。他們較多沉緬於自己的想法中，對權威和現狀有更多的質疑。

　　在六型性格的影響下，五偏六型的人較重關係，也較易察覺自己的懼怕，這會使他們在參與不同團體時，有形成小圈圈的念頭。他們經常拙於交際，不輕易相信他人，但是與周圍人更多熟悉，能幫助他們比較自在、不困窘。

壓力表現與安全表現

壓力表現

　　在壓力下，五型會本能地出現七型不健康時的症狀。他們會把自己更加緊縮到事務中，使得他們的世界愈發狹隘。在這種情況下的五型，完全無法注意到他人的需要，只在意自身安全和獨立的需求。

　　在這種情況下，五型會顯得浮動、缺乏組織、無法專注，而不能完成工作目標。他們的思考活動仍然非常活躍，但是已經無法考慮自己的行動結果，所以可能會變得粗魯、傲慢而疏離。

安全表現

　　當五型人覺得安全時，他們會表現出八型的積極面，這可是非常巨大的轉變！他們幾乎是毫無拘束的自動自發、直言不諱，積極參與。這種改變甚至會讓旁人驚訝地問：「哈莉是怎麼啦？她怎麼忽然這麼有活力、自信又滔滔不絕？」五型人如果能夠知道或經驗到不必付上超過自己所能負荷的代價，就能認識或經驗到這個世界的豐富，他們就會像積極的八型，經常保持高昂的興致了！

靈性轉化之道

　　在屬靈的功課上，五型有其他類型人沒有的優勢。他們並不會緊抓著自我不肯放手。他們熱愛獨處，因此性好

默想。他們喜歡單純，對世俗的事物較少依戀，不會緊抓不放。在靈修旅程上，其他型的天路客可能會羨慕五型人內在的冷靜和對世界的抽離。

但五型人如果太看重抽離，抽離就不再是種美德。五型有種很大的風險，為了預防受傷、保存能量，他們會儘量減少觸及他們的感受。這讓他們顯得冷酷、遺世獨立、不通人情，變成生活的觀察者而非參與者。從基督徒的觀點來說，這不是真正的抽離。「抽離的終極目標是涉入，」靈修作家、心理學家貝內爾（David Benner）寫道：「我們抽離，以便重新安排我們依戀的事物，順著上帝流動的恩典，進入我們最深的自我之中，讓我們的情感重新分配和運作，讓愛帶領我們去接觸、醫治世上其他人。」[2] 要想靈性成熟，五型人必須學習這種抽離是為了涉入的模式。

五型人要練習在當下與自己的情緒相連結。一個人不可能在週一慶祝聖誕節，而等到週五才有感覺。如果到目前為止，這一章中對五型的描述，讓五型人覺得自己很悲慘的話，我鼓勵五型人現在就好好體會那種悲慘感覺，而不是到下個月才去感受。一旦能夠控制最初的依戀感，又能很成功地讓它過去，那你就能教導別人如何這樣做，因為其他人格類型都太會被自己的感覺給纏繞住了。

想要脫離原本既定模式的五型人，必須了解自己的行為有多常受到懼怕驅使，就像六型和七型的人一樣，他們要命的罪性是懼怕。他們做事的動機，常是為了能夠確保安全。由於意識到自己的資源有限，他們會不斷拿捏多少

資訊、多少感情、多少能量、多少隱私、多少錢……多少**任何東西**，是他們可以給出去，又有多少該為自己保留。

如果五型人能夠懷抱「生命何其豐富」的心態，生命將會如何不同？這種想法主張當我們給予時，我們就會得著收穫。這是福音的計算方式。如果五型人相信生活遠遠比他們想的還要充足，以致他們能給出更多，會如何呢？

在某些層面上，五型人也要學習能夠安適地依賴他人，或至少相互依賴。五型人一直以自給自足、不依賴任何人作為生活動機，但其實，容許別人照顧我們，是一種謙遜。設立許多界線，以致從來沒有依賴任何人的經驗，是五型人很大的損失，也剝奪了愛他們的人照顧他們的快樂。

10個改變的起點

❶ 讓感覺自然地出現，在當下好好體會這些感受，然後再
　讓它們過去。

❷ 認清你之所以想要保留情感、隱私、知識、時間、愛、
　金錢，物質或想法，是因為被「害怕缺乏」的念頭給綁
　架了。

❸ 有事勾動周遭人的情緒時，試著在當下就和大家一起面
　對感受，不要保留到事後再處理。

❹ 試著更多和別人分享你的生活，信任他們，他們不會故
　意利用你的個人資訊。

❺ 離開你習慣窩著的舒適圈，更多讓別人知道你是誰，和
　別人分享你所有的。

❻ 試著記得你不需要對每件事都有答案，你不會因此看起
　來就像蠢蛋，尋常人就是這樣啊。

❼ 找個朋友，約他一起消磨一段時光，不必有任何名目，
　只要享受彼此相伴就好了。

❽ 容許自己享有一些物質和經驗上的奢華，擁抱不一樣的
　體驗。買個新床墊吧，或是去旅行！

❾ 做一些能夠讓你更了解自己身體的運動，例如瑜珈。一
　旦身體和頭腦的距離縮短了，生活將會變得不一樣。

❿ 自己不是那麼有把握時，還是要和人對話，而不是退縮
　回獨自的狀態。

10

六型：忠誠型人格

只要做了最壞的打算，
就不必害怕期待好結果會帶來傷害。

史蒂芬・金（Stephen King）

作為六型人是什麼感覺？

1. 我總是想像事情最糟的發展，計畫到時該怎麼辦。
2. 通常我不大信任所謂的權威人物。
3. 人們通常認為我很忠誠、善解人意、有趣，而且有同情心。
4. 我大部分的朋友都不像我這麼焦慮。
5. 遇到危機時，我可以迅速反應，但事情搞定後，我就崩潰了。
6. 當我和伴侶關係正好的時候，我卻發現自己開始擔心會有什麼事發生破壞我們的關係。
7. 要我肯定自己所做的決定是正確的，幾乎不可能。
8. 我可以感覺到，懼怕左右了我人生許多的選擇。
9. 我不想要置身於自己無法預知的狀況。
10. 要我不再憂慮自己目前正在憂慮的事，實在不容易。
11. 強烈極端的東西通常會讓我不舒服。
12. 我常常有好多事要做，以致很難有始有終地完成任務。
13. 當我跟同質性高的人在一起時，是我最自在的時候。
14. 大家總是告訴我，我太悲觀了。
15. 我投入前會想很多，投入後也會一直想哪個部分可能會出錯。
16. 我不信任給我太多讚美的人。
17. 如果能讓事物維持一定的秩序，會對我很有幫助。
18. 工作能力得到好評令我開心，但主管如果要我承擔更多的責任，我會覺得非常緊張。
19. 我需要認識人一段時間後才能信任他。
20. 對於新鮮未知的事物，我通常持保留態度。

健康的六型人已經學會要信任自己的生活經驗，他們意識到，大部分的處境都是無法如預期中那般準確和肯定的。他們是具產能的邏輯思考者，幾乎總是為公共群體的最大利益而組織自己的想法或行動。健康的六型人忠心，誠實，值得信賴，看人獨具慧眼。這些六型人已經能夠相信，每件事到最後結果都會是好的。

一般的六型人幾乎質疑每件事。他們總是非常費力地希望能夠擺脫腦中的種種思慮和對最壞情況模式的設想；由於他們過度注意權威，以至於不是某方面太過服從，就是在另一方面太過叛逆。他們發現這個世界並不安全，他們的反應除了戰鬥就是逃跑。在管理自己焦慮的同時，這些六型人也委身在教育、教會、政府、家庭和社服組織中。

不健康的六型人不管在哪都會覺得危險，他們的焦慮近乎偏執，他們覺得這個世界並不公平，大多數人都言行不一，不能信任。由於他們也不相信自己，他們會期待專家和權威為他們做出決定。他們總是覺得別人是錯的，並且非常容易掉進在別人身上投射自己的心理機制。

　　一九九九年時，約書亞・皮文（Joshua Piven）和大衛・博傑尼（David Borgenicht）共同出了本《危難求生手冊》（*The Worst-Case Scenario Survival Handbook*），

提供在不尋常的危急情況中，幽默但可以真實運用的實際指導。這本書的廣告詞是「危險世紀的重要同伴」，既逗趣又嚇人地提出各種危機的因應之道，包括如何操作氣管切開術、檢查炸彈、駕駛飛機著陸、降落傘無法撐開時如何存活、處理怒氣衝天的大公牛、從高樓跳進垃圾箱，或是逃避一窩殺人蜂攻擊……。

這本書一上市就有人給了我一本，我的反應是聳聳肩：「嗯。」

這本書賣了一千萬本。

如今這兩位作者不可思議地發了財，如果要對協助他們創下史詩般銷售紀錄的先遣部隊寄發感謝卡，他們該寄給誰呢？可以先從六型人開始，一千萬本中的一半，很有可能是他們買的。

在六型人眼中，這是個隨時可能會有大災難爆發的危險世界。表象是不可相信的。每個人都有自己隱藏的考慮。他們瞪大眼睛，張望四處是否有威脅，同時在腦海中不斷預演最壞的情況發生時該怎麼辦。對六型人來說，想像可能的大災難並預做計畫，是在不可預知的世界中，維持安全、控制及確定感的方式之一。六型人總是不停地問「如果……」或是「當那樣時，該怎麼辦……」，如果六型人看到一本作者自陳主旨為「當生活遭逢劇變時的生存手冊」時，不馬上買兩本才會讓我覺得奇怪：一本用來閱讀，第二本是為了原先那本被偷走時，手上還留有備份。

當我愈多了解生活和人類，對六型人格就愈發喜愛和

感激。被稱為忠誠者的六型人，是九型人格中最信實且最能被依靠的。（六型人有時會被稱為專唱反調者、愛發問、多疑派、馬前卒或護衛者。）他們總以防衛的眼光照看我們。他們捍衛我們的價值。他們是使世界黏合運轉的白膠。許多九型人格教師相信，這些可信賴的、溫暖、趣味和自我犧牲的六型人占了全球一半以上的人口。在我們生活的大街小巷中，這些堅定不移、保持警覺的六型人，對我們有不可忽視的滋養作用。

> ✡ **六型的典型人物**
> 艾倫・狄珍妮（Ellen DeGeneres，喜劇演員）
> 喬恩・史都華（Jon Stewart，脫口秀主持人）
> 佛羅多・巴金斯（Frodo Baggins，《魔戒》角色）

六型人的致命罪性

現在你已經完全了解情況了吧？六型人太棒了，但他們也有需要警戒防備的陰暗面。六型的致命罪性是**恐懼**，深植於內在對安全感的強烈需求，令他們十分痛苦。

雖然我們說恐懼是六型無法抗拒的罪性，但他們實際感受到的是焦慮。當你清楚意識到迎面而來的危險時，就像有個戴著曲棍球頭盔的傢伙踢開你家大門，揮舞著一把電鋸，衝進你家公寓追著你團團轉——這時，你心中升起的是恐懼；焦慮則正好相反，是面對可能永遠無法具體化的、還不了解的未知或潛在的威脅時，心中那種模糊的、

無來由的感受。它是在你**想像**假如有個戴著曲棍球頭盔的
傢伙踢開你家大門,揮舞著一把電鋸在你家公寓中追著你
團團轉時的那種感受。恐懼說的是:「糟了,事情真的發生
了!」焦慮則是預測將來:「如果事情變成這樣或那樣,那
該如何是好?假如這樣……?假如那樣……?」那是他們
心中經常出現的標語口號。

就算日子安寧無事時,六型人心中仍會感到焦慮,
他們會懷疑就要發生什麼事來破壞這平靜的生活了。今日
看來穩固的工作或關係,可能明天就會被取走或消失。用
脫口秀演員史蒂芬‧萊特(Steven Wright)的話來說,就
是:「如果每件事看來都還不錯,一定是因為你漏掉了什麼
事。」[1]

我的童年時期擠滿了焦慮的六型人。

我小學一年級的老師,瑪莉‧伊莉莎白小姐(願上主
永恆的光光照她)每天至少有一次,會在上課時忽然停下
來,問我們:「孩子們,如果有一天某人拿著槍對著你,要
你否認信仰,不然就要開槍打死你的話,你怎麼辦?」如
果在現在,你向一群七歲兒童提出這種問題,可能會有人
打給兒童保護專線去檢舉你的言行。

在我的生命歷程中,瑪莉‧伊莉莎白小姐並不是唯一
一個會思考這類問題的人。在我們還是孩子時,有個照看
我們的保母,她深為創傷前壓力症候群所苦。光是擔心我
們會出事,就讓她筋疲力竭。拿著剪刀時不要跑,你會刺
傷你妹妹。罐頭有凹痕不可以吃,免得感染沙門式桿菌。

如果你在暴風雨時淋浴，很有可能會觸電。不要離微波爐太近，不然下場會和表弟馬提一個樣。為了應付劫車大盜，每逢開車經過鎮上的「蠻荒」地帶時，她總要求我們把車窗搖上，把車門鎖好。但我是在康乃狄克州的格林威治鎮長大，在那兒該擔心的，是「品味糟糕」會被視同犯罪，而不是劫車大盜。

除了覺得他們這樣有點好笑之外，恐懼這個罪性對六型人來說，是非常真實的，而且對他們有不小的影響。

對六型人來說，這些都是很難熬的時刻。空氣總是因焦慮而令人感覺沉鬱溼黏。很遺憾，你和我並非最先發現我們這個星球上有三十五億（或許加減幾百萬）的全時間居民都容易被恐懼驅動，打從心底需要安全感和確定性。政客、有線電視台新聞主播、市場專家、專橫高調的佈道家、不道德的詐騙集團都深諳此道。為了要贏得選舉、提高收視率、募款、銷售房屋保全系統，這些善於製造恐慌的蠱惑者、專家和廣告經理，故意使用精心研究的恐嚇策略獵捕我們每個人，但六型人更是被瞄準的目標。我們都要努力學習不讓恐懼箝制我們的生活，而六型人又特別需要。從歷史中我們可以清楚發現，當焦慮的群眾因恐懼而結夥，任憑對安全感的狂熱需求驅使他們做出決定時，可怕的事情就可能發生。

六型人的忠誠者特質

六型人對安全感和一致性有強烈的需求。他們欣賞次

序、計畫和規則。他們喜歡清楚的規條和指導原則所提供的舒適以及可預知的結果。他們就像一型人，會打 IKEA 的客服電話為客廳新添購的桌子訂購備用螺絲，並不是因為那張桌子看來會有問題，而是因為他們能看到一種可能性：當假日全家聚在桌前時，桌面會忽然塌陷，爺爺不但被壓骨折，還被桌上的肉醬給燙出了三度燒傷，被救護車迅速送去急救……這一類永無止盡的憂慮。

六型人尊崇社群的價值。就算感覺沒有被餵養、就算主日崇拜內容太長、教會太大（或太小），音樂太＿＿＿（請自行填入形容詞），或是不同意牧師在講台上講的任何話，他們都不會離開教會。他們是九型人格中，最忠誠的一型。只要他們對團體有了承諾，他們就會不計代價地投入，絕不會因為對細節持不同意見就決定脫隊。

典型的六型人在一開始時會警戒又多疑，但你一旦贏得他們的信任，他們就會一輩子對你死心塌地。六型人想要和他們所愛的人保持緊密的連結。六型的媽媽會每天打電話確定你的狀況如何，她們想知道你在做什麼，確保你很安全。六型人有把大家維繫在一起的奇妙能力。他們相信家人、家庭、婚姻、培養有責任感孩子這些事物的重要性，他們會根據他們的價值觀做出選擇，部分原因是因為他們需要很多的安全感。

六型人充滿了懷疑和問題。每當需要做決定時，他們就很容易變成電影《星際大戰》裡那個容易憂慮的禮賓機器人 C-3PO，不斷嚷嚷：「我們完了！」由於過度設想所造

成的思考癱瘓實在太過痛苦，又不相信自己的判斷，他們
只好轉向朋友、同工、家庭成員或專家尋求建議。他們下
定決心後會再度改變主意。他們會感覺被某個方向拉扯，
然後又被推往另一個方向。他們口中喃喃自語，語意難
辨，他們在「好」、「不要」、「也許」中間反覆搖擺，搞得
自己和別人都要發瘋。用雅各的話來說，懷疑的心性，使
他們「就像海中的波浪，被風吹動翻騰」（雅一6）。

　　六型人會有這樣的問題，部分原因是因為他們能看見
每件事都有不同的兩面。如果正讀到這裡的你，剛好是個
六型人，你可能會想：
「是啦，我可以理解你的
觀點，可是從另一方面來
說……」或是「聽起來，
史塔比和庫恩的確是已經
想很多了，可事情永遠都
有另一種可能……」，六
型人發現別人沒有像他們

> 「我不是害怕，只是非常
> 地緊張。」
> 約翰・厄文（John Irving，美國
> 小說家）

那麼害怕時，總是非常驚訝，但他們又會立即投入自我懷
疑與自我批評的拉鋸戰中；面對決定時，六型人經常會像
忽然被車燈照到的野鹿，因為太過驚嚇而僵在原地，不知
該往哪個方向逃跑。

　　因為處理恐懼的方式、對安全感的需要，以及與權威
間的關係不同，六型人又可分為兩類。第一類六型人非常
地忠誠，把他們全副注意力都獻給領導權威，因他們覺得

那是安全感的重要來源。這類六型人對權威忠心耿耿，總是喜歡並且遵守規則。他們視管理者為安全感的來源，非常尊敬在上位者，且盡全力取悅他們。我們稱呼這一類表現為**恐懼控六型**。

另一種六型人也很在意權威，只是他們對權威人物既不同意也不特別順從。這些人對權威人物充滿戒備，總是保持警覺地盯著這些負責人，以防他們混淆視聽或欺騙大眾。這種稱為**反恐懼控六型**，他們只要覺得事有蹊蹺，就會全力反擊。感覺到威脅時，他們既不避開也不安撫，而是以反射性的挑釁或攻擊來尋求安全感。他們的安全感來自征服恐懼的源頭，而非舉白旗投降。

事實上，大部分的六型人是這兩種類型的混合體。這也反映了他們容易搖擺、充滿疑懼的天性。當恐懼控六型想要退縮逃跑時，反恐懼控六型會試著征服或擊敗恐懼的來源。大部分的六型人在這兩極間來來回回。借用邱吉爾的話來形容：「他們不是伏在你的腳前，就是掐住你的脖子。」不管是恐懼或反恐懼，六型的根本動機就是恐懼，而其注視的焦點都是權威。

六型人的孩童時期

六型的孩童很早就學會恐懼。對於像「飯後半個小時內不可以游泳，那樣很容易抽筋或淹死」或是「不可以和陌生人說話」之類的教訓，他們就像魔鬼氈一樣記得非常牢。在成長的過程中，我聽過許多瘋狂的警告，只有少數

是無法忘掉的。但六型孩童會因此覺得這個世界不安全、不能信任掌控一切的成人，他們對此的反應不是順服就是反抗。不管到哪個環境，他們都會認出是誰在當家作主，並且注意他們的一舉一動。

六型的孩童，經常會以評估的眼光看待生活。如果非得從二十呎高的崖壁往下跳入湖中，他們會先觀察一兩個其他孩子怎麼做。不信任環境的孩子也不大容易相信自己，所以他們會表現得十分遲疑。缺乏自信的孩子通常也接收不到鼓勵，他們很容易錯失讓他們覺得更安全或可以在更深層次相信自己的重要線索。

教師和教練都很愛六型的孩子，他們順從又聽話。他們的忠誠，能夠維繫朋友和他們所屬的團體。六型的孩子不大會想要成為舞台焦點，但他們很願意成為合唱團團員。他們很喜歡成為團體中的一分子，團體運動競技和學校各種活動是他們的強項。規律可循的生活可以讓六型兒童感到安適，而當他們長大後，會逐漸成長為維繫每個社群的重要人物，而社群正是我們所賴以創造生命意義的所在。

大多數（但並非每一個）六型人會發現自己是在不穩定的環境中長大的。因為無法相信環境，所以他們懷疑自己，並分外倚重他人的鼓舞和勸告。例如，如果他們在成長過程中遇到重度酒精上癮者，他們就得學會永遠不要放鬆戒備，且要一直設想最壞的情況下要如何因應，以免自己在不知不覺的情況下遭殃。

　　我的好朋友蘭斯，他父親經常情緒潰堤而暴怒。每天晚上，他們家的幾個兄弟都會躲在臥房窗邊偷看爸爸停車。他們可以從爸爸下車後的摔門力道，判斷爸爸的心情。就像蘭斯一樣，六型孩子經常可以偵測到是否正有威脅或危險逼近的細小訊號。[2] 他們得要不停地預測是否有人會傷害他們，以便維持自己的安全。

　　如果靈性狀態健康，對自我有足夠的認識時，六型人是很棒的朋友及夥伴。他們效忠的對象，甚至包括失誤和弱點，當他們宣誓「到死也不分離」時，他們是認真的。當這些忠誠者機智又迷人地翻轉他們的焦慮後，就變成很有趣的朋友。像六型喜劇演員拉里・大衛（Larry David）就將他們誇張的焦慮、不安全感和悲慘事故的想像，改編成可以讓朋友們大笑好幾天的自嘲故事。如果你想要知道恐懼控六型人如何將自我懷疑昇華成他們的資產，可以去聽伍迪・艾倫（Woody Allen）早期的帶狀脫口秀；反恐懼控六型脫口秀演員喬治・卡林（George Carlin）則是對每件事和每個人都侵略性地加以反詰。

六型人的關係模式

　　但六型人用以觀察世界的恐懼濾鏡，會將他們的人際關係摧毀殆盡。尤其是在關係初期，他們並不好相處；本身安全感和確定性不足的人，會讓他們更加防備，他們會努力試著搞清楚你在想什麼。由於害怕自己會產生情緒性的盲目，再加上過去被傷害的經驗，他們會特別留意被遺

棄或被背叛的徵兆。六型人會用問題刺激你，比如「我們
之間沒問題吧？」或「萬一哪天你起床後就決定不再愛我
了，那該怎麼辦？」他們可能反反覆覆地一下靠近你，一
下又把你推開。而且，因為他們很多疑，他們會假設你和
他們一樣難測，這會讓他們更加質疑你。但是，這些方法
都不能讓他們得到更多的承諾和安全感——這才是他們真
正想要的，但如此的嘀嘀咕咕、哼哼唧唧，反倒會把他們
所愛的人推得更遠。

　　要幫助六型人擺脫因多疑而引起的痛苦時，不妨提醒
他們，重溫你曾經對他們做出的承諾，但永遠不要責罵、
蔑視或取笑六型人對與你之間關係的懷疑，這不但於事無
補，還會令他們更加焦慮。冷靜、理性地再度保證，才是
關鍵。

　　就算六型人開始信任與你之間的關係，但對他們來
說，這世界仍然有一部分，是危險、脆弱，必須與之抗衡
的。總是在想像大災難即將發生，並且盤算各種因應之道
的人，常常是不好相處的。除非他們能停止懼怕、放輕
鬆，對吧？當六型人開始陷入「最糟情況」的想像時，要
求他們把在想像中看見的那一系列負面事件，一件一件地
說給你聽。每說完一個事件，就停下來並且跟他們說：「你
說得對，這聽起來很糟。如果這真的發生了，會有什麼後
果呢？誰可以在那個節骨眼幫你的忙呢？」過一陣子後，
事情可能會朝以下兩個方向發展——不是六型人發現他的
噩夢情節太過非理性而變得十分荒唐，連他們自己都忍不

住笑了起來；就是他們會發現（通常是經過你的引導），如果所害怕的恐怖事件真的發生了，他們也會有內在的力量和外在的幫助可以支持他們面對和處理。要記得：設想最糟狀況的心理活動需要被妥善地管理，而不是被打折。如果你稱他們是悲觀主義者，他們會辯說自己不過是務實罷了。

六型人通常會對事情思前想後，這也會在相處時令人非常惱火。他們會在做決定後，然後又提出質疑；再次決定後，又再提出質疑；當你以為他們總算做了最後決定時，他們又會在半夜把你搖醒，跟你說他們改變主意了。唉！

他們為何如此搖擺不定？因為他們從來沒有學著接觸、信任自己的內在導引系統。他們經常懷疑自己是否有能力可以做出好的決定，因為，大部分的時候，他們都忘記了過去曾經有過的成功經驗。有時候，愛他們的人必須提醒他們，他們之前曾經做過決定，並且貫徹執行之後，帶出了哪些好的結果；或是事情發展不如預期時，他們是如何克服改善的；畢竟在這一生中，沒有人是從不出錯的！

令人驚喜的是，六型人是關係的捍衛者。隨著時間過去，和一再的確認，他們會逐漸能夠超越長期以來對伴侶

> 「焦慮就像搖搖椅，讓你覺得自己一直在動作，但不能讓你真正前進。」
>
> 茱迪‧皮考特（Jodi Picoult，美國小說家）

間關係的懷疑及質問。當他們終於能走到這樣的地步時，他們會成為世界上最有趣、穩定，而且不求回報的同伴。

六型人的工作風格

很多年以前，我有個六型同事丹，曾經好幾次把我從我自己的手中救出來。當時，我是個年輕、過度自信，智商只有三十七的年輕牧師，負責帶領一個正快速成長的教會。就像所有的優質六型人，丹一直警覺地注意著我，每當他認為我就要做出一個災難性的決定時，就會很焦慮地把我拉到一旁，低聲問我：「你有想過，如果我們跟著你這樣前進，事情會變成什麼樣子嗎？」

大多數時候，丹這樣讓我很惱火。針對我的聰明想法，他就是不得不表達他的疑慮，並且提出問題，這樣不僅讓我們的進行速度變慢，還讓我覺得他對著我澆了一桶桶冷水。無論如何，在很多場合，如果不是他提出的疑慮或質問，我會讓我們的團隊及尚未成熟的教會直直衝出安全界線。

六型人是思慮敏捷，善於分析的問題解決者。六型人很樂意加入不被看好的工作團隊，讓瀕危的公司或就要失敗的專案敗部復活——特別在別人都認為沒有希望的情況下。假如棒球比賽第九局就快要結束前，來了個六型的打者，又有厲害的跑壘者已經登上了三壘，那麼投手可就要緊張了。六型人喜歡作為隊伍中百分之一的菁英，他們擅長在愈來愈糟的劣勢中，創造出意想不到的驚奇。

　　六型人的身上有很多值得學習的地方。我們大多數人都想得快，動作也快。我們做決定時，如果不是過於輕率，沒有考慮到後果的魯莽，也是僅僅憑著倉促的直覺。但是，如果我們願意等一等，仔細想想，我們對自己的決定將會造成的影響，就會有比較清晰和智慧的想法。由於六型人是終極的專唱反調者，不論做什麼工作，他們總會讓細節問題浮上檯面。不管哪一種業務，都需要忠誠的多疑者無懼地勇於提出難解的問題，或是指出計畫中的缺陷。滿室攝取過多咖啡因、急於冒險的企業家們，當然不會喜歡六型人提出問題，刺穿他們宏大雄偉的美夢泡泡，但是，總得有人勇敢提出問題！

　　有時候，我真是很敬佩，曾有那麼多的六型人勇敢地舉起手，問出了不受歡迎的問題，讓總統從他的勝利美夢中退縮，並有足夠的時間可以想想，他的求戰政策會造成哪些未曾意料到的後果。我們都應該對這些銳眼觀察世局的六型人懷抱隆重的感激之情。

　　有時，六型的員工會提出**很多**的問題，那不一定是因為他們反對你，而是因為他們正試著了解他們該做什麼，並且確保有人清楚地知道整體目標，預想是否會有哪些差錯。當你要啟動一個新措施時，你需要六型人的支持，聽聽他們所有的懷疑或焦慮。六型人需要時間，把整個問題透徹地想清楚、整理出他們的疑問。所以要預先公布會議討論事項讓大家知道。是的，所有的疑問及對事實的檢核會讓團隊前進的速度變慢，但如果你能讓六型人說出他們

的考量，也好好回答他們，這些忠誠者會隨你前往天涯海角；如果你不這麼做，那你可能就得單飛嘍。

六型人對於成功的感受也是很複雜的。在成功的前夕，他們可能會特別放慢速度。因為他們知道成功就會吸引別人注意。六型人不喜歡過度暴露在聚光燈下，那會讓他們自覺脆弱易受攻擊。此外，六型人也不喜歡在必須與同事高度競爭的環境中工作，被稱為忠誠者的他們並不認同犧牲同事情誼而贏得勝利。

六型人有種詭異的傾向，他們認為「思考某件事」和「去做某件事」是一樣的。[3]這種傾向在工作領域中尤其明顯。所以，如果你問六型人你交代他的那個專案進行地如何，就算他們只有計畫和思考，沒有做任何事，他們還是會告訴你「是的！很有進展！」對他們來說，「有想」就是「有做」。如果你真的在意六型人的進展如何，談到工作進度時，你就得繼續追問。

由於六型人有非凡的責任感，他們很容易承接太多工作，工作過量會讓他們非常有壓力，覺得懊悔而悲觀。當事態變得無法收拾時，他們可能會產生懼怕或憤怒的激烈反應，不斷擴散後，周遭的人甚至可能會嚇破膽。當這樣的情況發生時，要強迫他們把手上事務調整到可處理的地步，也鼓勵他們更多授權工作給別人。

側翼人格

偏五型的六型人（六偏五）

　　這類六型人較為內向，他們聰明，謹慎，能自我控制，而且容易藉著對權威人物效忠而找到安全感。明確的信仰體系和有相同價值觀的團體，對他們非常有吸引力。有時，他們會被誤認為有距離感或是孤傲，但他們只是單純地想保護隱私，好沉浸在自己喜歡的活動中或追求自己的嗜好。六偏五的人需要較大量的獨處時間。獨處可以幫助他們對事物懷抱更寬廣的想法，減輕他們的焦慮，但也有可能造成反效果。受五型側翼的影響，六型人會想太多，徒增無謂的思考。由於經常花很多時間思考卻沒有採取任何行動，這些側翼偏五的六型人可能會為自己的「思考癱瘓」而感到痛苦焦慮。

偏七型的六型人（六偏七）

　　帶著七型側翼的六型人是令人愉悅的驚喜。他們反映了七型人（享樂型）的嬉戲，他們令人覺得愉快，生氣勃勃，且大膽創新。他們願意冒險，雖然意願只有一點兒，但已足以使六型人的界限伸展，而能容納更多的選項。但偏七的六型人也無法完全擺脫焦慮，所以他們都會先想好冒險運氣不佳時的備案。偏七的六型人比較外向，也比偏五的六型人更願意為所愛的人犧牲自己。

壓力表現與安全表現

壓力表現

六型人在壓力中，容易表現出三型的負面傾向，他們可能表現得像追求物質成功的工作狂，或是囤積更多的資源好讓自己覺得比較安全。這種時候，他們沒辦法說明自己的真實狀況，反而會特意表現出自己很有能力，一切都在掌握中的外在形象，希望以此擊退自己的焦慮。他們不願意嘗試任何他們認為自己不會成功的事。由於他們本來就缺乏信心，在這種狀況下，就會變成連必要的冒險也不願意嘗試。

安全表現

當六型人覺得安全時，他們會表現出九型人的正面特質。他們比較不會為了對抗周遭潛藏的威脅而工作過度。在九型寧靜的影響下，六型終於能夠停止腦中不停籌備的災難應變計畫，也不再為生活日常感到焦慮。在這樣的狀態下，他們的心情會比較輕盈、有彈性、能同理，而且精力充沛。他們比較能接受別人，用更多種角度看待生活，也較能相信自己的膽識，對外在權威、團體或信仰系統對生活的詮釋不再完全買單。當對周

> 「信心是奧祕的所在。在那當中，我們可以找到勇氣去相信看不見的事物，以及力量來釋放因不確定而產生的懼怕。」
>
> 布芮尼・布朗（Brené Brown，《脆弱的力量》作者）

遭能有更多信任，同時也不再那麼厭世時，六型就會連上
九型正向的那一面——相信每件事情都會否極泰來。

靈性轉化之道

在靈性成長的路上，六型人需要掌握兩種互相拉扯的
概念：一是我們身處的現代文化並不想讓人覺得安全，一
是我們其實很安全。

我們如何能覺得自己身在其中的這個世界是安全的
呢？一打開CNN頻道，總會看到永遠保持警戒狀態的主播
布利哲（Wolf Blitzer）在螢光幕上，要我們收看現場直播
的「戰情室」（Situation Room）新聞節目，因為在接下來
的六十秒中，他要告訴我們各種「爆炸性新聞」。當我還是
個孩子時，「爆炸性新聞」指的是某個人就要按下核彈發射
鈕了，現在則可能是網路名人卡達夏（Kim Kardashian）威
脅要公開她後臀的照片，讓網路癱瘓。我們的保險廣告會
出現一個再尋常不過的男人與他被撞爛的車困在街角，旁
白提出警告：「麻煩從來不休假，你的保險也不該有任何中
斷。」我甚至不敢想像我的退休生活該怎麼過。如果連我
這個四型人都會被這些事驚嚇到，更不用說六型人會感受
如何了。六型人特別容易把令人恐懼的消息和想像即將來
臨的災難在心裡內化，因此辨認出這樣的模式對他們來說
尤其重要，並且要再花些時間思想，以防焦慮宰制了自己
的生活。

六型人需要被鼓勵更相信自己，少懷疑自己。他們

比自己知道的更為堅強、更有資源，只是通常都沒有被正確地使用。他們以為勇氣是化解恐懼的仙丹妙藥，但他們似乎永遠沒有辦法鼓起足夠的勇氣——可見勇氣並不是關鍵。六型人真正需要發展的是信心。信心與勇氣不同，就算覺得一切都不確定，仍然可以懷抱信心。信心要求六型人信靠比他們自己更大的那位，相信祂會一直作他們的後援，不但不會離棄他們，而且永遠會是他們危急時的幫助。

六型人需牢記這個屬靈真理：我們是絕對安全的。這並不代表他們可以魔術般地遠離一切災難厄事，而是從永恆的觀點來看，上帝寫就的偉大故事總是會有好結局。如果六型人能把這個真理牢牢記在心裡，就能定意相信，不管表面看來上帝是否控制了一切，就算有些事情並不是照我們計畫的那樣發展，仍然會有好的結果。

10個改變的起點

❶ 六型人的心智從未停止工作，它在不同觀念間擺盪，懷疑別人是否可信，想像最糟的情況，或是質疑自己是否有能力做出好的決定。每型人都需要規律的靜心祈禱或操練默想，但對六型人來說尤其重要。

❷ 察覺你和權威之間容易產生的不健康關係。你是盲目的順從或是直覺地反抗？你應該要找到在這兩者之外，平衡且清楚自覺的中間道路。

❸ 發展對自己的信心，並且信任你的內在導引系統。你做了好的決定，享受因此得來的豐美果實，或是做了錯誤的決定後，仍克服了不良影響得以存活，這些過程都要仔細地記錄下來。瞧！你現在不是仍舊活得挺好的嗎？

❹ 練習接受讚美，不特別曲解這些讚美的意義，或揣測這些讚美背後別有意圖。

❺ 當你扮演專唱反調者，要指出別人的計畫或點子中隱含的問題時，先確保你有看到其中蘊含的正面發展的可能性。別讓別人替你貼上「總是煞風景」的註冊商標。

❻ 別讓自己暴露在二十四小時的新聞快報中，也不要過多接觸會引起不必要焦慮，或是加深你對生活負面觀感的書籍和影片。

❼ 在與人開展關係的初期，要特別警覺伴侶對你所做的承諾，是否會激起你懷疑和負面的感受？是什麼因素引起你的質疑或吸引你想更多親近他們？

❽ 學習區別合理的懼怕與無來由的焦慮，體認兩者不同的
意義。

❾ 經常想起並記念諾威奇的朱利安修女（Julian of
Norwich）美麗的禱告：「一切都會好轉，是的，一切事
物都將好轉，所有事物終將好轉。」[4]

❿ 六型致死的罪性是恐懼，與之相反的美德，不是勇敢，
而是信心，它是一種恩賜，求神賜給你信心。

七型：享樂型人格

只要想想那些快樂的事，
你的心就能隨之展翅！

彼得‧潘（Peter Pan）

作為七型人是什麼感覺？

1. 我總是搶在探險之旅就要開始前，臨時報名的第一人。

2. 就算是出了紕漏，我也是個樂觀的人。

3. 我不喜歡許下需要耗費心力且長時間的承諾。

4. 最讓我痛苦的，就是擔心自己會錯過什麼好事。

5. 期待是生活中最棒的部分！

6. 和我親近的人都認為我好爭辯而且行動力超強。

7. 變化和刺激是生活的調味料。

8. 有時候，我迫不及待地希望未來趕緊來到，真希望能跳過現在！

9. 我很難把事情徹頭徹尾地做完。當一件事進行到將近尾聲時，我就會開始想著下一件事，有時想著想著太興奮，乾脆直接開始。

10. 我總是逃避太過沉重的談話及爭執。

11. 當我在意的人遇到困難時，我總是幫助他們看到困境中的光明面。

12. 別人都以為我對自己很篤定，但其實我有很多的不確定。

13. 我很受歡迎，而且我有很多朋友。

14. 當事情變得太嚴肅且沉悶太久時，我會想辦法讓大家輕鬆一點，通常是講些笑話或趣事。

15. 我不喜歡結束，所以我通常等別人主動提分手。

16. 一成不變的例行事務很容易讓我厭煩，我喜歡嘗試新事物。

17. 只要多花一點點心力，每件事都能變得更具娛樂性，更好玩。

18. 我認為人們都太過憂慮了。

19. 生活總比人們想像的還來得好，關鍵在於你如何解讀這一切。

20. 我不喜歡人們對我懷抱期待。

健康的七型人經常能意識到「少就是多」。他們能夠警覺到自己耗費了多少能量用以製造**快樂**，而且他們也已經認知到**喜樂**是禮物，是恩典，只能領受，無法靠自己的努力換得。他們已經能夠擁抱各式各樣的情緒，並且接受了生活的真實面貌，而不是堅持自己對生活的想像。他們能夠整合過去曾經歷過的痛苦和失望，而不再一味逃避負面感受。七型人處於健康狀態時，不但個性歡樂、勇於冒險進取，還具有屬靈的判斷力，處事務實且具備心理韌性。

一般的七型人就算是最負面的事，七型人也能改編成正面的說法。所有被視為失敗的限制或悲哀，他們都可以重新建構。他們最大的快樂是來自**期待**，而現實生活中他們大多數的悲哀是來自他們的期待很少成真。在一個團體中感到安全，或是能有自己的一席之地會讓七型人感到快樂。七型人雖然很受歡迎，但委身對他們仍是很大的挑戰。他們不擅長把一件事從頭到尾好好完成，常常一件事還沒結束，就開始另一件新的事。

不健康的七型人認為自己和自己身處的環境都還不夠豐富，他們常為自己感到惋惜，認為自己得到的待遇並不公平。他們願意付出一切代價，只求避開痛苦的感受，這會讓他們表現得不大負責，只尋求立即的滿足。這些七型人經常表現得很不情願，他們所冒的風險遠大過自己所能承擔的損失；不健康的七型，是九型人格中最容易上癮的類型。

某個週六下午，我太太安要我帶當時八歲的兒子亞丁，到全食超市採買幾樣晚餐要用到的食材。我不是個節儉的人，但是去全食超市買日用雜貨，對我來說，就像是去蒂芬妮珠寶店買除草設備一樣。安是天然養生食物的篤信者，多年來一直堅持我們的孩子應該吃全無農藥汙染的有機食品，這也是我們夫妻的爭執點之一；不過這沒啥大不了的，十五年來，我每個早上都會塞一包奇多玉米棒到小孩的午餐盒裡，讓他們享受正常童年生活的標準配備。我太太始終不明白為何孩子愛我甚於愛她。但那天我沒有就健康飲食進行爭辯，就帶著亞丁到全食超市去了。

離我們家最近的那家全食超市，一進門就是蘋果陳列區，華盛頓蜜脆蘋果和加拉蘋果共同排成了巨大而完美的蘋果金字塔。它是這麼的雄偉和藝術，令人以為這是店家特別委託雕塑家安迪·高茲沃斯設計的藝術品。就像世界上每個小男孩一樣，亞丁一看到那座蘋果巨塔，就朝它直直走去。

「不許碰那些蘋果！」我大聲下達命令。

被嚇到的亞丁立刻從蘋果金字塔前退後了好幾步，所以我就轉頭繼續去尋找杏仁奶。但就在之後不到五秒的時間，我先是聽到一個模模糊糊的撞擊聲，之後則是較小的物體連續掉落的聲音，「砰砰砰砰」的，就像一個又一個網球掉在帳篷帆布頂上，然後又是一陣更細微的撞擊聲；接

下來，是好幾個客人同時倒抽一口氣，以及如今被我們家人稱為「二○○六年蘋果山大坍方」的嘶吼。我一回頭，就看見亞丁跪在地上，急切地追著那些滾動的蘋果。難道他以為在我發現他的邪惡真面目之前，他還有時間能把所有蘋果都撿起來，重新堆成原來的金字塔？

當我帶著我特有的「罪人如今落在神憤怒的手中」的表情朝亞丁走去時，他嚇得被釘在原地般動彈不得；但突然間，彷彿忽然想到一個能讓他獲得緩刑的聰明點子，他咧嘴笑了，從地上彈起來……而且，開始跳起舞。

當我形容亞丁在「跳舞」時，我指的是像靈魂樂歌手詹姆士・布朗一九六二年時在阿波羅戲院現場表演的那種舞步。簡單說吧，我就這麼眼睜睜地看亞丁開始跳起約翰・屈伏塔在電影《黑色追緝令》（*Pulp Fiction*）中那「以愛與和平的手勢劃過眼前」的家喻戶曉舞步。到底一個八歲男孩從哪兒學會這些事情？看一個身穿印著「生活真美好」T恤的小男孩，在一堆摔得亂七八糟的蘋果前咯咯咯地笑著跳著舞，是少數足夠溶解父親盛怒的好笑景像。上帝知道我有盡力忍住不笑出聲，但亞丁扭著他的小屁股，雙腿交叉著移動的舞姿，真的太好笑了，我真的沒有辦法不和那些跟我一起站在貨架前的顧客一同哈哈大笑。你要如何懲戒一個這樣的小男孩？當亞丁年紀還很小時，他就已經把他簡短生命史中的無數個罪行，如此這般地轉變為喜劇了。

現在，亞丁是個大學新鮮人了，每次當我們經過全食

超市的蘋果金字塔前時，他還是會跳起「月球漫步」來提醒我他當年是如何逃過一死的。而且，是的，他的舞姿還是會逗得我忍不住哈哈大笑。他是九型人格中典型的七型人。

 七型的典型人物

羅賓・威廉斯（Robin Williams，美國演員）

莫札特（Wolfgang Amadeus Mozart，音樂家）

史蒂芬・荷伯（Stephen Colbert，諷刺節目主持人）

七型人的致命罪性

我希望自己是個七型人。健康的七型，是九型人格中我最喜歡的一型。

七型人體現了喜樂和對生活無限的愛。每個早晨，他們都像剛發現今天是下雪天的孩子那樣，興奮地衝進生活中。當然，我也沒那麼天真啦。亞丁和我許多親近的好朋友都是九型中的七型人，所以我也非常了解他們的黑暗面。就和九型中的其他每一型一樣，他們人格中最棒的部分，也是最糟的部分。他們的天賦也是他們的咒詛。

如果你把七型人外表的亮麗油彩刮掉，你會發現裡面藏著的是他們逃避痛苦的想望。我無法描述他們這種想望有多強烈——七型人不想感受到任何不愉快的情緒，尤其是他們心底深處那懼怕及空虛的情緒漩渦。沒有人喜歡受驚嚇、悲哀、煩悶、生氣、失望或沮喪等之類的感受；但

對七型人來說，這些情緒，幾乎是完全不可容忍的。

　　當我知道**暴食**是七型人致命的罪性時，我就覺得自己一定是七型人。如果你跟我一起在義大利待上一個星期，你就知道我為什麼會認錯型了。但是，七型人的暴食指的並不是他們對鮭魚筆管麵的喜愛，而是他們對正向經驗、令人覺得刺激的歡樂點子和良好物質條件的強迫性需要，他們用這些來抵擋痛苦、傷人的回憶，以及隨著年歲而益發增強的被剝奪感。

　　七型人渴求刺激。如果問他們到什麼地步才算刺激夠多，他們的回答往往是「再多一點」。這就是問題所在：這個世界永遠不夠刺激，起碼對七型的饕餮胃口來說。精神科醫師、也是作家的嘉柏‧麥特（Gabor Maté）說「成癮」就像是「飢餓的鬼魂」，是種有著「細瘦的脖子、小嘴巴、枯瘦的四肢、腫脹的、空虛的大肚子」的迷醉生物，[1]這種圖像聽來很可怕，但卻很適合用來描述七型人的兩難情境。就如同「餓死鬼」一般，七型人瘋狂灌食自己有趣的點子、取得更多的物質財產、在日程表上記滿活動和冒險行程、奢想著充滿驚喜可能性的未來、計畫下次的脫逃計畫，希望這些活動能填滿他們煩亂的內心。

　　根據九型人格理論，暴食的反面是禁欲。對七型人來說，禁欲指的不是滴酒不沾，而是放慢速度，活在當下，操練自我約束，勒住自己心猿意馬的念頭，並且腳踏實地、認真處理日常事務——你知道的，所有我們這些平凡老百姓該做的日常事務。

　　我們每個人都有自己抵擋痛苦的方式。七型人的方法，就是保持正向和活力。七型人會不斷問自己：「我如何能在眼前此刻，塞進最大量的愉快經驗？」他們滿足的源由，從來不會是在他們裡面，或是眼前這一刻；它總是落在自身之外，而且永遠是在遙遠的未來。總有些事還沒試過，有些事可再多做一點，有些新的奇遇有待計畫。七型人藉著所有這些上癮般的興奮行為，轉移自己的注意力，好躲開一直籠罩在他們心上的那種未知曉、未整合的失落及焦慮。大部分的人都知道，這種不愉快的感覺和真相是絕對無法逃避的，但七型人不這麼想，他們自認他們永遠都能逃得更快。就像理查‧羅爾說的「七型人希望不必經歷受難日，而天天都能慶祝復活節」[2]。

　　也許你很難理解，但七型人是和五型、六型一樣充滿恐懼，不一樣的是抵抗的方式。五型人用知識減少恐懼，六型人用悲觀態度面對恐懼，七型人則報以揮霍不盡的樂觀。

　　如果只給我三分鐘的時間，描述七型人的恐懼處理策略，我會對你唱幾句音樂劇《國王與我》（*The King and I*）中那首〈我要哼一曲快樂調〉（I Whistle a Happy Tune）：

　　　　無論何時我害怕，
　　　　我要把頭抬高高，
　　　　然後哼一曲快樂調，
　　　　世上沒有人知道我害怕。[3]

這就是七型人，他們已經下定決心，不讓自己落入任何負面的情緒，代價卻是喪失了他們最真實的自我。他們同時也是在欺騙自己，因為心裡的空缺，從來不是任何新奇的經驗或刺激的冒險可以填補的。

七型人的享樂者特質

為明天而努力，轉眼不看今天令人悲傷的磨難，聽來也許是個很不錯的人生態度，且七型不屈不撓的樂觀主義，也不折不扣是種恩賜，但是，這種做法有時也會為七型人和愛他們的人帶來問題。

> 「讓我們步入夜晚，追求那輕快、充滿魅惑的歷險吧！」
>
> J. K. 羅琳（《哈利波特》作者）

七型人想要逃避痛苦

七型人相信他們可以**想出**避開痛苦的方法。我曾問過我的朋友茉莉葉，對她這樣的七型人，生活意味著什麼。她提到許多事，其中包括她如何藉著「知識化」來處理她的負面情緒：「對我而言，憂慮和壓力比較容易處理，我可以在我的腦袋中思考它們，」她說：「但是失望、悲傷或難過就困難得多，因為我會確實感受到它們。」

我問茉莉葉有沒有去做心理諮商，她笑著說：「有啊，但每次心理師就要逼近問題重點時，我馬上就會開始說笑

話，或是說起這一週我的孩子們做了哪些蠢事，好轉移話題，不讓負面情緒跑出來。」七型人會非常努力地避開痛苦及檢視內在，但這些自我覺察，是成長的必要條件；和其他類型相較，檢視自我的挑戰，對七型人來說尤其困難。

但七型人逃避痛苦的辦法，實在是嚇死人的有趣。如果說，我和亞丁在全食超市的經驗可以說明什麼的話，那就是迷人的趣味感，是七型防禦最前線的主要特色之一。生氣的爸媽、老師和教練會發現，要讓調皮的七型人服從紀律，簡直是不可能的事。他們對任何事，都有可以為自己開脫的說法。如果亞當和夏娃是七型人的話，說不定我們現在還住在伊甸園裡呢。

當情況變得讓人情緒太緊繃或沮喪時，七型人就會忍不住想讓事情變得輕鬆一些。他們會在追念故人的悼詞中夾雜令人噴味的笑話；看到悲傷的電影場景時無法控制地笑起來；或是在老闆宣布要強制裁員時，假裝打個大嗝，分散人們的注意力。七型人面對焦慮和難受的情境時，做出的選擇和反應，可以讓他們像小丑般的受歡迎，人們不認為他們能有成熟的表現，他們很容易讓人以為缺乏思考和情感的深度；如果七型人不在這點上努力修正自己，很有可能會被認為是扶不起的阿斗，不能委以重任。

沒有七型人的世界，是我最不樂見的。他們是一群神奇的人類，特別當他們已學會面對生命同時飽含痛苦和狂喜時刻的事實。麻煩的是，太多七型人想成為彼得‧潘了，他們不願意長大。

七型人容易成癮

　　一個星期裡，我會有好幾個早上去參加十二步驟戒酒聚會，通常不是那麼容易在同一時間、同一地方可以看到那麼多七型人聚在一起。並不是所有的七型人都是成癮患者，但是他們的衝動天性，經常使「延遲滿足」變得更加困難，加上他們不計代價、只求逃避痛苦的渴望，會使他們比其他人格類型的人更容易陷入成癮的麻煩。如果喝下半瓶酒、在色情網站流連幾小時、吞些小藥丸，放手賭一把、吃一夸脫冰淇淋，或是狂吃、狂喝、狂買一場，就可以立即輕易地舒緩痛苦，為何還要停留在驚恐及害怕的情緒浪潮中受苦呢？

　　「我不是個酒鬼，但有一天我忽然發現，不管我去哪個派對，我一定會喝上三杯酒，好築起一道防護牆，阻絕那些看起來像小熊維尼旁那隻灰撲撲驢子屹耳般的人，他們總想把人拖進悲哀沮喪的對話中，」茱莉葉告訴我：「我不喜歡會讓我感到低潮的任何人或事。」

　　在我的觀察中，七型人特別容易對色情上癮。想想看，這不但可以讓人享受能麻木負面感受的性衝動，還可以騙自己正和某人建立親密關係，但又不必按部就班地克服人際困難，不必對他們做出任何承諾——這些可都是七型最裹足不前的事。賭博，對七型人也具有特別的誘惑力，他們樂觀的天性，讓他們認為下一把一定會贏，或是好運總會轉回到他們身邊。賭博具備一切讓他們感興趣的條件：可能會有的驚喜和將來的好運，這些都讓七型很容

易就飛蛾撲火。就像我之前說的，並不是所有七型人都會重度使用酒精，但是七型人要特別留意這類的誘惑。

七型人是輿論化妝師

　　七型人特別擅長「重新架構」；他們在轉瞬間就能以正向的眼光重新詮釋目前很糟的情境，繞過你我在同樣情境下都會感受到的痛苦。這是種無意識、迅速反應的防衛機制，令人印象深刻。

　　我的朋友鮑伯一度是世界上最受歡迎的MV製作人；但一陣子後，他就對MV感到厭煩，他宣布不再拍攝MV了，因為他很厭惡這種讓半裸的女人隨著劣質音樂跳舞的四分鐘影片。

　　但最近一起吃午餐時，鮑伯告訴我，就在幾個月前，他違反誓言，答應幫一個鄉野合唱團拍攝一支MV，「因為他們付的錢太多了，好得讓人無法拒絕」。但就在那天早上，樂團經紀人打電話給鮑伯，說他們對他的鏡頭很失望，他們打算另外找人重拍。

　　「說真的，我認為這是一個祝福。」鮑伯說：「我認為這是神給我的應證，要我遠離MV這一行，專心發展我的新職涯。」

　　鮑伯和我是老朋友了，他也很了解九型人格；所以我問他，他對那通電話的反應是不是教科書所形容的，七型人會為烏雲貼上銀色內襯的例子。他對我的問題遲疑不決了好一會兒，最後放棄掙扎，笑著說：「我總是有一整袋滿

滿的銀色內襯。」

「你應該到處晃晃，讓自己舒緩一下失去那個案子的失落感。」我說。

「我會想一想。」這是一個頭中心類型的人最典型的回答了。

（順帶說一下，鮑伯後來的的工作，包括搭上在非洲塞倫蓋蒂國家公園的直升機，讓自己掛在直升機門上，向下拍攝獅子奔跑的景像。他拍的這段影片賣給一間旅遊公司，被當成他們官網上的宣傳影片。是的，影片的震撼力遠勝於任何文字。）

當七型人開始合理化事情時，你就要當心了（你可能同時也會很佩服他們）。如果你責備他們的行動很自私或是態度不好，或者警告他們不要再做出任何愚蠢的決定時，他們一定會示威抗議，為自己的立場有多麼合理辯護至死。不管他們想做的是什麼，他們都能為此列舉出一百萬個合理的好理由，無論如此做會令他們自己或別人付出多少代價。而他們的長篇大論，不過是為了消除自己因自私或愚蠢而做出的不智決定的罪惡感罷了。

七型人確實是聰明且快速的學習者，所以他們會誇大自己的天賦、智力和成就，甚至變得傲慢。他們很喜歡和別人就事物的觀念進行爭辯，由於他們口齒伶俐，腦袋又轉得快，就算對正在討論的題目，知道的並不比對方多，他們也不會屈居下風。這種優越感，當然會讓他們吃上不少苦頭。

七型人都是和魔術師大衛・布萊恩（David Blaine）不相上下的脫逃專家。為了不讓生活變得可怕、無聊或者不舒服，他們需要有、也的確有這麼一條祕密通道或是行動備案。有個晚上，我和鮑伯一起去看電影。途中經過一間藝廊，裡面擠著一群人，正在參加一個攝影展的開幕式。「太棒了！」鮑伯說：「如果電影很無聊，我們就可以溜出來，去看那個攝影展了。」喔，是的，那個攝影展確實令人驚豔，真的。

> 「享受快樂的童年，永遠不會太遲。」
> 湯姆・羅賓斯（Tom Robbins，美國作家）

七型人不喜歡被束縛

七型人需要彈性，而且會迴避做出可能讓他受限的長期承諾。我和安經常懊悔，在孩子成長的過程中，我們沒有更早知道九型人格理論。亞丁在五年級時有意成為鼓手，但每次我們建議他加入學校樂隊時，他總是氣得炸毛。在他看來，鄭重答應每週有兩天放學後留在學校練樂團，是自願道成肉身的折磨，而不是樂趣。安和我最後勸服亞丁，一週參加團練一次就好，但他之後的反應也和預期一樣，「我恨死團練了！」他咆哮說：「樂團指揮要我和每個人一樣，照著每一頁五線譜上的每一個音符演奏。可是我想要**即興發揮**！」

　　依我的個人經驗，我可以告訴你，不想跟著樂譜每一頁每一行演奏，是許多七型人的行為模式。海倫・帕爾默稱七型人為「美食主義者」，[4]是因為他們喜歡生活中最好的可能。如果不相信我的話，你可以試試看邀七型人去餐廳吃飯。他們永遠是第一個在菜單上發現特別料理的人。「哇，好棒的味道，你聞到咖哩了嗎？」他們臉上會帶著興奮的表情，快活地大聲喧鬧。

　　如果你真的想看到七型人欣喜若狂的表情，就帶他們去吃到飽餐廳。他們會是排隊的人中盤子裝最滿的人，因他們無法忍受不試試看每一樣的味道。如果你帶他們去之前去過的餐廳，他們決不會再點和上次相同的食物，就算他們很喜歡！如果可以嘗試不同且令人驚喜的食物，誰還會選已經嘗過的食物的味道啊？

七型人永遠在等待下一場冒險

　　七型人非常了解美國藝術家安迪・沃荷（Andy Warhol）所說的：「對某件事的等待，會讓這件事更令人興奮。」這些快樂追尋者樂於品味期待的滋味。對他們來說，一頓大餐、一個派對或一場旅行最棒的部分，不是終於身在其中，而是期待所帶來的顫慄之情。這就是為何有時當頂級肋排被端上桌、賓客陸續抵達、或終於站在巴黎的艾菲爾鐵塔下方時，七型人反而會感覺有些沮喪。真正的實物是不太可能及得上他們的期待的。對七型人來說，真正的快樂，是坐待美夢發生而非端坐其中之時。（是的，最後

這句是我的即興創作。想使用，別客氣。）

七型人需要確定他們總是有事可做，以防看著行事曆出現一絲空白所伴隨而來的不良情緒。「一直看著行事曆，想著接下來要做什麼，會讓我很焦慮。」茱莉葉曾經對我這麼坦白她的心情。

亞丁剛上高中的第一年，花了一年時間在義大利研讀古典文學。就在他要回家之前的幾個星期，他打電話跟我們說牛津有相關暑期課程可以申請。「這個經歷會讓我的大學申請書看來很棒，」他說：「而且現在從義大利飛到牛津的機票很便宜喔！」我非常知道這個合理化冠軍在想什麼。後來因為他實在捨不得和他的朋友說再見，而且他又想回家參加他第十次、也是他最後一次的夏令營，他又馬上直奔電腦，在網上蒐尋另一個可能的冒險了。

不幸的是，七型人不能活在當下的毛病，也讓他們從來無法充分享受眼前的冒險，因為他們永遠在思考、計畫下一場將要開始的旅程。

七型人的孩童時期

七型人描述自己的童年經驗時，經常會提到三件事：在懶洋洋的夏日午後和亨利叔叔一起釣魚、冬天蓋雪堡，還有離家參加營會。真的是這樣嗎？當然不，沒有人的童年會這麼輕鬆。

如果你真能夠成功地讓七型人打開談論他們童年記憶的話匣子，他們可能會描述他們覺得不知所措、被遺棄以

及孤立無援的時刻：也許是爸爸和媽媽坐下來宣布他們要分開的那個晚上；或是他們家的兄弟因為得了不治之症變得病懨懨，而媽媽再也沒有多餘的注意力可以分給其他孩子了；或忽然被告知要搬家，根本沒有時間可以和朋友道別；或是生活中某人驟逝，而有了自己被遺棄的感覺。

在他們長大的那些歲月中，七型人可能聽到讓他們受傷的訊息是：「你得靠你自己了。現在沒有人能安慰你或是在旁邊支持你、照顧你了。」七型孩童對這類訊息的反應是：「如果沒有別人照顧我，我就自己來。」對應這樣的狀況，五型人會減少自己的需求，六型人會想像每種可能發生的災難，七型孩童的策略，則是在腦袋中想像一個沒有痛苦的奇幻國度——在真正的痛苦消失前，他們都可以躲在那個國度中，只要想著快樂的事就沒事了。

無視可能潛在的負面因素，是七型孩子調整出的一種策略，他們只管在自己腦中計畫未來的冒險，懷抱好玩的點子，想像自己生活在一個沒有極限、充滿無限可能的地方，以驅散所有會擊敗他們的恐懼情緒。可怕的情緒。這些孩子不只是被彼得·潘的故事娛樂了，他們自己就像彼得·潘一樣地相信魔法。他們待在他們的房間裡、後院中或汽車後座上，但是活在自己想像的空間中。他們喜歡和人一起玩耍，但獨處時也覺得非常安適。

七型人充滿了好奇心，好奇心可說是七型人送給世界或是他們送給自己的奇妙禮物。但是沒有界線的好奇心也會帶來麻煩。規則是必要的，但七型孩童發現他們無法忍

受被限制。籬笆外的草坪總是顯得比較綠。當他們受到某些規則的約束時，他們就縮回自己的腦袋中，靠想像力提供的娛樂得到安適滿足，直到外界限制被撤離。

與其說七型孩童是目標導向，不如說他們是經驗導向。他們喜歡童子軍活動中有趣的部分，但是對獲得勛章或向目標前進，沒有太大的興趣。這並不意味著他們很懶──他們絕對不懶。他們永遠忙個不停，他們是那種想要再待一會，再玩一下的孩子。日復一日，他們每天都有無盡的精力，而且他們從來沒有想停下來的時候。

從情緒上來說，七型的孩童早就已經學會了否定負面情緒的藝術。對這些孩童來說，以好情緒代替壞情緒似乎是一種選擇，所以別人的悲哀令他們迷惑。他們會離棄自己的負面情緒，並朝向正面情緒靠攏，即使那意味著要重構他們的經驗，而做出較快樂的敘述。七型人在孩童時期就學會了遠離懼怕和痛苦，並且把這樣的策略延續到成人時期繼續使用。

七型人的關係模式

和七型人在一起，永遠不會有無聊的時候。比起其他類型的人，他們更需要刺激。他們不是在計畫、談論下一場冒險，就是要求你加入冒險。某個晚上到未曾去過的民族風餐廳享受一頓異國美食盛宴，或是找一天嘗試跳傘運動，或是去美術館聽一場立體派藝術家的演講，傍晚去聽一齣歌劇或臨時起意去兜風，七型人都會是第一個大喊

「走吧！」或是第一個準備上車出發的人。如果你沒有預備好隨時響應突如其來的召喚，你和七型人的關係恐怕不會長久。

七型人從來不想要和任何被約束的關係有什麼牽扯，他們是典型的承諾恐懼者。對七型人而言，「承諾」和「卡住了」是一模一樣的事。就像海倫・帕爾默觀察到的，七型人把自我的獨立看得很重要。[5]他們必須要假裝相信，關係中的承諾是他們自己的點子，而不是你強加在他們身上的桎梏。長遠來說，有些七型人很難下定決心和伴侶同甘共苦。

如果你曾和七型人有過互相承諾的關係，你就知道他們是多麼神奇的伴侶。由於他們的談話風格有如**說故事**，所以當他們談到他們的冒險經歷時，總是會像精采的表演一樣，讓許多人聚集在他們的腳前仔細聆聽。他們總是會對你的內在生活感興趣，想要知道你的生命故事，並且把你拉進他們令人興奮的世界裡。有時候，他們彷彿對你的生活十分著迷，那是出於他們不知節制的興趣，而不是真誠的關心。但不論你和七型人的關係是哪種情況，都要不斷地製造變化，否則他們就會悶得開始尋找逃生口。

因著畏懼爭執會引發的負面感受，使得七型人選擇否認問題。你可能得耗費許多心神，才能強迫七型人面對在你們關係中，某些確實行不通的問題。當然，當七型人遲遲不能決定是否要做出長期承諾時，就是看你們關係是否能延續的關鍵時刻了。

對某些七型人來說，要結束一段關係是非常困難的。他們幾乎沒有辦法超越或是抑制伴隨分手而來的悲傷；但也有些七型人和他們的朋友告訴過我，他們可以不帶任何負面感情地離開一段關係。一旦壓抑自己的感情後，七型就可能顯得冷漠而沒有同理心。

七型人總是希望能夠保有對各種選項開放的可能性。如果你問他們週五晚上是否要一起吃晚餐，他們會說先看看狀況再回覆你。畢竟，從現在到週五晚上，很可能會有人邀請他們去做更令人興奮的事！

七型人的朋友常常感覺到被遺棄，這並不是罕見的事。因為七型人受不了時間呈現真空狀態，空白的行事曆又讓他們感到被無聊威脅，所以他們經常會做出過多的社交約定。當七型人忙著結交新朋友或追求讓他們興高采烈的經驗時，之前已建立的關係，反而會在優先順位的名單上被往後排。

人們經常會在不知不覺中，倚賴七型人為大家的活動注入他們富感染性的熱情。我們家是在去義大利進行家族旅遊時，體會到這件事的。在義大利時，我們都會一起吃早餐，並且計畫當天的活動。有天在佛羅倫斯，亞丁說他想搭貢多拉平底船遊阿爾諾河，其他人則表示想去米蘭大教堂登高，那是佛羅倫斯最主要的地標。亞丁就像所有七型人一樣，當計畫被破壞時會很生氣。但那天，他只是聳聳肩就同意和大家一起去米蘭大教堂。

要登上米蘭大教堂最高的地方，總共得爬四百六十三

級階梯。如果是平常那個熱情洋溢的亞丁，一定會讓那爬樓梯的過程如沐春風。他會一路說笑話，跑跳超前，然後回頭喊話，要大家趕緊跟上。在那一趟爬樓梯的過程中，亞丁表現得比較像燕麥片而不像冰淇淋。他沒有表現得特別憂鬱，也實在不是要報復我們的決定，單純就只是我們做出的決定，把他的熱情轉盤從高功能撥轉成中低功能。少了亞丁平常的熱情，爬上米蘭大教堂就像不帶氧氣瓶爬聖母峰一樣吃力。

我們家的孩子對九型人格都非常熟悉，所以那天吃完晚餐後，我們就開始討論我們家到底有多依賴亞丁為我們的家庭活動注入他熱情洋溢的精神。我們向亞丁保證，他再也不必作我們家的專屬小丑了；但我們也學到了新功課：如果第二天早晨，亞丁宣布他要直直走向比薩斜塔，只要他為此興奮，我們就要幫助他達成。我們知道只要他同去，旅途就不會沒有陽光。

七型人寧願面對極大的困難，也不願因無聊而受苦。當七型人表面看來非常好動和異常多話時，代表他們的腦袋正轉得比平時還快，脾氣也會變得更差。我經常想到我有個朋友，他的兩個小兒子沒事做的時候就很容易失控，他們會像吃了興奮劑的瘋狂賽馬，圍著房子繞圈狂奔。為了要停止這樣的失控狀態，他得把兒子攔下來，要他們做十次深呼吸，並且重複說：「停下來，停下來，停下來。」同樣的，當七型成年人陷入瘋狂的忙碌時，一件事還沒做完、又已經滑向另一件事，卻始終沒有完成任何事時，就

很需要朋友或夥伴要他們停下來，要他們複誦：「活在當下！」

七型人很容易對別人的生活著迷，而且他們會違反自己直覺地被受苦之人吸引。就好像他們憑本能就可以知道，這些受苦之人有他們所渴望、卻不知如何才能發展出的情緒深度。當然，這也可能是因為他們不想面對「只有痛苦能帶人進入較深刻的生活」的唯一真理。

更進一步地說，七型人也可以進入黑暗的情緒空間，但他們只能停留一下，就會想要逃脫。當你描述七型人迴避痛苦的需要時，他們可能會反擊：「但我總是聽悲傷的電影配樂原聲帶、花時間獨處、思考自己的生活。」這些確實都是真的，七型人的確時不時會選擇讓自己的腳浸入悲傷的漩渦中，只是那些都是他們自己的主動選擇，連悲傷的程度，也在他們的控制之中。

七型人的工作風格

七型人會為了得到像有線電視新聞網旅遊美食節目《波登闖異地》（*Parts Unknown*）主持人安東尼·波登（Anthony Bourdain）那樣的工作而拚死命。跳上飛機到世界各地探索不同的文化，認識奇人異士，嘗遍異國風味餐點，永遠不知道有什麼東西在眼前等待著……你在開玩笑嗎？這種工作通常很難能找得到人願意打零工，但七型人就是需要這種能夠提供富變化且有彈性的獨立作業，以及變化快速的新奇環境。

　　七型人經常是夢想家和創業家 —— 只要給他們一支白板筆和白板，並且別擋他們的路，讓他們自由發揮。他們具有從跨學科的廣泛領域中整合資訊的能力。他們能夠發現隱藏的模式，找到複雜知識節點之間的關聯性，並且注意到系統之間的重疊處，這使他們能夠產生許多新的想法。再加上七型人敏銳的分析技巧，能夠具體看見組織更好的未來。對任何公司來說，他們都是能刺激團隊的人才，能夠推動團體實踐目標，做出巨大貢獻。

　　當七型人加入短期專案或是帶動團隊上路時，他們就像搖滾巨星一樣。他們樂觀、豐富的創意，再加上激勵人的能量，能夠讓事情快速地進展。但無論如何，我們都可以預料到，七型人不會是好的經理人或維持者，所以你要先安排可以監督執行的人，在七型人從新任務中鬆懈時可以接手。另外，七型人也是神奇的團隊帶動者，他們待人友善又受歡迎，能為工作夥伴帶來不斷的變化及大家真正需要的刺激。

　　七型人不喜歡別人規定他們要做什麼，所以他們在設下許多限制的掌控型主管手下並不開心。有時候他們會運用他們的魅力和影響力反向操控權威人物，但這樣的情況撐不了太久。在確立目標及彈性做法配合的環境中，七型人最能發揮工作能力。是的，他們需要被問責，好讓他們能在軌道上維持前進，但也要給這些有天分的七型人足夠的活動空間、具多重面向的工作描述，以及不斷的鼓勵，好讓他們能在這樣的工作項目中堅持夠久的時間。只要擔

負的責任不超重，七型人會是很棒的領導者。七型人在選擇專業類別時，通常很猶豫；畢竟選定一樣，就等於對其他可能性說再見，也意味著選項變少。

側翼人格

偏六型的七型人（七偏六）

側翼六的七型人比其他七型人更容易安定下來。受到六型人責任感的影響，他們在投入下一件事情之前，對手邊正在進行的事務本身和相關人士都會付出比較多的時間。偏六的七型人比較敏感而且有一點兒焦慮，但他們能夠非常成功地利用自己的魅力，使別人卸下心防，只要他們願意在一段關係中做出許諾，他們就很有可能保持與人的連結並且解決其中的挑戰。這些七型人非常負責任、對家庭和朋友很忠誠。他們逗趣，使人愉快，而且能接納不同的人。

偏八型的七型人（七偏八）

偏八型的七型人具有競爭性格，大膽且具侵略性。受到八型人特質的影響，他們不但很能勸服人，也非常堅定自信。在關係中，他們也能很堅定地說明自己的點子和在意的事情，通常也能照自己想要的方式解決事情。同時，他們很愛鬧著玩，對他們來說，有段開心的好時光比贏得權力更重要。這些七型人很容易不耐煩，所以他們通常開

始了很多事，但很少把事情好好結束。只要能夠帶給伴侶快樂，他們也會很享受其間的關係。對這些七型人來說，如果活在一段不快樂的人際關係中，會讓他們非常沮喪，並帶來毀滅性的結局。

壓力表現與安全表現

壓力表現

壓力太大時，七型人會轉而表現出一型人不健康的完美主義傾向。他們會變得悲觀、愛批評，而且好辯。他們會把自己的問題怪罪在別人身上，而且會陷入非黑即白的思考限制。

安全表現

感到安全時，七型人會開始表現得像是健康的五型人。他們會停止消費並且開始積極地做出貢獻，能比較自在地沉默和獨處。他們會變得比較嚴肅，並且能夠開始思考自己生命的意義和目標。當他們能夠表現出五型的正面特質時，他們就能對事物進行更深沉的探索，而不會只停留在表面，並且能夠辨識和面對他們內在的害怕。當連接到五型的健康面時，七型人將能經歷到最真實的滿足。

靈性轉化之道

如果這世界少了七型人，我們該怎麼辦？他們為我

們的生命帶來這麼多喜樂！還有誰能喚起我們孩童似的驚喜，幫助我們不那麼嚴苛地看待自己，同時幫助我們像七型人一樣地欣賞生命的奇妙？

但世上有個難以面對的真相：痛苦是無法避免的。在靈性轉化的路上，七型人必須學著去擁抱、處理痛苦，而不是轉身逃跑。

就像法國哲學家蒙田說的：「懼怕未來受苦的人，現在就已經在忍受懼怕的痛苦了。」[6] 換句話說，七型人逃避痛苦的策略，會為他們帶來更多的痛苦。除非能理解這件事，否則七型人永遠會像必須提高劑量以解決毒癮似的，不斷想要更多奇妙的點子、新奇的經驗，不斷製造愉快感受，去壓抑那個希望可以不必接觸的自我清醒意識。七型人該停止消費，做出貢獻了，真實的快樂和滿足不會被強力奪走，也不會在我們需要時就被製造出來，它們是當你專注於願意回饋這個世界某些東西時，而自然產生的結果。就像牟敦說的：「在這個緊張而問題處處的世界中，想要整合自己的內在生命，就必須面對赤裸的真相和平庸，而不是逃避痛苦和問題。」[7]

七型人需要聽到並相信「上帝會看顧你」的療癒訊息。我知道，這說起來容易，要實現很難，需要勇氣、決心、誠實、諮商的協助、屬靈的引導，或是善體人意的朋友，幫助七型人對抗痛苦的回憶，鼓勵他們能夠挺住面對當下浮現的痛苦感受。如果七型人能夠處理這樣的過程，他們就能擁有更為深刻的心靈，變成一個更加整合的人。

10個改變的起點

❶ 要練習克制和合宜。離開那個不斷高喊「愈多愈好」的跑步機。

❷ 大腦中如猴子般上躥下跳的焦慮迴圈讓你很痛苦。培養每天默想的習慣，好讓你可以脫離不斷快閃到下一個點子、主題或工作的傾向。

❸ 發展並進行固定頻率的獨處靈性操練。

❹ 堅定地反思過去，寫下曾經傷害你或你傷害過的人，原諒他們也原諒你自己。在需要的地方做出調整。

❺ 當你容許自己面對負面情緒，包括焦慮、悲哀、沮喪、嫉妒或是失望，而沒有轉身逃避時，記得給自己一個鼓勵，這代表你開始成長了。

❻ 當你開始想像未來會有多麼美好，或是為將來做了太多計畫時，讓自己回到眼前當下。

❼ 每天運動，消耗過剩的精力。

❽ 你不喜歡人家說你「很有潛力」，那代表你必須努力並且願意委身培養某種特長的壓力，這種情況當然就會使你的自由受限。但你確實非常有潛力，長遠來看，什麼樣的工作或生活方式是你願意長期投入耕耘的呢？以具體的步驟實現上帝給你的恩賜。

❾ 試著回答「我的生命有什麼意義？」「我想要逃避的是過去哪一段回憶或感情？」「我渴望具有什麼樣的深度，好讓我的才智發揮得更淋漓盡致？」把你想到的，

記在筆記本上。想出答案前，不要放棄這樣的練習。

❿ 對自己做出承諾：當朋友或同伴受傷，感覺痛苦時，你
會只是單單出現在他們身旁，陪伴他們，而不會試圖用
造假的方式讓他們開心。

12

然後呢？開始去愛！

愛的起頭，是定意讓我們所愛的人
成為完全的自己，決心不以我們的想像
扭曲他們。如果我們愛他們，卻不是愛他們自己的樣子，
我們愛的，就可能只是他們身上可能與我們相似的部分，
那我們愛的就不是他們。我們愛著的，只是
那從他們身上投射出來的自我。

牟敦（Thomas Merton）

史塔比有個朋友蕾貝卡是護理師,專門照護患有嚴重眼疾的病童。她的工作還包括帶領家長支持團體,幫助被診斷出眼疾的病童父母了解狀況。這些家長中,特別是許多年輕母親,都感到迷惑、受傷,有時是憤怒。而蕾貝卡的工作,便是幫助她們面對這不在意料之中的生命挑戰。

除了提供實際的照護建議外,蕾貝卡也會讓家長試戴各種模擬各樣病變視界的眼鏡,這種體驗是工作坊極為珍貴的學習內容。幾乎每一次,這些家長都會忍不住含著眼淚告訴蕾貝卡:「在這之前,我從來不知道我的孩子是這樣看世界的。」一旦他們透過孩子的眼睛來看世界,就無法再回到原先自己看待世界的方式了。他們也許還是對診斷出來的結果憤慨難平,但他們不會再對自己的孩子感到沮喪或失望。就算只是短暫體驗到孩子的實際難題一下下,就已經能夠鼓勵這些家長對自己的孩子懷抱極大的同理心了。

這也是九型人格帶給我們的恩典。有些時候,九型人格可以被視為一種工具,幫助我們找到人們觀看世界的濾鏡。也許,你會發現對你那忠誠型的六型丈夫來說,這世界是個多麼危險的地方,充滿著不確定。又或者,你會發

現你那表現型的三型妻子，每個早晨從一起床開始，就會感受到必須投入競爭、表現優秀的緊迫壓力，夫妻之間由此滋長的彼此同情，會讓人非常驚嘆。每件事情都不再只是個人的性格問題。你開始能明白，你所愛之人的行為，其實是出自他過去獨特的經驗、特別的傷害，以及有裂痕的生命視角。

> 「憐憫，是一種行動。」
> ——一行禪師（Thich Nhat Hanh）

　　現在你對九型人格已經有了一個大概的認識，史塔比和我希望這能讓你體驗到兩件事情。首先，就是希望可以很直接、單純地引發你對自己和他人都有更多憐憫之情。如果我們能夠擁有九型人格的九副眼鏡換著戴，我們就能對彼此延伸出更多的恩典和理解。這樣的同理同情，是關係的基礎，這會使每件事情都有了不再一樣的看法。

　　九型人格也讓我們發現，我們無法改變旁人看待世界的方式，但是我們可以試著去體會他們所看到的世界，就著他們看到的，幫助他們改變**做法**。我喜歡佛教禪宗師父一行禪師的解釋方式：「如果我們的心很小，我們對別人的理解和憐憫就十分有限，那會使我們非常痛苦，我們無法接納或容忍別人和他們的短處，而且我們會要求別人改變，」他說：「但是，當我們的心境被擴充時，同樣的事情卻不會再令我們那麼痛苦了。我們會有更多的理解和

憐憫，可以擁抱他人。我們能夠接受別人原本的樣子，然後，他們也才能有轉變的機會。」[1]

讓我們停在這裡，想想上一段最後一句話。當我們不再嘗試去改變他人，而只是單單地愛著他們時，他們反倒會試著去改變。九型人格是一套使我們能夠同理同情他人原本所是的工具，而不是要求別人改變成我們期望的樣子，好使我們的生活更輕鬆。

讀了這本書，希望你的心緒有些變化，同理的範圍被拓寬，能包容你身邊更多的人——包括你自己。在這本書前面幾章，我有提過，希望你能知道，上帝注視你的眼光，就如母親凝視褓抱中酣睡嬰兒的溫柔。如果我們能夠用相同的眼光注視自己，對我們的靈魂將產生多麼大的療癒作用？

對自我的同理和同情，是我們希望你看完這本書後能夠開始思考的另一個主題。九型人格中的每一種，都可以讓我們更多了解創造我們的上帝的本質和特性。每一型人格都藏有一份恩賜，讓我們可以更認識上帝的心。所以，當你再被引誘控訴你自己的性格瑕疵時，請記得：每一種人格的核心都是一種號誌燈，指引我們朝向並且更加靠近上帝的某種性情特質——我們特別需要的那一種。

一型向我們展現了上帝的完美，以及祂渴望將世界修復為祂原初所造的那般美善；二型則讓我們看見神永不停歇的無私給予；三型提醒我們神的榮耀；四型則讓我們體會到神的創造力和悲憫；五型展現了神的無所不知；六

型展現的是神堅定不移的愛和信實；七型則展現神在創造時，那童真的喜樂和歡愉；八型則反映了神的力量和強度；九型則同時反映了神對和平的喜悅，以及與祂兒女連結的渴望。

但當我們太過強調以上任何一種屬性，以致把它變成終極價值甚至是偶像時，就有問題了。當我們高舉九項中的任何一項時，它就變成怪誕、難以辨認，或是容我大膽地說，靈性的罪。

如果一型人堅信自己必須要很完美、不犯錯才能被愛，那他想要改進世界的激情就會變質；二型人自我犧牲的愛，可能會退化成關係上癮；三型人會把對榮耀的熱愛降格為

> 「對我而言，成為聖徒意味著成為我自己。」
>
> 牟敦（Thomas Merton）

自戀，永不饜足地渴望被讚美；四型人落入自我中心的深淵，容讓自己氾濫的情感過度擴張；五型人的問題則剛好相反，他們會縮回自己的世界，為了避開一切風險，而切斷與所有人間的關係；六型人無法信任神為他們預備的未來；七型人醉心於能分散注意力的歡樂派對，以逃避使靈魂沉重的痛苦；八型人對實現公義和挑戰別人的意圖，可能惡化成對弱者的恫嚇；而不計任何代價，只求避免衝突的九型人，可能在任何時候都會為了維持表面和平而變得無所堅持。

　　這每一種變調表現的背後，都是我們追求快樂和被愛的錯誤策略，是亞當和夏娃不願守住界線、攫取果子的方式。我們一直試著去偷取只有上帝賜下才能得著的禮物。

　　九型人格的部分目標，就是幫助我們鬆開因過度緊握某個上帝屬性而痙攣無力的拳頭。要張開雙手，才有可能承接神的其他屬性，那是我們拳頭握緊之時，無法接收到的。一型人可能永遠無法完全停止對完美的追求，但他可以張開雙手接受其他型人格接收到的禮物。六型人可能無法完全停止焦慮，但可以開始培養七型人擅長的法式生活情趣或是八型人的肯定自信，以平衡己身焦慮。我們所要做的，是使我們本身的人格特質能夠達到健康的狀態，尊重並且承認我們需要接收其他人格類型的恩賜；我們所追求的是九型的**整合**，是完全。

　　天主教修士牟敦在他劃時代的著作《默觀的新苗》（*New Seeds of Contemplation*）中寫道：「對我而言，成為聖徒意味著成為我自己，因此，神聖和救贖的問題，落實來說，就是要發現我是誰，並且找到真實的自己。」[2]

　　牟敦的這個見解，我花了二十年才約略能掌握，但我現在真的能明白他的意思。只有找到並且重新領受我們一誕生在這墮落世界後就失去的、神所賜的身分，我們才能喜悅地反映出神的榮耀。

　　為了不虧欠創造我們的上帝、我們自己、我們所愛的人，以及和我們一塊擠在這個麻煩星球上的地球居民，我們都應該要成為「聖徒」。除了這個方式，還有什麼辦法可

以執行、完成上帝差遣我們來此的使命呢？

現在，容我們將愛爾蘭詩人牧師約翰·奧多諾赫（John O'Donohue）為獨處默觀所作的祝禱，以及其中的喜樂傳遞給你，那也是我在開啟發現自我、了解自我的九型人格之旅時，戴夫修士為我做的禱告：

> 願你在生活中體認到神的臨在、能力，以及你靈魂中的光亮。
>
> 願你了解你不孤單，願你的靈魂在光與歸屬感中與宇宙的韻律親密相連；
>
> 願你尊重你自己，以及與別人的不同。
>
> 願你了解你的靈魂有自己獨特的樣貌，你在此處有特殊的命定，在你的生命表象下，有美麗及永恆正在醞釀。
>
> 願你每時每刻都能學習以上帝對你投注的喜悅、自豪、滿是期待的眼光看待你自己。
>
> 誠心所願！阿們！

致謝

庫恩

我要對我的經紀人凱西・賀蒙斯（Kathy Helmers）表達十二萬分的謝意，我的編輯瓊娜・賴絲（Jana Riess）和愛麗森・瑞卡（Allison Rieck）總是在火急之時給我勇氣。我也要感謝喬菲企業（Chaffee Management）、喬菲夫婦吉姆和索爾薇希（Jim and Solveig Chaffee）、海亞特夫婦麥可和蓋珥（Mike and Gail Hyatt）給我的友誼和款待，以及安德森夫婦凱倫和史提夫（Karen and Steve Anderson）對我的愛以及他們位於田納西州富蘭克林區的美麗小屋，以及喬・史塔比（Joe Stabile）、庫西克夫婦麥可和裘莉安（Michael and Julianne Cusick）、伊恩・道格拉斯主教（Bishop Ian Douglas）、唐・喬飛（Don Chaffer），安東尼・史基納（Anthony Skinner）、史卡拉特夫婦克里斯及蘿拉（Chris and Laurel Scarlata）、瑪莉莎・葛里尼（Melissa Greene）、恰克・羅以思（Chuck Royce）、Rob Mathes（羅伯・梅瑟斯）、尼克斯特夫婦亞倫和蕭娜（Shauna and Aaron Niequist）、蘿拉・阿第思（Laura Addis）、喬許・格雷夫（Josh Graves）、漢特・墨比雷（Hunter Mobley）、泰勒夫婦史提夫和黛比（Steve and Debbie Taylor）、歐文夫婦珍

妮和山姆（Jenny and Sam Owen）、米哈爾斯基夫婦保羅和
麗莎（Paul and Lisa Michalski）、吉姆・雷默（Jim Lemler）
以及我在格林威治的教會家人、傑夫・可洛斯比（Jeff
Crosby），還有IVP出版社的辛蒂・朋屈（Cindy Bunch）和
其他了不起的好夥伴，還有所有與我分享自己故事的人，
以致我能將這些故事與你們分享。

史塔比

　　所有人中，我最要感謝的就是外子，喬・史塔比（Joe
Stabile）；由於他對奉獻生命建造神國的堅持，使他對我
和我們婚姻的無盡承諾，既是一種榮耀，同時也是一種挑
戰。我們的孩子、女婿及孫子，則激勵我盡心盡力，希
望能讓這世界成為一個更好的地方，我感激我的每一個
家人。喬依（Joey）和比利（Billy）、威爾（Will）、山姆
（Sam）；珍妮和可瑞（Jenny and Cory）、挪亞（Noah）、愛
莉（Elle）、派柏（Piper）；喬爾（Joel）、裘莉（Joley），還
有B. J.和迪梵（Devon），我是多麼地感謝你們！

　　羅爾神父邀請我一同研究這古老的智慧，不管今天我
所傳講的內容是什麼，都可以明顯回溯到他對我的教導。
我對在過去二十五年來，上千位曾與我共度週末、分享生
命故事的朋友，充滿了無可言喻的感謝。他們使我從九型

人格中學到的資訊，得以轉變成了智慧。

我從來沒有想過，我可以成為某本書的共同作者；但是庫恩使這事成真了。他對我九型人格工作的看重，以及他在這個寫作計畫中讓我參與的方式，讓我充滿了新的力量得以面對這個挑戰。謝謝雪柔・富勒頓（Sheryl Fullerton）擔任我的經紀人，更棒的，是謝謝你成為我的朋友。我也要謝謝凱西・賀蒙斯（Kathy Helmers）讓我們能夠與IVP出版社合作，特別謝謝我們的編輯辛蒂・朋屈，以及傑夫・可洛斯比和安卓・布朗森（Andrew Bronson），以及IVP出版社的許多位工作人員，不但幫助我們完成此書的共同創作，還幫助我們這兩個寫作新手在出版世界找到自己的位置。

我還要感謝許多為三一生活使命機構（Life in the Trinity Ministry）花費時間和精力的許多朋友。凱洛琳・提爾（Carolyn Teel），四十六年來都是我最好的朋友；麥可・喬治（Mike George），謝謝你五十二年來都是喬最好的朋友，以及他的夫人派西（Patsy）；以及分享三一生活使命機構的群體、安・萊克（Ann Leick）、莘蒂・雪爾特（Cindy Short）、B. C.和凱倫・荷許（Karen Hosch）、柏克博士夫婦約翰和史蒂芬妮（Dr. John and Stephanie Burk）、譚妮亞・道哈妮（Tanya Dohoney）、約翰・布里姆（John Brimm）、湯姆・赫克斯楚（Tom Hoekstra）、珍・亨利（Jane Henry）和露西・紐曼（Luci Neuman），他們對三一生活使命機構的未來懷抱著我們難以想像的夢想。雪莉・柯比特博士

（Dr. Shirley Corbitt）和瑪姬‧布茜南（Marge Buchanan），謝謝你們在我跨入成人世界後，對我無盡的支持。謝謝墨瑞迪絲‧因曼（Meredith Inman）、勞拉‧阿第思（Laura Addis），和吉姆‧喬菲（Jim Chaffee）為我們做的一切；還有鮑伯‧休斯博士（Dr. Bob Hughes），謝謝你始終支持我相信自己是有價值的。

從過去到現在，我曾經因為許多人對我的愛而受到鼓舞，決心要把自己的生命過得更精采，並且努力去做我該做的，教導九型人格。對你們每個人，我都有許多感謝。

最後，我要感謝P. F.張（P. F. Chang）。還記得當時庫恩打電話給我，提議我們一起寫這本書。在答覆他之前，我花了好幾天的時間思考，並為這件事禱告。在那段時間，我和喬一起去達拉斯和張吃晚餐。那天，我從幸運籤餅中拉出的紙條，上面印著的文字是：「你是一個愛書人。終究有一天，你會寫本書。」

出於敬意及感激，我們要特別列出許多位導師，感謝他們引導我們及許多人投入九型人格的學習。我們真是感謝他們的洞見，使我們能調整修正自己的許多軟弱。他們是：

理查‧羅爾，天主教方濟會神父（Richard Rohr, OFM）

克勞迪奧‧納蘭霍（Claudio Naranjo）

芮妮・巴倫（Renee Baron）

安德烈亞斯・艾伯特（Andreas Ebert）

唐・里索（Don Riso）

拉斯・赫德森（Russ Hudson）

海倫・帕爾默（Helen Palmer）

大衛・丹尼爾斯（David Daniels）

維吉尼亞・普萊斯（Virginia Price）

碧翠思・切斯納特（Beatrice Chestnut）

凱斯琳・赫里（Kathleen Hurley）

西奧多・道森（Theodore Donson）

伊莉莎白・瓦格勒（Elizabeth Wagele）

湯姆・康登（Thomas Condon）

蘇珊・雷諾茲（Susan Reynolds）

桑德拉・麥特里（Sandra Maitri）

麗奈・夏波德（Lynette Sheppard）

蘇珊・蘇爾嘉，天主教善牧修女會修女（Suzanne Zuercher, OSB）

克拉倫斯・湯姆森（Clarence Thomson）

瑪格麗特・凱斯（Margaret Keyes）

羅珊・豪威－墨菲（Roxanne Howe-Murphy）

附註

推薦序一

1. 請參考周子堅，〈Enneagram 小史〉，《E 書直說──人格素描札記》頁41-85（香港基督教文藝出版社，2018）。
2. 計有霍玉蓮女士、陸劍雄牧師、葉萬壽先生，還有我昔日的神學院老師鄺炳釗博士。

第1章：起源不明的特殊理論

1. John O'Donohue, "For Solitude," in *To Bless the Space Between Us: A Book of Blessings* (New York: Doubleday, 2008).

第2章：找到你的類型

1. Frederick Buechner, *Telling Secrets* (San Francisco: HarperSanFrancisco, 2000).
2. Thomas Merton, *No Man Is an Island* (Boston: Mariner Books, 2000).
3. Thomas Merton, *Conjectures of a Guilty Bystander* (New York: Doubleday Religion, 2009).
4. Richard Rohr and Andreas Ebert, *The Enneagram: A Christian Perspective* (New York: Crossroad, 2001).
5. David G. Benner, *The Gift of Being Yourself: The Sacred Call to Self-Discovery* (Downers Grove, IL: InterVarsity Press, 2004).
6. Anthony K. Tjan, "How Leaders Become Self-Aware," *Harvard Business Review*, July 19, 2012, https://hbr.org/2012/07/how-leaders-become-self-aware&cm_sp=Article Links：End%20of%20Page%20Recirculation.
7. Jean Seligman and Nadine Joseph, "To Find Self, Take a Number," *Newsweek*, September 11, 1994, https://www.newsweek.com/find-self-take-number-188156.
8. James Hollis, *Finding Meaning in the Second Half of Life* (New York: Gotham Books, 2005).
9. Anne Lamott, *Small Victories: Spotting Improbable Moments of Grace* (New York: Riverhead, 2014).
10. David Foster Wallace, *Infinite Jest* (Boston: Little, Brown, 1996).

第3章：八型－挑戰型人格

1. Helen Palmer, *The Enneagram: Exploring the Nine Psychological Types and Their Inter-Relationships in Love and Life* (Sounds True Audio Learning Course, 2005), 8 CDs or audio download, www.soundstrue.com /store/the-enneagram-3534.html.

2. Ronald Rolheiser, *The Holy Longing: The Search for a Christian Spirituality* (New York: Doubleday, 1999).

3. Brené Brown, *The Gifts of Imperfection: Let Go of Who You Think You're Supposed to Be and Embrace Who You Are* (Center City, MN: Hazelden, 2010). 中譯本：布芮妮‧布朗,《不完美的禮物》,田育慈譯(台北：心靈工坊,2013)。

第4章：九型－和平型人格

1. Susan Reynolds, *The Everything Enneagram Book: Identify Your Type, Gain Insight into Your Personality, and Find Success in Life, Love, and Business* (Avon, MA: F+W Media, 2010).

2. Mary Oliver, *New and Selected Poems* (Boston: Beacon Press, 1992).

3. C. S. Lewis, *The Last Battle* (New York: HarperCollins, 2001). 中譯本：C. S. 路易斯,《最後的戰役》,林靜華譯(台北：大田,2019)。

4. Don Richard Riso and Russ Hudson, *The Wisdom of the Enneagram: The Complete Guide to Psychological and Spiritual Growth for the Nine Personality Types* (New York: Bantam, 1999). 中譯本：唐‧里索、拉斯‧赫德森,《九型人格全書：善用你的性格型態、微調人際關係,活出全方位生命力》,張璨文譯(台北：商周,2019)。

5. 出處同上。

6. Lynette Sheppard, *The Everyday Enneagram: A Personality Map for Enhancing Your Work, Love, and Life—Every Day* (Petaluma, CA: Nine Points, 2000).

7. 「忽略自我,融入他人」這一部分參考自 Eli Jaxon-Bear, *From Fixation to Freedom: The Enneagram of Liberation* (Bolinas, CA: Leela Foundation, 2001) 一書。

8. American Experience, *Clinton*, 2012, Program Transcript, www.pbs.org/wgbh/americanexperience/ features/transcript/clinton-transcript.

9. Eli Jaxon-Bear, *From Fixation to Freedom: The Enneagram of Liberation* (Bolinas, CA: Leela Foundation, 2001).

第5章：一型－完美型人格

1. Harper Lee, *To Kill a Mockingbird* (Franklin Center, PA: Franklin Library, 1977). 中譯本：哈波‧李,《梅岡城故事》,顏湘如譯(台北：麥田,2016)。

2. 出處同上。

3. 出處同上。

4. 通常認為是馬克‧吐溫所說。

5. Brené Brown, *The Gifts of Imperfection.*

6. 引自2010年6月布芮妮‧布朗於休士頓的TED演講,標題為〈脆弱的力量〉,

觀影連結www.ted.com/talks/brene_brown_on_vulnerability?language=en。

第6章：二型－幫助型人格

1. Helen Palmer, *The Enneagram: Exploring the Nine Psychological Types and Their Inter-Relationships in Love and Life* (Sounds True Audio Learning Course, 2005), 8 CDs or audio download, www.soundstrue.com/store/the-enneagram-3534.html.

第7章：三型－表現型人格

1. Nathaniel Hawthorne, *The Scarlet Letter* (New York: Bloom's Literary Criticism, 2007).

2. Kathleen V. Hurley and Theodore Elliott Dobson, *What's My Type? Use the Enneagram System of Nine Personality Types to Discover Your Best Self* (San Francisco: HarperSanFrancisco, 1991).

3. Andre Agassi, *Open: An Autobiography* (New York: Vintage Books, 2010). 中譯本：阿格西，《公開：阿格西自傳》，蔡世偉譯（木馬文化，2010）。

4. Helen Palmer, *The Enneagram in Love and Work: Understanding Your Intimate and Business Relationships* (San Francisco: HarperSanFrancisco, 1995).

5. Richard Rohr and Andreas Ebert, *The Enneagram: A Christian Perspective* (New York: Crossroad, 2001).

第8章：四型－浪漫型人格

1. Richard Rohr and Andreas Ebert, *The Enneagram: A Christian Perspective* (New York: Crossroad, 2001).

2. Beatrice M. Chestnut, *The Complete Enneagram: 27 Paths to Greater Self-Knowledge* (Berkeley, CA: She Writes, 2013).

3. Tom Condon, "The Nine Enneagram Styles: Type Fours," Center for Spiritual Resources website, www.thecsr.org/resource-directory/the-nineenneagram-styles-type-fours.

4. Helen Palmer, *The Enneagram: Understanding Yourself and the Others in Your Life* (San Francisco: HarperSanFrancisco, 1991).

5. 出處同上。

6. 出處同上。

第9章：五型－觀察型人格

1. Helen Palmer, *The Enneagram: Exploring the Nine Psychological Types and Their Inter-Relationships in Love and Life* (Sounds True Audio Learning Course, 2005), 8

CDs or audio download, www.soundstrue.com/store/the-enneagram-3534.html.

2. David G. Benner, "Detachment and Engagement," Dr. David G. Benner (website and blog), September 22, 2012, www.drdavidgbenner.ca/detachment-and-engagement.

第10章：六型－忠誠型人格

1. Steven Wright, Good Reads quotes, www.goodreads.com/quotes/77987-if-everything-seems-tobe-going-well-you-have-obviously.

2. Beatrice M. Chestnut, *The Complete Enneagram: 27 Paths to Greater Self-Knowledge* (Berkeley, CA: She Writes, 2013).

3. Helen Palmer, *The Enneagram: Exploring the Nine Psychological Types and Their Inter-Relationships in Love and Life* (Sounds True Audio Learning Course, 2005), 8 CDs or audio download, www.soundstrue.com/store/the-enneagram-3534.html.

4. Julian of Norwich, *Revelations of Divine Love*, ed. Grace Warrack (London: Methuen, 1901).

第11章：七型－享樂型人格

1. Gabor Maté, *In the Realm of Hungry Ghosts: Close Encounters with Addiction* (Berkeley, CA: North Atlantic Books, 2010).

2. Richard Rohr and Andreas Ebert, *The Enneagram: A Christian Perspective* (New York: Crossroad, 2001).

3 Richard Rodgers and Oscar Hammerstein, *The King and I*, 1951.

4. Helen Palmer, *The Enneagram: Exploring the Nine Psychological Types and Their Inter-Relationships in Love and Life* (Sounds True Audio Learning Course, 2005), 8 CDs or audio download, www.soundstrue.com/store/the-enneagram-3534.html.

5. 出處同上。

6. Michel de Montaigne, *The Complete Essays*, trans. and ed. M. A. Screech (New York: Penguin, 1993).

7. Thomas Merton, *Cistercian Life* (1974; repr.,Our Lady of Holy Spirit Abbey, 2001).

第12章：然後呢？開始去愛！

1. Thich Nhat Hanh, *How to Love* (Berkeley, CA: Parallax Press, 2015). 中譯本：一行禪師，《怎麼愛》，吳茵茵譯（大塊文化，2016）。

2. Thomas Merton, *New Seeds of Contemplation* (1961; repr., New York: New Directions, 2007), 31. 中文版：梅頓，《默觀的新苗》，羅燕明譯（基道，2002）。

3. John O'Donohue, "For Solitude," in *To Bless the Space Between Us: A Book of Blessings* (New York: Doubleday, 2008).

校園書房出版社 *Living* 生活館
我們靠「獲取」以謀生，卻因「付出」而生活。

書名	作者	譯者	建議售價
恩典多奇異	楊腓力	徐成德	290元
恩典百分百	路卡杜	葉嬋芬等	290元
愛上星期一	貝克特	徐中緒	210元
生活占上風	海波斯	邱艷芳	290元
科學尖兵	華特・赫恩	蕭寧馨	170元
歡喜讀舊約 ——重新品味上帝的深情與智慧	楊腓力	徐成德	260元
擁抱耶穌的心 ——還有比像耶穌更棒的禮物嗎？	路卡杜	屈貝琴	280元
用祝福來著色	特倫德	吳美眞	290元
明白神旨意	史密斯	林智娟	320元
何必上教會	楊腓力	屈貝琴	160元
脫下你的鞋子	韋約翰	陳恩明	250元
上帝的悄悄話	路卡杜	鍾芥城	280元
克里姆林宮的鐘聲	楊腓力	李永成等	160元
行在水面上	奧伯格	屈貝琴	320元
破碎的夢	克萊布	林智娟	260元
愛從不缺席	特倫德	張玫珊	260元
沙塵上的手跡（書＋CD，附研讀指引）	卡爾德	徐成德	370元
一個星期五的6小時	路卡杜	邱豔芳、呂底亞	210元
神聖的渴望	艾傑奇	林智娟	320元
衣衫襤褸的福音	曼寧	吳蔓玲	260元
耶穌眞貌	楊腓力	劉志雄	340元
我心狂野	艾傑奇	甘燿嘉等	280元
成長神學	克勞德、湯森德	劉如菁	380元
名不虛傳	葛法蘭	郎錫芬	280元

◎ 書目及價格反映本書初版時情況，依出版時程及再刷當時物價調整，敬請到校園網路書房或致電本社查詢。

校園書房出版社 *Living* 生活館
我們靠「獲取」以謀生，卻因「付出」而生活。

書名	作者	譯者	建議售價
另一世界的傳言	楊腓力	徐成德	320元
耶穌的簽名	曼寧	劉如菁	220元
起死回生	艾傑奇	平山	260元
活著就是基督	貝思・穆爾	曾話晴	340元
褲子團契	奧伯格	屈貝琴	350元
上帝出難題	史特博	黃玉琴	320元
交換明天	葛尼斯	吳品	250元
愛的撲滿	路卡杜	林智娟	280元
新品種的基督徒	麥拉倫	凌琪翔	310元
毫不留情的信任	曼寧	吳蔓玲	250元
我的上帝 無限可能	海波斯	陸慕汐	250元
神要開道路	克勞德、湯森德	譚達峰	300元
我的鄰居叫耶穌	路卡杜	張悅、郭秀娟	250元
麻雀變鳳凰	艾傑奇夫婦	平山	280元
以神為樂	路卡杜	吳品	170元
無語問上帝（修訂版）	楊腓力	白陳毓華	300元
耶穌給你的紓壓祕方	路卡杜	吳蔓玲	300元
神隱上帝	奧伯格	林鳳英	280元
饒恕原理	柯恩德	朱麗文	240元
溫柔的智慧	曼寧	沈眉綺	170元
給盼望一個理由	貝碧琦	嚴彩琇	250元
微笑工作論	丹尼斯・貝克	盧筱芸	380元
工作靈修學 ——微笑工作的十堂課（附DVD光碟）	雷蒙・貝克等	盧筱芸	380元
希望數字3:16	路卡杜	平山	250元
靈性壓力OFF學	克萊布	田耀龍、渾玲玲	350元

◎ 書目及價格反映本書初版時情況，依出版時程及再刷當時物價調整，敬請到校園網路書房或致電本社查詢。

校園書房出版社 *Living* 生活館

我們靠「獲取」以謀生，卻因「付出」而生活。

書名	作者	譯者	建議售價
聖經領導學	貝克特	顧瓊華	260元
馬鈴薯湯教會	梁炳武	張雅惠、劉永愛	280元
禱告	楊腓力	徐成德等	420元
男子漢養成班	艾傑奇	譚達峰	380元
面對心中的巨人	路卡杜	屈貝琴	300元
耶穌全體驗	唐納修	吳品	250元
簡單中的富足	柯樂維	朱麗文	280元
靈火同行	艾傑奇	黃凱津	280元
勇於發光	林賽・布朗	潘定藩	280元
無懼人生	路卡杜	柳惠容	250元
改變生命的54封信	畢德生	徐成德	180元
與神摔角	衛雅各	申美倫	220元
創世記點燃敬拜之火	唐慕華	張玫珊	220元
小人物的大革命 ──使徒行傳第一～十二章的故事	路卡杜	屈貝琴、黃淑惠	300元
非死不可的門徒	劉曉亭		300元
情字這條天堂路	劉曉亭		300元
上帝的美麗	司傑恩	陳逸茹、盧筱芸	330元
迷上麻煩的耶穌	艾傑奇	宛家禾	320元
天國好生活	司傑恩	秦蘊璞	360元
為何上帝不理我	楊腓力	徐成德	360元
現在，決定未來──給基督徒青年的20個屬靈忠告	李在哲	吳敏琪	300元
發現聖經故事的力量──讓人欣然認識神的福音佈道法	盧慈莉	劉如菁	330元
耶穌如何改變世界	奧柏格	屈貝琴	360元
享受吧！女人的生命旅程──活出神眼中的妳	史黛西	黃凱津	360元

◎ 書目及價格反映本書初版時情況，依出版時程及再刷當時物價調整，敬請到校園網路書房或致電本社查詢。

校園書房出版社 **Move** 系列

生命需要移動，活著需要感動。

書名	作者	譯者	建議售價
上帝的聲音	魏樂德	鄔錫芬	370元
醫治之路	艾倫德	何醇麗、傅雲仙	380元
聖潔讓你想得不一樣	畢哲思	許惠珺	250元
靈性操練眞諦	魏樂德	文子梁、應仁祥	400元
勇氣與謙卑——祁克果談作基督徒	祁克果	林梓鳳	350元
編織靈魂的話語	克萊布	林智娟	350元
一生的聖召（增修版）	葛尼斯	林以舜 等	420元
樂在敬拜的生活	唐慕華	林秀娟	230元
不簡單的門徒	馬克倫	王娟娟	260元
聰明讀經法	理查·布里格斯	白陳毓華	210元
作個眞門徒	斯托得	江蕙蓮	160元
僕人的操練	薛玉光		300元
兩種上帝	尼可里	盧筱芸	350元
福音作爲悲劇、喜劇和童話	畢克納	張玫珊	200元
讀經的大歷史	帕利坎	吳蔓玲、郭秀娟	350元
納尼亞神學——路易斯的心靈與悸動	林鴻信		360元
更寬廣的生命——加爾文著作文選	加爾文	陳佐人	280元
復活的力量	羅雲·威廉斯	徐成德	260元
記憶的力量	沃弗	吳震環	380元
基督徒的愛與性	史密德	曾宗國	350元
行動靈修學	巴默爾	張玫珊	280元
我不理解的上帝	萊特	黃從眞	380元
世界在等待的門徒	斯托得	黃淑惠	200元

◎ 書目及價格反映本書初版時情況，依出版時程及再刷當時物價調整，敬請到校園網路書房或致電本社查詢。

校園書房出版社 **Move** 系列

生命需要移動，活著需要感動。

國家圖書館出版品預行編目（CIP）資料

九型人格的成長練習：成為自己，從看見上帝眼中的
  你開始/庫恩(Ian Morgan Cron), 史塔比(Suzanne
  Stabile)作；羅吉希, 汪瑩瑩譯. -- 初版. -- 新北市：
  校園書房出版社, 2021.09
    面； 公分
  譯自：The road back to you : an enneagram journey to
  self-discovery.
  ISBN 978-986-198-871-9（平裝）

  1.人格心理學　2.人格特質

173.75   110011807

name

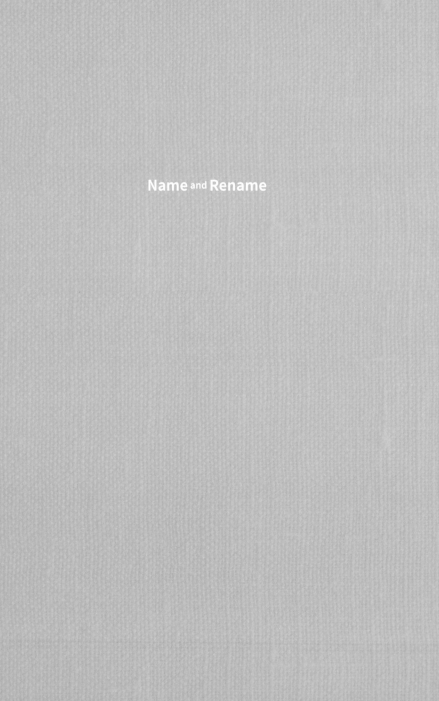

Name and Rename